在法律的边缘处：就业性别歧视案例研究

郭慧敏　高　涛　段燕华　编著

西北工業大學出版社

【内容简介】 本书是一本涵盖性别歧视案例描述与分析研究的亚学术著述。本书通过对西北工业大学妇女发展与权益研究中心多年代理的就业性别歧视案例以及国内外有影响的案例的分析研究,以及对国外著名案例的研究,试图呈现当事人艰难的维权,试图对国家立法和司法的相关方面提供有价值的建议,同时也使我国公民(尤其是女性公民)加深对法律的认识和了解,从而运用法律去捍卫自己的权利。

本书既可为法律和社会科学研究者和工作者提供工作研究资料,也可为普通公民提供维权参考案例。

图书在版编目(CIP)数据

在法律的边缘处:就业性别歧视案例研究/郭慧敏,高涛,段燕华编著.—西安:西北工业大学出版社,2015.1

ISBN 978-7-5612-4240-7

Ⅰ.①在… Ⅱ.①郭… ②高… ③段… Ⅲ.①劳动就业—妇女权益保障法—案例—中国 Ⅳ.①D922.505

中国版本图书馆 CIP 数据核字(2015)第 008778 号

出版发行:西北工业大学出版社
通信地址:西安市友谊西路 127 号　　邮编:710072
电　　话:(029)88493844　88491757
网　　址:www.nwpup.com
印 刷 者:陕西向阳印务有限公司
开　　本:727 mm×960 mm　1/16
印　　张:17
字　　数:285 千字
版　　次:2015 年 6 月第 1 版　　2015 年 6 月第 1 次印刷
定　　价:39.00 元

就业性别歧视案例的本土探索(代序)

法律公平和正义的程度是国家法治文明的一个标志。就业性别歧视是国内外法律普遍关注的问题。它一般包括就业录用中的性别歧视、职业怀孕歧视、职业性别隔离、解雇性别歧视、退休年龄性别歧视和性骚扰等。我国法律对就业性别歧视的关注是在1995年世界妇女大会之后。将性别纳入决策主流是我国政府在1995年北京召开的第四次世界妇女大会上向全世界的承诺,也就是说在制定法律和政策时必须考虑男女的不同,防止法律和政策上对女性的歧视。“性别”因此与中国法律相遇,对中国法律上的性别审视的结果是我们发现了就业性别歧视。所谓法律上的性别歧视,有可能是法律上明确规定男女不平等,如男女不同年龄退休,也可能是法律规定男女享有同样的权利,但可能不同的性别面临不同的问题而产生不同的结果,如女性因生育可能影响职业的晋升。这种差别影响是更加隐性的性别歧视。20多年来,妇女界和法学界经过共同努力,使我国政府将妇女权益的进步纳入了国际人权的观察。1980年我国加入《消除对妇女一切形式歧视公约》,现在每4年要向联合国消除歧视委员会报告中国妇女权益状况。2006年我国又加入了《1958年消除就业和职业歧视公约》,更显示了我国在更广泛的范围禁止就业歧视的决心。

多年来,我国立法在禁止就业性别歧视方面有相当的进步。《中华人民共和国妇女权益保障法》《中华人民共和国劳动法》和《中华人民共和国就业促进法》都对就业性别歧视做了相应的规定。如1992年制定,2005年修订的《中华人民共和国妇女权益保障法》第二条第二款规定:实行男女平等是国家的基本国策。国家采取必要措施,逐步完善保障妇女权益的各项制度,消除对妇女一切形式的歧视。国家保护妇女依法享有的特殊权益。禁止歧视、虐待、遗弃、残害妇女。1995年实施的《中华人民共和国劳动法》第十二条规定:劳动者就业,不因民族、种族、性别、宗教信仰不同而受歧视。2007年颁布的《中华人民共和国就业促进法》第三条规定:劳动者依法享有平等就业和自主择业的权利。劳动者就业,不因民族、种族、性别、宗教信仰等不同而受歧视。另外

2012年起施行的《女职工劳动保护特别规定》也对女性劳动禁忌和特殊保护做了规定。

关于就业性别歧视，我国立法大概可分为以下三方面。一是平等保障。国家保障妇女享有与男子平等的劳动权利和社会保障权利。二是歧视禁止。各单位录用职工时，除不适合妇女的工种或者岗位外，不得以性别为由拒绝录用妇女或者提高对妇女的录用标准。各单位录用女职工时，应当依法与其签订劳动（聘用）合同或者服务协议，劳动（聘用）合同或者服务协议中不得规定限制女职工结婚、生育的内容；晋职、晋级、评定专业技术职务等方面，应当坚持男女平等的原则，不得歧视妇女。任何单位不得因结婚、怀孕、产假、哺乳等情形，降低女职工的工资，辞退女职工，单方解除劳动（聘用）合同或者服务协议，但是，女职工要求终止劳动（聘用）合同或者服务协议的除外。各单位执行国家退休制度时，不得以性别为由歧视妇女。三是特殊保护。任何单位均应根据妇女的特点，依法保护妇女在工作和劳动时的安全和健康，不得安排不适合妇女从事的工作和劳动；妇女在经期、孕期、产期、哺乳期受特殊保护。

妇女人权是国际社会衡量一个国家人权状况的重要指标。国家在国际人权对话中特别重视妇女的就业平等权，甚至两次《国家人权行动计划》（2009—2010年和2012—2015年）都将禁止对妇女的就业歧视作为中国人权发展的重要内容。但从我国立法的特点看，立法多注重男女平等原则的倡导，而很少用具体的法律规则禁止就业的性别歧视，甚至法律根本没有定义什么人的什么行为是性别歧视，这导致法律的可操作性不强，适用规则不足。

2007年颁布的《中华人民共和国就业促进法》第六十二条规定了就业性别歧视的直诉制：违反本法规定，实施就业歧视的，劳动者可以向人民法院提起诉讼，但是却没有救济的程序性规定。就业性别歧视目前在我国法律实践中，从行为的认定到法律救济都具有不确定性。法律规定不明确，意识和理念均来自于国际法或国外法，本土化程度不够，使本来在中国具有复杂性的就业性别歧视问题，在立法理论和理念上形成概念的多重交织，有时候是保护还是歧视都纠缠不清，如我们至今说不清妇女早退休是照顾还是歧视。这样不仅使公众概念认知模糊，而且导致被歧视的女性群体也认为歧视具有某种合理性。行政与司法部门处理问题时更是无从把握，没有明确的判案依据。2007年法律规定就业性别歧视可以直接诉讼，直到2012年，北京才出现毕业生提起首例以“就业性别歧视”为名的诉讼。原告曹×求职北京巨人环球教育科技有限公司,因性别被拒,便将北京巨人环球教育科技有限公司投诉到北京市海淀区人力资源和社会保障局,同时以“平等就业权被侵害”为由向海淀区法院提起诉讼,理由是这家单位的职位上注明只招“男性”。几经波折,仅立案就超过一年,经过多个程序,最终双方在法院的组织下,自愿达成和解,形成终局性协议。依据协议,北京巨人环球教育科技有限公司将于2013年12月30日前赔偿曹×人民币3万元,作为关爱女性平等就业专项资金。同时,北京巨人环球教育科技有限公司负担案件受理费。

由于1995年世界妇女大会的影响和消除歧视公约对国内法的要求,就业性别歧视这样一个议题在中国成为一个社会和法律关注的问题,有一个再发现和需要法律重新建构的过程,而不能简单地移植国外法。由于法律文化和传统的不同,中国法治化建设中普遍存在西方法律被移植中与本土文化的冲突,需要我们去努力整合,以消除冲突。也正是这种冲突,使主流法律界对歧视问题的认识不到位,与国际法学界形成对话的困难。也正因为如此,国内一群性别平等的倡导者在探索就业性别歧视案件及其救济途径上有太多的困难。本书的28个案例,正是记录了这一过程。除国外的7个案例作为比较样本之外,国内的21个案例记录了1995年世界妇女大会以来,一群从事性别与法律研究和实务的法律人,在法律的边缘地带艰苦探索的历程。西北工业大学妇女发展与权益研究中心是一个由研究者、律师、法官组成的研究机构,代理的性别歧视法律援助案件,多是探讨性的,是研究中心老师(多是兼职律师)和高涛等律师团队甚至是与法官共同讨论、共同努力的结果。读者不难看出,当时打这些官司时,还没有明确的可操作的法律规则,而只有一些原则。很多案子借助了国际法的理念和标准来推动诉讼的进展,在这样的情况下能够胜诉,与大家的努力和支持是分不开的。有些案子是“借名起诉”,如全国第一例性骚扰案子的“讼由”是“赔礼道歉”。期间一代法律人尤其是援助律师在法律边缘地带的探索足迹和酸甜苦辣尽在其中。

本书案例分为三个部分:第一部分是西北工业大学妇女发展与权益研究中心多年来的法律援助案例,为了维护当事人的合法权益,避免给她们带来麻烦,所有案例均用化名。第二部分是国内著名案例,引用了传媒的案例,尊重传媒中使用的姓名。第三部分是国外案例。本书是团队合作的结果,主要的援助案例由高涛律师团队撰写,案例分析和国外案例研究由郭慧敏、段燕华主笔。其中国外案例的翻译整理由段燕华带领学生团队进行,主要参与的学生有王明生、刘小芳、韩冬等。

曹×案的胜利是个好消息。就业性别歧视从此名正言顺地进入司法，我们期望这是性别歧视案件走出法律边缘地带的开始，我们对法律的未来充满了期望。

本书也是纪念北京1995年世界妇女大会之作。“九五世界妇女大会”凝聚了一批关注妇女权益的研究者和实务工作者，使“九五精神”从点到面得到了传播。愿20年一起走过的朋友为推动中国妇女的人权进步继续努力，更期望年轻的后继者继往开来！

郭慧敏

2014年3月

目　　录

第一章　为谁生孩子——被掩盖的怀孕歧视

目前，怀孕歧视问题在中国还没有引起广泛的讨论，法律也没有对“怀孕歧视”一词进行明确界定。《中华人民共和国妇女权益保障法》(以下简称《妇女权益保障法》)中对于怀孕歧视“下”了两方面“禁令”，一是禁止在劳动合同中有婚育限制条款，二是禁止解雇怀孕员工或降低其工资。如该法第二十四条明确规定：“各单位在录用女职工时，应当依法与其签订劳动(聘用)合同或者服务协议，劳动(聘用)合同或者服务协议中不得规定限制女职工结婚、生育的内容。”《中华人民共和国就业促进法》(以下简称《就业促进法》)中也重申了这一规定。《中华人民共和国劳动合同法》(以下简称《劳动合同法》)第四十二条第四款也规定：“女职工在孕期、产期、哺乳期的，用人单位不能依照本法第四十条、第四十一条的规定解除劳动合同。”《妇女权益保障法》第二十七条同样规定：“任何单位不得因结婚、怀孕、产假、哺乳等情形，降低女职工的工资，辞退女职工，单方解除劳动(聘用)合同或者服务协议。但是，女职工要求终止劳动(聘用)合同或者服务协议的除外。”

把这些内容写进法律，在中国是由国家意识形态主导的，其思想渊源是“通过劳动的妇女解放”①。但是立法与现实却存在较大的差距——大量的怀孕歧视依然存在。在国际社会，法定权利与现实权利的落差往往是人权度量的一个指标，而这其中，关于妇女法定权利与现实权利落差这项指标似乎更能反映我国人权保障的程度，这就部分解释了我们虽已把有关性别歧视的内容写进了法律，却依然会在人权领域受到国际社会批评的原因。

怀孕歧视作为性别歧视的一种由来已久，但在中国大陆还没有学者对其进行过系统的研究。中国台湾学者黄昭元将怀孕歧视分为以下 3 种类型。

(1)差别对待的歧视(disparate treatment discrimination)。这种歧视是用人单位对于两位具有相同或类似工作能力的员工，只因为其中一位有“怀

① 1922 年中国共产党第二次全国代表大会通过的《关于妇女运动的决议》指出：“妇女解放是要伴着劳动解放进行的。”这一论断指明了现代中国妇女运动的方向，概括了中国共产党妇女运动的基本思想，指导推动了中国妇女解放运动实践，也成为我国有关妇女立法的指导思想。

孕、生产或其他相关联的医疗状况”的事实，并基于这一事实对当事人采取不平等待遇。这种差别对待既可能是雇主的成文规定（工作规则或劳务契约中明文规定），也可能是一种不成文的习惯。如果雇主直接以员工怀孕作为解雇的理由，而没有其他借口，就是差别对待的直接怀孕歧视。在这类直接怀孕歧视中，由于雇主所采取的歧视是一种表面不平等的差别对待行为，除非怀孕属于该行业或工作的“真实职业资格”，如招收男、女性模特儿或演员时的必须的性别限制，否则属于法律上的性别歧视，用人单位不能免责。

（2）混合动机的歧视（mixed motive discrimination）。用人单位做出某项有关雇佣或劳动关系的决定时，同时含有合法与不合法的动机。合法的动机包括员工本身的工作效率、态度及其他确实影响工作表现的因素，不合法的动机就是将不涉及真实职业资格的怀孕因素列入考虑。要判断这一类差别对待是否构成怀孕歧视，通常需要对受雇者的工作表现、用人单位的经济状况及用人成本等方面进行考量。与前一种怀孕歧视即“差别对待的歧视”相比，这类歧视表现更加隐蔽和复杂，因此，一般被认为是隐性的怀孕歧视。

（3）以胎儿保护为名的怀孕歧视。用人单位可能是基于保护怀孕者与胎儿健康的好意，或是出于减少未来职业伤害赔偿或补偿的避险动机，主动采取某些措施，禁止怀孕者或有怀孕可能的女性员工承担某些工作，进行工作调动，甚至强制停薪留职等，造成怀孕女性和一般女性之间的差别待遇。这种歧视经常以照顾为名，最不易辨认。①

我国目前出现的怀孕歧视以隐性歧视居多。笔者认为，怀孕歧视产生的首要原因是，我国现行法律没有解决“为谁生孩子”这个有关生育价值的问题。2012 年新修订的《女职工劳动保护特别规定》的立法目的（第一条）就是“为了减少和解决女职工在劳动中因生理特点造成的特殊困难，保护女职工健康”。这其中，法律认定的女性的特殊困难，就是生育；而从国家的立法意识上看，生育是一种女性个体的特殊困难，而不是基于其承担着人类再生产工作的特殊贡献。因此，“保护”自然就是“照顾”，并非对女性因生育的特殊贡献而进行的特殊补偿。法律如此，社会意识中也自然会将生育的女性及围绕生育的育儿活动视为女性就业的一个负担——用人单位不想承担这个额外的负担，导致大量形形色色的怀孕歧视，对女性的劳动就业权造成严重冲击。试想，如果生育的价值问题不解决，全国女性发起一场抵制生育的运动，将会出现怎样的情

① 黄昭元. 怀孕歧视实例检讨——台北市就业歧视评议委员会案件分析. http//taiwan yam org tw/nwc/hwc3/pupers/index. hml 2006.

形？[①] 但法律又明令禁止解雇怀孕员工和降低员工孕期待遇，于是就有了各种规避解雇怀孕员工的借口，如怀孕员工违反劳动纪律、在工作中不诚实，等等。如此，难于以“怀孕歧视”为名的诉讼就变换为以各种名目在法律边缘模糊地带进行的徘徊，给当事人带来二次伤害。

就这一话题，我们选取了3个案例。前两个案例是西北工业大学妇女发展与权益研究中心代理的法律援助案件，案例中的当事人因生育和照顾孩子，被单位以违反劳动纪律或职位身份限制的理由解除劳动合同。两个案例的不同之处在于，前一位当事人是企业员工，后一位是国家机关的临时聘用人员。第三个案例是曾被炒热一时的“国家某部解除试用期公务员案”。虽然用人单位取消当事人试用期公务员资格的理由是“弄虚作假”、个人“品质不可靠”，但是笔者认为该案实际上是国内怀孕歧视的第一案。虽然本章中的3个案例不能挖掘怀孕歧视背后的全部问题，但我们的目的在于以此揭示掩盖于各种说辞背后的怀孕歧视的本质。

案例1　谁挤了我的工作——游走在母职与职场之间的女人

一、案情简介

王茜（化名）两次从职场中被“挤”出来，都与孩子有关，当然，也与单位改制的大环境有关。第一次被挤出，是因为休产假。当王茜休完产假，高高兴兴地回单位上班时，不曾想一盆冷水倾头而下——原来自己的工作岗位已被他人占了。单位“不能让岗位闲着”的说法似乎也有道理，王茜只好回家带孩子。她安慰自己，反正自己带孩子的工资损失和请保姆的费用也差不多，自己带孩子还更放心。而她这一“回家”就是两年多，眼看孩子也大了，就在王茜准备与单位协商重返工作岗位事宜的时候，她接到了单位催促签订劳动合同的通知。王茜事后得知，因为《中华人民共和国劳动法》（以下简称《劳动法》）的颁布实施，各级劳动部门对单位与劳动者的签约情况要进行检查。在劳动部门监管的压力下，单位只好通知在编的王茜回去签订劳动合同。签完劳动合同后，王茜又有了工作岗位。可是好景不长，就在她重新工作3个月后，孩子生病了，王茜只得请假回家照顾孩子。然而等孩子康复，王茜返回岗位时，单位却推说

① 郭慧敏．社会性别与妇女人权．环球法律评论，2005(1)．

没有了工作岗位,王茜再次下岗。

王茜的经历,是一个女性在家庭和工作之间艰难地走“平衡木”的典型案例。下岗后,王茜一直以打零工为生,但“自己是有单位的人”这个念头一直支撑着她——她相信虽然单位没有为她安排工作,退休待遇应该还是有的。可直到2007年,王茜回单位询问有关自己社会保险的事宜,才发现单位已经解除了与自己的劳动合同关系,她的人事档案已转至人才交流中心保管。直到这时,王茜才开始寻求权利救济,然而无论是申请仲裁还是提起诉讼,她均因超过诉讼时效而败诉。王茜感到晴天霹雳:自己以后的生活将怎么办?漫漫上访路是否有用?究竟是谁挤了我的工作?[①]

二、当事人陈述

我是1982年参加工作的,文化程度低,只是初中毕业。我们单位原来是区上的一个企业,下面有好几个集体企业。我是在劳动局办了正式手续,被分到我们单位的。我们单位搞商业零售,很小,只有七八个人,几乎都是女的。我以前和单位也没什么矛盾。

1992年年底,我休完产假回单位上班,单位说没岗位了,不让我上班,我就只好回家带孩子。单位也没给我发工资。只要有空,我就回单位找,不但找过我们单位的负责人,还找过上级主管部门。我和单位的负责人都挺熟的,成天上班都在一起,也不好意思翻脸,见面就说说,人家一推,我就又回来了。我对上级单位又不熟,连该给谁反映都搞不清。这样就一直到了1995年。

1995年,大概是7月,单位打电话通知我回去签合同,我就去了,签了一份合同,还安排了我上班。我当时也不懂,人家让签,咱就签了,连看都没看,反正单位其他人也是一样的。这次合同期是1995年至2000年。后来诉讼时,律师仔细研究了合同,才告诉我,我们的合同没有什么实质的内容,几乎就是把劳动法的规定照搬了一遍,完全是为了应景。我们的合同还有劳动部门的认证呢。工作了3个多月,孩子病了,我只好请假回家带孩子。住了一段时间医院,又回家养了几天,孩子的病好了,我就回单位要求上班。单位又说效益不好,让我回家。我就又回了家。为了生活,我开始在外面打零工。打零工总不是个事儿,老了没有保障,我也去找单位要求上班,但总是被推来推去,没有结果。我这人又不会闹,这事就一直拖着。2000年合同到期,单位还通知我回去签合同,又签了5年,签到2005年。但还是没有安排我上班,也没有给

① 本案为西北工业大学妇女发展与权益研究中心的法律援助案件。

我工资。2000年底,单位给我家送了一个通知,让我到单位办理集体企业养老保险手续。我当时正生病住院,病好了,就去了单位。他们要求我把1993年到2000年的养老保险自己全交,包括个人和单位应交的部分,我没有同意。这么多年了,没给我安排工作,也没给发过钱,我哪来的钱去交?何况单位应交的部分为什么让我来交?这事就搁下了。

到了年底,单位的上级主管单位给我发来一个函,说我多次无故旷工,把我除名了。这下我真急了。以前虽不安排工作,也不发钱,但好歹我是有单位的人,心里总有个保障。这一除名,就什么都没有了,我慌了。我去找单位,单位说是上级决定的,去找上级,又说是单位报的意见。我想我是在劳动部门办了手续的,就去找劳动部门,他们建议我申请劳动争议仲裁,我就提起了仲裁。当时的诉讼请求共3项:要求单位撤销除名决定;承担养老金里单位应承担的部分;补发从第二次签订合同之日到现在的生活费,每月500元。单位在开庭过程中一直强调我长期无故旷工,并说对于长期请病假、事假未上班的职工不发基本生活费,由个人交养老保险和失业保险是单位职代会决定的。

仲裁委经审核后,认为我一直在要求上班,是单位一直不给安排,而且发布除名通知的是上级主管部门,我与上级主管部门没有劳动合同关系,发布通知的主体是错误的,因此裁决我的劳动合同继续履行,单位还要发给我两个月的最低生活保障,其余请求被驳回了。

拿到裁决,我松了一口气,总算保住了工作。单位没有给我那两个月的最低生活费,我也没去要,打官司主要是为了保工作。

我一直在外面打零工。去年,我又病了一场。好了后我想,这样也不是长久之计,还是应该把养老保险、医疗保险办了,老了有个保障,就抽空回单位找,他们答应帮我问问。过了几天单位来电话说,只需办理个人档案转移,就可以到个人养老保险中心办理养老保险等事宜了。后来他们就把档案给我转了。等我到个人养老保险中心一打听,才知道我跟单位已经没有关系了,全部费用得自己掏。我伤心极了,怎么会这样?如果再去找单位只能是翻脸,我又做不到,有了上次的经验,还是仲裁吧。通过朋友介绍,我申请到了法律援助,援助律师帮我提起了仲裁。

到了仲裁委我才知道,单位2004年已经改制了。在岗的那几个员工现在是单位的股东,单位名称也变了,现在是有限责任公司。仲裁委说我的合同2005年到期,早就超过了申请仲裁时效,没有接受我的申请。

律师接我案子的时候就说我权利意识淡薄,怎么这么多年了,才想起来要求告,还说我在证据方面存在很大问题,虽然我经常去单位找,但每次都是说说,如果人家不承认,我就麻烦了,让我做好思想准备。得知仲裁委不予受理的时候,我灰心极了,在律师办公室待了3个小时才走,哭得一塌糊涂,都不知后面的日子要怎么过了。律师也说我错过了维权的最好时机。我想不通,他们不让我工作,我就没去,也没给他们找麻烦,到后来却是我的错,啥都要我承担。我要上诉(应为起诉)。我给律师说了我的意思。律师还劝我再考虑一下,毕竟已经过去了三四年了,时效和证据方面确实有很大的问题。我和家里人商量了,我要告,不能就这样就没有工作了,总得给我个说法。

法院开庭的时候,单位拿出来一份2001年的解除劳动合同决定书,是在我上一次申请仲裁单位败诉后,他们以自己的名义做出来的,但我没有收到过。法院后来还是判我败诉了。法院判决下来后,我又哭了一场,我知道我的官司打不赢了。但我还是想不通:为什么老是单位说什么就是什么?单位说没有岗位,经济困难,我就没有班上。要改制了,有好处了,就把我甩出去了,怎么什么坏事都落我头上了?

三、法院判决

经审理查明,原告(王茜)为被告的正式职工,1995年10月,原、被告签订了5年期的劳动合同,2000年8月,双方又续签了5年期的劳动合同,合同期满时间为2005年9月30日止。随后原告在家等候通知未上班至2001年,2001年元月,原告收到被告对其的除名决定,原告遂向××仲裁委员会申请仲裁,要求撤销除名决定等。2001年4月,仲裁委裁决双方履行已签订的劳动合同。对该仲裁书,双方均未向法院提起诉讼。2007年5月,被告通知原告办理人事档案托管手续。原告于2007年6月28日向××仲裁委申请仲裁,该委以超过劳动争议申诉时效而不予受理。原告不服,遂于2007年7月向本院提起诉讼。

本院认为,根据最高人民法院《关于审理劳动争议案件适用法律若干问题的解释》第三条和劳动人事部、国家经委《关于企业职工要求“停薪留职”问题的通知》第二条的规定,“劳动争议仲裁委员会根据《劳动法》第八十二条规定,以当事人的仲裁申请超过60日期限为由,做出不予受理的书面裁决、决定或者通知,当事人不服的,依法向人民法院起诉的,人民法院应当受理;对确已超过仲裁申请期限的,又无不可抗力或者其他正当理由的,依法驳回其诉讼请求。”“对于未经批准而擅自离职的职工,按自动离职处理。”原、被告签订的劳动合同期限为5年,这一点原告是清楚的。原告应在劳动合同终止的次日起计算6个月提起仲裁,原告没有提供不可抗力和其他正当理由,而延误了申请仲裁时效，故原告确已超过了申请仲裁期限。被告虽未办理解除或者是终止劳动合同的书面送达手续，但作为原告在劳动合同届满后仍然不请假，单位对其停发工资而将会产生的法律后果是清楚的。故原、被告之间的劳动合同关系已不存在，原告之请求驳回。①

四、维权过程

从得知单位将档案转到人才交流中心开始，拥有申请仲裁胜诉经验的王茜就下决心要通过仲裁来解决这个问题。她在来西北工业大学妇女发展与权益研究中心寻求帮助前，已和不下10位律师有过接触——有的是朋友介绍的，有的是她自己寻找的，但这些律师在听完案情后，没有一个人决定代理，他们异口同声地告诉王茜，此官司成本太高，且时效已过，无法胜诉，建议她放弃；更有甚者还指责她是法盲，耽误了这么长时间才想起要回去上班。后来，王茜经朋友介绍，与西北工业大学妇女发展与权益研究中心的周律师有了接触，周律师将案件向中心做了汇报。中心认为，王茜的这个案件，如果仅从法律角度来讲，焦点的确只是一个简单的时效问题。但如果深入分析，另一个问题便自然浮出水面：王茜会面临现在这种局面的根本原因就是生育和照顾孩子，如果不是这样，她会被单位解除劳动合同吗？王茜丧失劳动权的首要原因是生育及履行家庭义务。如果没有生育，她不会离开职场整整3个月；如果没有因照顾生病的孩子而请假、影响正常上班，王茜是不会从职场中被甩出来的。正如王茜所言："我和单位的负责人都挺熟的，成天上班都在一起，也不好意思翻脸。"在这样的环境下，如果没有前述原因，用人单位即便想让不能全职工作的人员下岗以降低劳动成本，也是没有借口的。而正是生育及履行照顾孩子的家庭义务为用人单位解雇王茜提供了借口。同时，非常清楚，这种站在女性立场上分析问题的视角，在仲裁乃至诉讼中对王茜权利的保护是没有任何帮助的，仲裁委抑或法院都只是在现有法律框架下对证据进行审核，超越法律的理由是不会被接受的。但是法律也并不禁止律师在代理意见中发表上述观点。

本案当事人对"事实"这个概念的理解，与法律所规定的"事实"之间有很大差异。当事人知道"以事实为依据，以法律为准绳"这句话，但他们所理解的事实是客观事实，用王茜的话说就是"我去找过他们很多次，他们怎么会不承认呢？"她无法理解"证据事实"——"难道我每干一件事，还要找个证明，否则

① 原判决存西北工业大学妇女发展与权益研究中心诉讼档案，本文为节选。

我就没干?”我们希望能够在仲裁过程中公开探讨这个差异问题,希望扭转仲裁员或者是法官机械适用证据事实的现实,而从客观环境、人们的正常心理等多方面考量证据。就本案来说,王茜的实际情况使她非常依赖这份工作,也很想干好这份工作——这从单位通知王茜签合同她就签,让她上班就上,一切听从单位安排的种种表现中就能看出来。当单位的上级主管部门第一次除名时,王茜便很快提出诉讼的行为,也反映出王茜对这份工作在意的程度。从这些事实推断,王茜这么多年肯定是在不断地找单位要求上班的,不可能像证据事实表明的所谓“一直置之不理”。即使仲裁委或者法院不能接受我们的理由,我们也要寻找一个发声的平台。

经综合评估,中心指派周律师作为本案代理人参与该案诉讼,其基本诉讼思路是通过诉讼施压,促成双方的调解,同时在代理意见中分析王茜权利受损的原因以及当事人对法律的“个体理解”如何与法律规定相衔接的问题,通过法庭这个平台,将问题引申出去。

五、案例分析

造成本案救济不能的原因是多方面的,主要有下述原因。

(一)当事人对时效不了解

王茜的案子,时效是个大问题。正是时效问题造成她的案件未能进入实体审理阶段,中心所设计的调解方案因为没有足够的压力,也失去了摆在桌面上供各方公开探讨的机会。

申请劳动争议仲裁的时效规定期间太短,这就在客观上剥夺了当事人申请仲裁的权利。申请劳动争议仲裁的时效曾有过几次调整。最初,1993 年 8 月 1 日起实施的《中华人民共和国企业劳动争议处理条例》(以下简称《劳动争议处理条例》)规定的申请仲裁时效为 6 个月;而在 1995 年 1 月 1 日起实施的《劳动法》中,该时效却调整为 60 日,与前者相差甚远。据相关部门解释,把申请仲裁时效缩短的目的是希望劳动者遇到劳动纠纷时,能及早提起诉讼,维护自己的权益。然而,立法初衷虽好,但法律逻辑不通。我们知道,时效是指公民在一定时间内不行使自己的权利,就会导致权利丧失的期间。时效长,并不一定意味着公民会怠于行使权利;时效短,也不意味着公民会积极行使权利。时效的长短只意味着一件事,即权利存续的时间长短。申请仲裁时效只有 60 日,很容易造成劳动者还没来得及行使权利,可供行使该权利的期间就过了的情况。试问,这究竟是保护了劳动者还是伤害了劳动者呢?更何况,劳动者与用人单位之间既相互依存又相互矛盾的微妙关系,使得在现实中,劳动者并不愿意一遇到纠纷就通过仲裁或诉讼解决问题。追究其深层次原因，一方面是中华民族崇尚“和为贵”，有“厌诉”心理，彼此之间不论以前关系相处多么融洽，一旦发生诉讼，以前的和谐关系就会被打破。另一方面，劳动者与用人单位的关系不像其他民事关系，双方在诉讼后很可能还要继续发生关系。除非劳动者已做好辞职打算，否则劳动关系的双方还存在着管理与被管理的关系，一旦与单位闹僵，以后的合作便无法进行。因此，在劳动者与用人单位的纠纷发生后，劳动者往往谋求和平解决。

事实上，60 天的申请仲裁时效是根本不够的。2006 年，最高人民法院出台司法解释，关于终止、中止和时效起算点的重新界定，实际上延长了当事人的申请时效，有利于当事人维权。但在实践中，劳动争议仲裁委员会往往不采纳这个解释，导致当事人的诉讼累赘；而且法律解释的不一致，也导致法院的诉讼判决与仲裁委员会的裁决截然不同，对法律的权威性是一种破坏。2008 年 5 月 1 日实施的《中华人民共和国劳动争议调解仲裁法》(以下简称《劳动争议调解仲裁法》)将劳动争议申请仲裁的时效期间调整为 1 年，仲裁时效期间从当事人知道或者应当知道其权利被侵害之日起计算，它统一了原来各部门自行解释“时效”造成的混乱。申请仲裁时效的延长，有利于当事人维护自身的合法权益。结合王茜一案分析，王茜第一次申请劳动争议仲裁能够胜诉，首先是因为她在规定的时效期间提出了仲裁申请，其次是因为发布除名通知的主体是其用人单位的主管上级，而非用人单位本身。王茜的用人单位虽然在行政隶属关系上必须服从主管上级(这是一个中国特色，任何一个单位都必须有一个主管上级。改革开放初期，很多民营企业“戴红帽子”，与此同出一辙)，但在法律关系上是独立主体，必须以自己的名义对外行使权利。因此，以上级主管部门的名义发布除名通知是错误的。仲裁委员会据此裁决撤销除名决定。裁决书下达后，王茜的用人单位以自己的名义另行发布解除与王茜劳动合同的通知，这是另一个法律关系。这一次的除名决定是否有效，也必须经过与上一个除名决定相同的程序来解决。仲裁委员会认为，王茜没有在时效期间内提出诉讼。因此，王茜最终丧失了胜诉权。

(二)法定证据规则与女性的生活经验有较大差距

女性对法律的理解，更多地来源于自己对日常生活的感知和理解。这与法官的法条主义适用法律的思路是不同的，很多女性的权益往往因此得不到保护。在本案的开庭过程中，我们提出了这个问题，希望能够引起相关部门和学者的关注与思考。

法院在判决书中称，王茜的劳动合同已于 2005 年 9 月期满，在此之后，虽然被告没有下发正式的劳动合同终止或解除通知书,但原告未提供劳务也未办理请假手续,被告也没有发放工资,言下之意双方上述行为实际终止了劳动合同关系。我们认为这种推论不符合本案的事实。纵观原告的整个签约过程,她都是非常被动的,法院判决书中也认定王茜的每次签约都是"接被告的通知"而为的,而且在王茜与单位的第一份5年期合同期间,她就没有上班,判决书中认定的原因是"在家等候通知",等候的是上班的通知。把这两个事实结合起来,就可以看出劳动合同对于双方来讲并不是一个经济行为,更多的是政治行为——完成上级安排的任务。如果是一个经济行为,劳动者就不会在签了合同而不能上班、不能享受劳动待遇的长达5年时间里不进行反抗;而单位也不会在根本没有岗位提供的情况下去和劳动者签订一份合同,给自己套上一个枷锁。这一切之所以能够发生,都是因为当时的经济体制改革,导致全员劳动合同制开始冲破固定用工体制的坚冰,使得用人单位和劳动者普遍存在不适应感。责备劳动者漠视自己的权利是不公允的——一发现被除名就提起劳动争议仲裁,说明当事人还是有基本的法律概念的。在劳动合同到期后,王茜之所以没有及时提出劳动主张,是因为她根本没有意识到劳动合同期限的届满会对她有什么影响。依据法律的规定,劳动合同期限届满后,劳动合同关系并不是自然就终止了,需要以书面方式对其效力予以确认。至于合同到期后还可能存在事实劳动合同关系的情况,根据中华人民共和国劳动和社会保障部(以下简称劳动和社会保障部)的解释,这时的劳动合同期限是不定期劳动合同。在合同到期之前和之后,原告就因为单位不给安排工作而处于等待阶段。法院没有考虑这个具体情况,采用了更有利于用人单位的解释:双方的行为是对终止劳动合同关系的默认,而不是适用劳动和社会保障部的解释,即劳动关系尚在顺延中。法院在适用法律的时候,应考量这一具体的社会环境,保护劳动者的权利。

(三)女性权利受侵的多种因素

我们从王茜的叙述中可以观察其丧失劳动权利的轨迹。王茜最早是持招工指标分配进用人单位的员工,虽然单位没有给她安排岗位,但她与单位之间的劳动关系是任何人都无法否认的事实。在《劳动法》颁布后,王茜与单位的关系是以劳动合同来规范的,而王茜本人并没意识到这种法律规定的变迁。因为照顾孩子,王茜的劳动价值已然受到质疑,单位借口其无故旷工,解除了与她的劳动合同关系。王茜的劳动权利,在巨大的社会变革过程中彻底丧失。而造成王茜劳动权利丧失的原因则是多方面的。

1. 制度原因

王茜在陈述中也反复提到"不知道该找谁，和单位的领导谈吧，人家说归上级主管部门管。去上级主管部门吧，又不熟，别人一推就回来了。老找老没消息，都做了些无用功"。这都是因为政企不分，企业不想承担责任，就往上级推。至于到底谁做主，劳动者根本无法弄清，甚至连除名决定是由谁做出的也无法弄清——单位说是上级主管部门做出的决定，因为通知是以上级主管部门的名义下发的；上级主管部门却说是单位上报的材料，他们只是具名而已。就是这种"扯皮"让当事人彻底陷入迷惘。《劳动法》颁布实施后，解决纠纷的途径逐渐明晰化，但行政的力量并没有随之退出劳动领域。要求王茜早早通过仲裁解决问题，是对她的苛求。政企不分，已经混淆了她的判断，她不知道应该通过什么途径来解决问题。

2. 劳动者固守成规的观念

劳动者没有意识到企业改制对劳动者身份带来的影响。在改革过程中，劳动者经常会面临一种"重新站队"的情况：一旦"站对"，一切皆有；而一旦"站错"，一切尽失。王茜在家待得太久了，头脑里还固守着计划经济时期的招工制度，以为自己还是计划体制下的"正式工"，殊不知抱定不放的"铁饭碗"已在市场经济的大潮中被悄悄打碎！

20 世纪 80 年代中期之前，国家一直实行招工计划制。国家每年制订各省的招工计划，再由各省视各市的具体情况，将计划下发到各市和各大型国有企业；劳动者持招工指标到当地劳动人事部门办理手续，进行统一分配，这就是所谓的正式工。80 年代后期，企业经营权改革，企业逐渐拥有了人、财、物、产、供、销的自主权，可以自主招收员工，并以劳动合同来规范双方的关系。1992 年以后，国家更是出台了全员劳动合同制的政策，正式工与临时工的法律界限不复存在，临时工仅指一年期以内的短期用工或者是季节工，但人们思想的转变却需要一个过程，它不会因为政策的出台而立竿见影，而且这一时期政府指令招用工人和企业自主招用工人处于并行状态，政府指令招用工人的行为一直到《劳动法》实施后才逐渐消失。由于这些原因，长期以来，部分企业仍不能把招工计划体制下依指标进入的人员和自主招用的人员同等对待。在我们项目中接触的部分女性，虽然其参加的工作时间发生在《劳动法》颁布以后，却仍然把自己视为"临时工"。"正式工""铁饭碗"的思想，也在客观上弱化了王茜争取权利的行为。王茜之所以出现长时间的"权利休眠"，其自身确有一定的原因，但制度和用工历史是更为主要的原因。

3.现实中存在的男女不平等分工现象

在“父权制”思想还有相当大影响的情况下,私人领域的男女劳动不平等分工仍在继续,即大部分的家务劳动均由女性操持。就本案而言,当孩子生病时,“理所应当”由女性休假照顾,大部分女性自己也没有意识到男性也有承担家务劳动的责任。造成这种情况的原因,一方面是社会资源由男性享有会带来比女性更大的效益,当女性自觉地以一个家庭为整体来考量这个问题的时候,她自然会做“最优化”的选择。这仿佛是一个怪圈,因为男性的性别,往往导致他们获得更多的社会资源,从而更加强了男性的权力。另一方面,传统观念认为女性适合家务劳动——就像诸如勇敢、果断、刚毅等褒义词让人联想到男性一样,软弱、善良、勤劳、细心等词则是属于女性的,人们因此得出“男主外,女主内”的性别分工模式,女性理所应当干家务。值得注意的是,私人领域的男性主导模式呈现出向公共领域“扩张”的趋势。即使是在市场经济体制相对发达的国家,这一情况也同样存在。在欧洲,劳动就业中仍然存在着职业“性别隔离”和“垂直分化”。例如在瑞典,男女两性的工资差距仍在不断拉大,原因是妇女中的大多数人都在公共事业、社会福利事业、关怀行业里供职。这样形成了以男性为主的职业和女性为主的职业,称为职业性别隔离。公共服务体系的资金不足,且大多数是非盈利性质的,这不仅影响了公共服务的质量,也致使这些行业的工资低且长期停滞不前;而多数男人则受雇于私营企业,不仅工资高且持续上升。再如在一家企业内部,居于高级管理位置的大多是男性,女性更多地从事秘书、助理等辅助性工作。越到职位高层,男性越多,而女性多沉于职位低层,这就是职业的垂直分化。这种情况在我国也同样存在。教师、护士是传统的女性居多的行业,但即便是在教师职业内部也有性别分化——高校教师以男性为主,幼儿园、小学、中学教师则以女性为主。看起来,女性的社会职业更多是家庭角色的延伸。如果女性在自我意识中潜移默化地接受职业“性别隔离”和“垂直分化”的观点,在受教育的过程中不自觉地进入这种传统的社会角色,女性权利被侵犯也就在所难免。在这种情况下,逐渐打破“性别隔离”和“垂直分化”,推进女性权利保障,才是解决问题的现实办法。

综上所述,造成王茜劳动权利丧失的真正的原因是,女性生育和育儿的照顾责任对其工作权造成了冲击。但进入法律程序后,法律规定的不因生育解除劳动合同的内容被冰冷的“时效”所淹没。而法律的缺陷则在于,将生育化约为与生育相连的“四期”,而没有将以育儿为主的家庭照顾纳入法律的视野,使此类的诉讼游走在没有法律航标的河流里。

俗话说“生孩子是女人的头等大事”，而今天，我们对于“头等”要打个问号——一部分女性为了工作放弃生孩子，理由是“要不起”。女性一定要在工作和孩子之间做选择吗？难道就没有两全齐美的办法吗？男人为什么就没有这样的困惑呢？当然，不排除家庭事业两头忙且两不误的“超级女强人”，但谁又知道她们暗自流过多少眼泪！生孩子休产假，休完产假去上班，对孩子有无限的内疚；回到单位又面临没有岗位或被换了更差岗位的境况，像是欠了单位的……女人啊，到底为什么要生孩子？

案例2　机关聘用人员怀孕与劳动合同关系的解除

一、案情简介

高中毕业后，张某经朋友介绍，于1995年开始在一家行政机关单位工作，主要负责打字、复印和报刊分发等工作。最初，张某的工资只有200元，比有正式编制的人员低。2005年，张某怀孕，要求单位减少工作量，而领导不同意。张某一气之下，于2005年5月离开了工作岗位，且未履行任何请假手续。单位认为双方的劳动合同关系因其擅自离开已经解除，于是在未对张某离职做任何处理的情况下，重新聘用了一个年轻女孩儿顶替了张某原来的岗位。2005年12月，张某生产；2006年2月，张某回到单位，要求重新上班。在单位拒绝了张某的请求后，张某以“生育解雇”为由提起了劳动争议仲裁，经仲裁、一审和二审，张某最终胜诉。法院判决双方劳动关系存续，要求单位为张某安排工作；如不安排，则每月应按西安市最低工资标准的75%发给生活费，并为张某交纳养老保险。然而，单位却于法院终审判决下达一周后下发了解除与张某劳动合同的通知，同时支付了张某12个月的经济补偿金。无奈之下，张某再次提起劳动合同解除争议仲裁，经过仲裁、一审、二审，单位解除劳动合同被判令为有效。张某再次失去工作。整个诉讼程序历时两年，张某和单位都感到不胜其烦。

张某不仅遭遇了生育解雇的性别歧视，还受到了与生育相关的临时聘用人员的身份歧视，再加上她违反劳动纪律的错误与各种问题交织在一起，张某最终失业。[①]

---

① 本案为西北工业大学妇女发展与权益研究中心的法律援助案件。

二、当事人陈述

2006年，我怀孕了。当时我干两份活儿——打扫卫生，打字、复印。打扫卫生要楼上楼下地跑，还要弯腰，月份大了后我就干不了了。我向单位提出只干打字、复印（的工作），把打扫卫生的活儿给别人。单位不同意，说这就是一个人的活儿，能干就干，不干就算了。正好快放"五一"假了，我把我的东西一收拾，就离开了。单位也没有人来找我。生完孩子后，我回到单位要求上班，单位答复说岗位上已经有人了，现在没有岗位，我就离开了。

我现在住的房子是单位原来的资料室，是两室一厅。刚开始上班的时候，单位让我住了一间，把资料都放在另一间里。结婚没房，我就把资料腾了一下，住了进去。我在这儿已经住了好几年了。

大概是2007年年中，来了一个人上门要房，说是单位把房分给他了。我挺生气的，没想到单位不仅不给我工作，连一席之地也不给我。我就向劳动争议仲裁委员会提起了仲裁申请，要求恢复劳动合同关系，安排工作，支付产假期间的工资，报销生育费用，补办养老和医疗保险。

开庭的时候，我们单位去了两名人事科干部。他们说我擅自离开工作岗位，跟单位早就没有劳动合同关系了，不同意我的要求。还说他们是行政机关，参加的是市级机关事业单位的社会保险，我是聘用人员，没办法给我办，还提出让我腾房。仲裁委员会后来裁决，我们的劳动合同关系还在，应该顺延到哺乳期结束，要单位给我报销生育费用并支付产假期间的工资。腾房不属于劳动争议仲裁委员会的受案范围，让单位另案起诉。我的其余请求也被驳回。

仲裁书下发后，我不服，凭什么不给我办社保，而且我的工作还只顺延到哺乳期结束？我向法院提起了诉讼。单位还是坚持他们的说法，认为不应该给我安排工作，因为没有岗位了，当然也不同意给我办社保。我搞不清法律的这些规定，反正最后法院还是没有判给我办养老保险和医疗保险。还说因为单位情况变化，同意解除劳动合同，只需要支付劳动合同补偿金。我多拿了钱，但没有工作了。

我还是不服，向中级人民法院提出了上诉。为什么因为他们是行政机关我就不能有社保呢？我都工作10年了，怎么说解除合同就解除合同？我还提交了1份文件——《人事部关于国家机关、事业单位工勤人员依照执行〈劳动法〉有关问题的复函》，中间说应该给我这样的人办保险。最后，中级人民法院也支持我的主张，判劳动合同关系有效，单位给我办社保。我胜诉了。

三、仲裁裁决及法院判决

(一)仲裁裁决

(1)被诉人于本裁决生效3日内,为申诉人安排工作至哺乳期(2005年12月至2006年2月)。如不给安排,则以西安市最低工资标准每月540元的75%为标准支付工资。

(2)被诉人于本裁决生效15日内,一次性支付申诉人2005年5月至2005年11月期间生活费××元,支付2005年11月至2006年2月的产假工资××元,支付2006年2月到6月期间生活费××元,报销生育费用××元。

(3)驳回其余之诉。

(二)一审判决

原告自1995年11月起在被告单位工作,至2006年2月哺乳期满与被告的劳动合同关系存续11年零1月,在孕期、产期、哺乳期,被告应给予适当照顾,不得与原告解除合同。原告擅自离开工作岗位虽有不妥,但被告不能视为已与原告解除劳动合同关系。由于被告单位情况发生变化,可以与原告解除劳动合同关系,但应当依法给予经济补偿,补发原告3个月工资,并应按照不低于西安市最低工资每月540元的75%的标准,支付原告自2005年5月至2006年12月孕期和哺乳期内除产假之外17个月的生活费。由于国家对不属于机关事业单位正式编制的聘用人员如何参加社会保险并交纳社会保险费尚无明确规定,被告未予办理养老保险并无不妥。被告要求原告腾房,不属于劳动争议范围,本案不予处理。判决如下:

(1)解除双方的劳动合同关系。

(2)本判决生效后10日内,被告一次性支付3个月产假工资××元,17个月的生活费××元,11年的经济补偿金××元,生育费用××元。

(3)驳回其余诉讼请求。

(三)二审判决

按照《劳动法》第二十九条之规定,被上诉人不能因为上诉人提出调整工作,在孕期、产期、哺乳期内,解除与上诉人的劳动关系,因此,双方的劳动合同关系存续。《人事部关于国家机关、事业单位工勤人员依照执行〈劳动法〉有关问题的复函》规定:国家机关、事业单位实行劳动合同制的工勤人员,其养老、医疗、工伤和生育等社会保险按现行管理办法执行。故被上诉人应给上诉人按现行办法补办社会保险。综上,原审判决认定事实基本清楚,但适用法律有误。判决如下：

(1)撤销原审民事判决。

(2)确认双方之间劳动合同关系存续，为上诉人安排工作岗位，如不给安排，则以西安市最低工资标准的75%发放生活费。

(3)本判决生效后10日内，被告一次性支付3个月产假工资××元，17个月的生活费××元，生育费用××元。

(4)本判决生效之日起3个月内，被上诉人给上诉人按现行管理办法补办1995年以来的社会保险。本判决为终审判决。

然而案子不会那么简单，单位并不执行法院判决，而是变了一个法子规避法律对怀孕解雇的禁止。这使终审法院保护女性就业权的措施成了一纸空文。

四、当事人再述

可还没高兴两天，单位给我寄来一份解除劳动合同通知书，通知我：目前局机关所需岗位人员安排已满，经局领导研究决定，自通知之日起，与你解除劳动关系。为了依法维护你的合法劳动权益，我局参照劳动部印发的《违反和解除劳动合同的经济补偿办法》第八条[①]的规定，支付你12年的经济补偿金共计××元(每满1年630元共12年)。我只好又提起了仲裁，要求判令单位单方解除劳动合同无效，撤销解除劳动合同的通知，与我签订无固定期限劳动合同；补办1995年至今的住房公积金；补发2005年、2006年的目标考勤奖××元，补发1995年至今高温费和取暖费××元；按照干1年多发1个月工资的规定补发工资××元。单位辩称，国家的法律只是规定在孕期、产期、哺乳期不得解除劳动合同，现在我的哺乳期已经结束，解除劳动合同合法有效，并已支付了解除劳动合同补偿金。其余的待遇是公务员才有的，我是外聘人员，不应该有。我又就单位解除劳动合同问题提起仲裁，再经过一审、二审，但都判令单位解除我的劳动合同有效，我只得到了经济补偿金。

我觉得不公平。我在这个单位干了快10年，结果什么都没有。如果我是他们的正式工，就不会遇到这些事，她们生孩子，可以名正言顺地休假，还可以拿到工资，报销医药费，还可以解决住房问题。就是因为没有正式手续，我就

① 《违反和解除劳动合同的经济补偿办法》第八条：劳动合同订立时所依据的客观情况发生重大变化，致使原劳动合同无法履行，经当事人协商不能就变更劳动合同达成协议，由用人单位解除劳动合同的，用人单位按劳动者在本单位工作的年限，工作时间每满一年发给相当于一个月工资的经济补偿金。

低人一等，拿的工资低，说不要我就不要我了。刚分到单位的人都可以有住房，我干了 10 年，就应该被撵出去？二审判了，我也知道再没有机会了，但心里还是不服。

我现在只能积极地找工作，还得养活自己和孩子。

五、用人单位辩解

张某第一个诉讼要求工作岗位，并要求补办“三金”；但张某没有履行任何请假手续，擅自离开工作岗位近 1 年，已与单位在事实上解除了劳动合同。我们早已在该岗位重新招聘了员工，不可能安排张某继续工作。因此，她所提出的费用也就没有法律依据支持支付。补办“三金”，我们也没办法做。我们是行政机关，工作人员享受公务员待遇，养老、医疗等都由财政支出。张某只是临时工，根本没编制，我们没办法办。张某的仲裁请求我们都不同意。因为张某长期占用单位住房，我们提出反诉要求张某腾交房屋。仲裁和一审都判我们给张某支付产假工资、生活费和医疗费，只要张某不再闹，付点钱我们还是愿意的。但二审最后还判令劳动合同有效，让我们给安排工作，还要补办“三金”，我们非常为难。

正好判决下发后不长时间，张某的哺乳期就满了，我们经过研究，解除了劳动合同，并主动支付了经济补偿金。给她发通知的时候，就做好了她会起诉的准备。不出所料，她提起了仲裁，还要求住房公积金、取暖费、高温费、一年多一个月工资、目标考评奖等。她的好多要求都太过分了，她只是个临时工，无法享受公务员的待遇。虽然不公平，但这就是现实，我们也没办法。仲裁、一审、二审，我们都胜诉了。如果不能解除和她的劳动合同关系，我们也不知该怎么办。

六、案例观察与研究

张某的案件是由陕西省妇联法律援助中心转介到西北工业大学妇女发展与权益研究中心的。张某在向单位要求恢复劳动关系未果后，便向劳动争议仲裁委员会提起了仲裁，又因诉状的书写不符合规定，无法立案，遂向省妇联法律援助中心咨询。省妇联法律援助中心的工作人员认为西北工业大学妇女发展与权益研究中心有长期从事女性劳动争议案件研究和案件代理的经验，故将其介绍过来。初次见到张某，感觉她的精神面貌很好，并不像想象中权利受侵犯的女性。在后来的交谈中我们逐渐明白，这与张某对未来充满信心、不达目的不罢休的意志力密切相关。张某没有任何证据，整个案件过程都是她叙述的。她对于自己的要求非常清楚,对法律也有很多了解。在充分了解案情后,中心认为这个案件事实清楚,适用的法律也很明确,胜诉是没有任何悬念的。

如果从女性视角考量,张某遭遇的是双重歧视:身份歧视(临时工)和性别歧视,这些歧视因“生育”这一事情交织一起,导致张某最终丢失工作。张某前后打了两场官司,我们中心派出的律师只代理了第一场,但是整个案件前后是不能分割的。后一场官司张某败诉,是因为她的临时聘用人员身份。

对案件进行观察时,我们发现,行政事业人事领域的不平等与劳动领域的不平等发生的情形不一样。人事领域还大量存在着制度性的不平等现象,事业单位和行政单位工作人员身份的获得与国家编制挂钩。至今,行政事业单位临时聘用人员的待遇问题没有办法解决,于是出现了诸如劳动领域基本已实现形式平等,所有劳动者都以劳动合同确定与用人单位的关系,需要解决的是现实中的实质平等问题。张某以自己同事的待遇为参照提出的很多要求,都被用人单位甚至是法院认为是非分之想——因为她的同事是公务员,而她只是一名临时工。另外,在临时聘用的人员中,女性因生育问题比男性更容易被单位单方面解除合同。从某种意义上说,前一个官司的胜诉,法院判决单位为当事人办理养老保险一项,是给用人单位出了难题,也是单位下决心甩掉临时聘用人员这一包袱、解除其劳动关系的诱因之一。这里面存在的制度困境值得我们关注。

(一)公务员养老保险制度从根本上排斥了公务系统临时聘用人员

我国的公务员养老制度从20世纪50年代开始建立。1955年,国务院颁布了《国家机关工作人员退休处理暂行办法》,对机关干部退休做了规定。其中明确提出,现在国家机关的工作人员还不能和企业职工采取同样的办法计算工龄,国家机关和企业部门的工资标准也有差别,因此,在国家机关工作人员中还不能立即实行劳动保险条例。这说明国家机关与企业实行的是不同的养老制度。其中的第二条还规定了退休人员的年龄。这样便为我国退休制度的双轨制开了先河。

1958年国务院颁布了《国务院关于工人、职员退休处理的暂行规定》,对1955年的《国家机关工作人员退休处理暂行办法》进行了补充,放宽了退休条件,提高了某些待遇标准;国家干部和工人的养老保险虽然规定在一个文件中,退休金标准一致,但并不意味着企业和国家机关的养老制度合并了。女工人与女职员仍被区别对待,筹资和支付渠道依旧不同。实行劳动保险的企业单位,退休费、丧葬补助费和亲属抚恤费从劳动保险基金中支付;如果本单位的劳动保险基金不敷开支，可以在本省、自治区、直辖市或者本产业系统内进行调剂；仍然不足的时候，差额部分由本单位行政支付。在没有实行劳动保险的企业单位，上述各项费用全部由企业行政支付。而事业单位、国家机关和人民团体人员的退休工资，全部由退休人员居住地方的县级民政部门另列预算支付。

1978年，国务院又颁发了《关于安置老弱病残干部的暂行办法》和《关于工人退休、退职的暂行办法》，在文本层面，企业单位人员和公务员的养老问题再次分开解决，并通过两个不同的文件加以规范。

1993年国家机关工资改革，国发[1993]79号文件（即《关于机关和事业单位工作人员工资制度改革问题的通知》）、国发[1994]9号文件（即《国务院关于调整企业离退休人员离退休金的通知》），对机关、事业单位、企业单位退休干部的退休金做了调整，公务员的养老金替代率从75%上升到92%，并且规定了退休人员养老金随在职人员工资调整而调整。

2006年公务员工资改革之后，退休公务员的养老待遇又做了进一步调整，但均不包括临时聘用人员。

（二）机关人员养老保险比企业人员养老保险更容易因身份不同而受到不平等对待

1.公务员与企业人员养老保险的不同

（1）交费方式不同。公务员养老金筹资模式为单一财政供款，完全来自各级财政，根据实际需要进行列支，公务员所在单位和公务员个人不交费。而企业养老金是由国家、企业和个人三方分担的。

（2）计发标准不同。公务员养老保险金实行待遇确定制的计发办法，即以退休前最后一个月的工资为基数，按一定比例发放，工作年限越长比例越高。养老保险金随在职公务员工资调整而调整。在职公务员工资调整时，退休公务员养老金也随之调整。企业人员养老金按照参保和退休时间的不同，有一些细微的差别，但总的来讲，是与个人账户中的资金挂钩的，也就是交的越多，领的越多。另外，在职公务员平均工资高于企业职工平均工资，公务员养老金调整机制也不同于企业职工养老金调整方式。由于分属两种不同的养老保险办法，企业与机关同类人员的养老金待遇水平差距有不断拉大的趋势。

（3）发放机构不同。公务员所在的机关负责公务员退休办理、养老保险金发放等工作，企业养老金在劳动保障部门下设的社会保障部门领取。

2.制度性障碍带来的问题

（1）不利于统一劳动力市场的形成。第一，养老保险制度不统一，难以转换、不能衔接，遏制了人力资源在企业和机关单位的合理配置。公务员不交费,未建立养老金个人账户,一些人如果从机关转到企业工作,那么其养老金个人账户中的金额要比早进入企业的同龄人少,退休后全部养老金会低于企业同龄员工。退休后,和留在机关的同事相比,养老金差距会更大。因此,公务员不愿意离开机关。第二,劳动力从企业向机关流动,其个人账户所积累的资金如何转移和携带,依然困难重重。第三,企业已经用劳动合同统一了劳动者身份,所有劳动者均可参加社保,但机关养老保险由财政负责,临时聘用人员没有财政编制,无法办理养老保险。

1993 年,公务员养老保险制度改革试点在全国很多省市展开,取得了良好的成效。海南、上海和辽宁纷纷开展公务员养老保险制度改革,将机关事业单位职工和企业职工的养老保险一体化。当年 12 月,全国人事工作会议召开,提出要根据社会主义市场经济体制的需要,建立多层次的社会保障制度,以养老保险为重点的社会保险工作提上了人事部门的工作日程,并很快就得以推进。1994 年,云南、江苏、福建、山东、辽宁和山西等省下发有关机关事业单位养老保险改革的文件,在一定的范围和人员中开始试点。各地公务员养老保险制度改革实践为全国公务员养老保险制度改革提供了鲜活的素材。养老制度一体化是社会发展的趋势。

(2)张某遭遇的是一种以区别对待为特征的歧视性待遇。首先是身份歧视:用人单位在张某没有履行请假手续离开工作岗位后,完全有权在第一时间以《企业奖惩条例》的规定将张某除名。用人单位之所以没有依法行使这项权利,深层次的原因就是身份歧视,这种歧视主要来源于张某是一个临时工。张某虽然已工作 10 年,但由于没有正式编制,从来没有被单位视为自己的员工,所以她的离去完全可以不加理会。用人单位的代理人提到张某的待遇时,也连叹不公平,但一谈到住房问题却也落入了歧视的窠臼里面:“单位对她也还可以,刚来的时候是个小姑娘,考虑到她在外租房不方便,把她安排在单位的资料室,没想到她后来结婚就把资料室给占了,现在都不给退,害得我们新进来的一个转业军人在外租房住。”张某住单位的房子是单位的恩惠,是对张某的好,是张某额外得到的东西,而给转业来的军人分配住房,是军人成为公务员后的权利。同是一套住房,对已经为单位奉献了 10 年的张某来讲是不正当的获取,应该退出;而对于新来的复转军人,只因有正式的指标,就变得理直气壮。当单位的代理人感叹显性的歧视时,隐性的歧视已被其内化。歧视问题如此难以说清,更遑论解决了,可见,反歧视仅仅在观念改变上就任重而道远。

更不幸的是,张某是某行政机关的临时工。从法律层面讲,企业单位早已在《劳动法》颁布实施之后就不再存在正式工和临时工的区别了,也就是说在劳动制度上至少已经达到了形式上的公平。但在事业单位、国家机关还存在着有编制人员和无编制人员的区别待遇。有编制人员的工资、福利待遇由国家财政下拨，无编制人员的工资、福利由用人单位自负。两者之间的待遇差别非常大，有编制人员工作稳定，收入高，享有诸如住房、公休假等福利待遇；而没有编制的人员就像“二等公民”，干的是别人不愿干的杂活——收发报纸、打扫卫生，拿的是低工资，工作随时可能失去。这个身份歧视是制度性的，有着合法性的外衣。我们完全可以说，在人事制度领域连形式平等尚未做到，离实质平等就更远了。张某感觉到非常不公平，却因制度性的原因，而无法诉求。

因为生育而失去工作，是很多女性都碰到的问题，属于性别歧视中的怀孕歧视。在生育的问题上，我们一直强调国家保护。在国际法方面，1980 年我国首批签署和加入了《消除对妇女一切形式歧视公约》，并成为需要严格执行公约义务的国家之一。在国内法方面，《中华人民共和国宪法》《劳动法》《妇女权益保障法》《女职工劳动保护规定》《女职工禁忌劳动范围的规定》等法律法规，形成了一张完整的法律之网，保证着女职工拥有与男职工同样的就业权，更保证了女职工在特殊的生理期享受特殊的保护。① 但问题往往具有多面性。可能正是由于这些特殊的保护，反而成为女性平等就业权得以实现的障碍。法律所规定的对女性“四期”的保护，都是由企业来承担的(除强制参加了生育保险的地区的企业可以将生育费用由社会承担外)，而企业如雇佣男职工就不存在这些额外成本。作为“经济人”的企业，为了追求经济利益最大化，必然会规避法律，不录用或者少录用女职工。而法律对于单位的这种规避行为，却无有效的制裁措施。

或许我们可以换一种思路，从另一个角度来谈谈生育费用分担的问题，而不是把它当作一种额外负担来看待。生育不是私事！马克思、恩格斯早在一百多年前就明确提出了“两种生产”的思想，一种是生活资料的生产，即食物、衣服、住房以及为此所必需的工具的生产；另一种是人类自身的生产，即种的繁衍。这两者之间是互为条件、相互渗透的有机关系。而在社会经济活动和生产方式的构成中，劳动力无疑都是最主要、最核心的部分，若缺少了这一要素，一切都将失去意义。在此意义上，我们完全可以说，生育对于人类社会是一件最大的“公事”。而将女性的生育简单归结为是家庭或者个人的私事，在认识上是十分错误的。如果将生育视为女性的私事，由女性来承担这个成本，也是不公平的。在现有的医疗技术条件下，如果女性都拒绝生育，人类将走向

① 刘继华.浅议男女平等就业权的法律保障.中华女子学院学报，2002(4).

何方？正是基于此，我们认为，生育成本应由社会承担。现在推行的生育保险是一个很好的尝试。参加生育保险，所有的保险费用由国家和企业分担，劳动者不必承担。同时，企业承担的费用与企业的员工人数挂钩，而与企业中的女性人数无关。这样一来，企业无论是雇佣女性还是男性，人力成本是相同的。现在，很多城市已建立了生育保险制度，但尚未得到大范围的推广，普及率并不高。国家应加大生育保险的推进力度，但同时也必须看到，生育保险也还有不完善的地方，尚无法切实保护女性的生育权。最基本的一点，女性在休产假期间的工作的代替成本仍是由企业来承担的，这一较男性员工多的成本仍可能导致企业不愿意雇佣女性，或者采取解除女性劳动合同的做法，让女性成为特殊保护成本的最终承担者。制度在制定的时候还应该尽量考虑在生育问题上使男女两性的劳动力成本趋同。北欧国家的育儿假不失为他山之石：在女性生育期间，男女两性同样享有休假权，这样，企业的用人成本不再有性别差异，家庭的凝聚力也增强了，可见是一个人性化的设置。

案例 3 唐女士诉国家某部取消公务员试用资格案

一、案情简介

2005 年 4 月 1 日，本案原告唐女士就自己因结婚怀孕被国家某部以“弄虚作假”、个人“品质不可靠”为名在公务员试用期取消资格一案向北京市东城区人民法院提起民事诉讼。唐女士于 2004 年 7 月大学毕业后，趁工作前的时间空当，领取了结婚证。很幸运的是 8 月 1 日她就被某部录用为公务员，并签订了公务员录用协议，按规定试用期为 1 年。在 11 月份的一次单位例行体检中，她被检查出已经怀孕。她和丈夫商量后决定把孩子生下来，并把自己的情况向领导做了汇报，以争取计划生育指标。但单位认为她在填写的单位录用登记表上，在婚姻的选择栏里选填的是未婚，于是认为原告对组织“不诚实”“弄虚作假”，不符合公务员条件。另按唐女士与单位签订的试用协议约定中的“体检身体失真”一条，取消其公务员试用资格。原告认为某部辞退她的理由实际是因为她的结婚和怀孕，所谓的不诚实是单位辞退她的借口。于是她开始四处奔走，寻求救济。最初，唐女士以单位“辞退违法”为由，向国家人事部的申诉控告处提出申诉，国家人事部以唐女士还不是正式公务员，申诉资格不适格为由而没有受理。后来，唐女士向中央国家行政机关所属事业单位人事争议仲裁委员会提出人事仲裁，仲裁委员会表示该案应由人事公正厅负责。当时，国家人事部人事公正厅已被撤销。于是，唐女士又向法院提起诉讼，北京市东城区人民法院于2005年4月1日上午开庭审理了这一案件，但因原告未到而宣布休庭。2005年4月21日上午，东城区人民法院对本案做出一审判决，认为唐女士属于某部录用公务人员，该案不属法院受理范围，原告应向被告同级人民政府人事部门申诉，因此裁定驳回唐女士的起诉。①

二、案例观察

（一）原、被告简况及双方争议焦点

本案原告：唐女士，一位刚走出大学校门、第一次参加工作的女大学生。

本案被告：国家某部（该部系根据2003年《国务院关于机构设置的通知》，即国发[2003]8号组建的部门），是国务院组成部门，主要负责某重要方面的管理工作。

原、被告双方围绕本案的争论焦点：

（1）原告录用资格被取消的真正原因，是试用期准公务员怀孕，还是当事人道德品质达不到公务员要求？二者之间是否有因果关系？

（2）“体检身体失真”是否指怀孕一事？

（3）怀孕能否成为取消公务员试用期资格的理由？

本案能够对簿公堂，反映出原告的公民意识较强，也说明国家法治化程度的不断提升，否则，一位刚走出校门的女大学生状告国家大机关是一件不可思议的事情。本案中原告认为怀孕是其遭遇解雇的真实原因，而被告则是因原告在结婚问题上没有向组织如实报告，进而推断出其个人品质不可靠，认为其不适合成为国家公务员，故将其解雇。

（二）与本案相关的法律规定

（1）《国家公务员暂行条例》②（1993年4月24日国务院第二次常务会议通过）。

第六条 国家公务员必须履行下列义务：（一）遵守宪法、法律和法规；（二）依照国家法律、法规和政策执行公务；（三）密切联系群众，倾听群众意见，

① 根据《商务部辞退怀孕女公务员被控》. http://news. wenweipo. com/2005/04/02/IN0504020002. htm.

② 一个过渡性法规，案发时有效，现已失效，新法为《中华人民共和国公务员法》(2005年4月27日第十届全国人民代表大会常务委员会第十五次会议通过)。

接受群众监督,努力为人民服务;(四)维护国家的安全、荣誉和利益;(五)忠于职守,勤奋工作,尽职尽责,服从命令;(六)保守国家秘密和工作秘密;(七)公正廉洁,克己奉公;(八)宪法和法律规定的其他义务。

第七十四条　国家公务员有下列情形之一的,予以辞退:(一)在年度考核中,连续两年被确定为不称职的;(二)不胜任现职工作,又不接受其他安排的;(三)因单位调整、撤销、合并或者缩减编制员额需要调整工作,本人拒绝合理安排的;(四)旷工或者无正当理由逾期不归连续超过十五天,或者一年内累计超过三十天的;(五)不履行国家公务员义务,不遵守国家公务员纪律,经多次教育仍无转变,又不宜给予开除处分的。

(2)《国家公务员录用暂行规定》①(1994年6月7日人事部人录发[1994]1号发布)。

第三十条　新录用的国家公务员,试用期为一年。试用期满合格的,予以正式任职,不合格的,取消其录用资格。国务院工作部门取消新录用人员的资格,须报国务院人事部门备案。地方各级政府工作部门取消录用资格的审批权限由省级录用主管机关规定。

(3)《国家公务员辞职辞退暂行规定》(人核培发[1995]77号)。

第九条　国家公务员有下列情形之一的,应予辞退:(一)连续两年考核被确定为不称职的;(二)不胜任现职工作,又不接受其他安排的;(三)因单位调整、撤销、合并或者缩减编制员额需要调整工作,本人拒绝合理安排的;(四)旷工或者无正当理由逾期不归连续超过十五天,或者一年内累计超过三十天的;(五)不履行国家公务员义务,不遵守国家公务员纪律,经多次教育仍无转变或者造成恶劣影响,又不宜给予开除处分的。

第十条　国家公务员有下列情形之一的,不得辞退:(一)因公致残并被确认丧失工作能力的;(二)患严重疾病或负伤正在进行治疗的;(三)女性公务员在孕期、产期及哺乳期内的。

第十一条　辞退国家公务员按下列程序办理:(一)所在单位在核准事实的基础上,经领导集体研究提出建议,填写《辞退国家公务员审批表》,按管理权限报任免机关审批。(二)任免机关人事部门审核。(三)任免机关审批。做出辞退决定的,以书面形式通知呈报单位和被辞退的国家公务员,同时抄送同级政府人事部门备案。

---

① 该规定现已失效,新的规范性文件为《公务员录用规定(试行)》(中华人民共和国人事部2007年11月6日发布)。

三、问题分析

(一)原告被取消录用资格的原因是怀孕歧视还是品德瑕疵

本案是一起在全国迅速产生影响,又立刻销声匿迹的案子。原告唐女士称,2004 年大学毕业的她于当年 8 月 1 日被某部录用为某司公务员,并签订了公务员录用协议,约定试用 1 年。11 月她被检查出已怀孕,她和丈夫决定要把孩子生下来。当她把自己的情况向领导汇报后,办公室主任多次找她谈话,明确表示希望她要么打掉孩子,要么离开某部。很快,办公室主管领导表示,司里已通过司务会决议,唐女士负责的文件流转工作已另有其他安排。"从去年 11 月底到 12 月初,单位领导多次说让我回家。可我觉得我不能这么不明不白地走。"

但是司里随后调整了唐女士的岗位,她不能接触文件,开会也被排除在外。2004 年 12 月 17 日上午,唐女士被司里告知,已决定取消她的录用资格。12 月 21 日,她拿到某部取消她公务员录用资格的文件,并接办公室主任通知,要求她中午 1 时前交出钥匙和工作证。当日,她拿着某部取消她公务员录用资格的文件离开了单位。某部认为唐女士"在向组织反映说明个人有关问题时,弄虚作假,严重违反了《国家公务员暂行条例》和我部有关规定,经考核定位不合格,取消录用资格"①。

某部人事司办公室主任则说,他从没说过要么离职要么打胎的话。他认为,唐女士虽被录用为某部公务员,但怀孕时尚在试用期,不存在辞退公务员的说法,只是取消了她的公务员录用资格;其次,唐女士被录用时在资料中填写的是"未婚",怀孕后又向单位出示假结婚证。单位因此认定唐女士品质不可靠,决定取消录用。而唐女士的委托律师针对此事指出,唐女士老家的婚姻登记机关确实曾向商务部发过一份传真,声称没有查到唐女士结婚登记的资料,但在随后的调查中,登记机关已经发现这份传真系工作失误所致,唐女士于 2004 年 7 月 2 日办理的结婚证是真实有效的。

无论如何,怀孕是唐女士公务员录用资格被取消的原因之一,单位无非是认为唐女士不应该在刚开始工作时就怀孕,给用人单位带来"麻烦"。以时间推论,唐女士与单位签约是 2004 年 8 月,当月回家结婚,信息表中填写"未婚"可能因为没举行婚礼,11 月查出怀孕,期间有 3 个月之久,情况发生了变化是可能的,刚结婚怀孕不愿张扬是人之常理,单位取消其公务员录用资格难逃怀

① 商务部辞退怀孕女公务员被控.文汇报,2005-4-2.

孕歧视之嫌。

（二）原告认为遭遇怀孕歧视确有法律依据

被告认为唐女士隐瞒结婚和怀孕的行为“严重违反了《国家公务员暂行条例》和我部有关规定”。原告及其律师则以《国家公务员辞职辞退暂行规定》第十条、《国家公务员录用暂行规定》第三十条为依据，认为某部的前述行为系“公然无视双方约定与法律规定，随意寻找借口，草率辞退，侵犯了原告的合法权益”。

唐女士要求法院撤销某部取消其录用资格的决定，赔偿经济损失5 000元，并索要1元钱精神损失费。唐女士表示：“对于这样的处理方式我感到十分的困惑，本来一件符合人之常情的喜事却造成了我在工作和生育上的两难选择。难道我生孩子也犯下了严重的错误吗？”①

（三）权利救济不成的理由竟是“中间身份”

本案中，唐女士“中间身份”的尴尬导致各机构互相推诿，最终使当事人求助不能。

（1）唐女士最早选择了行政申诉的渠道，但是否是正式公务员身份决定了她能否进行权利救济。也就是说，只有原告是公务员才能走这一程序，所有法律都适用；如果不是，身份不适格则无实体也无程序救济。这在逻辑上是有问题的——唐女士以单位取消公务员试用资格为由首先向国家人事部的申诉控告处提出申诉，国家人事部以唐女士还不是正式公务员，申诉资格不适格为由而没有受理；但某部处理其的依据之一却是《国家公务员暂行条例》，如果只是试用人员，怎么可能依据公务员条例处置呢？

（2）当事人选择了行政仲裁程序，向中央国家行政机关所属事业单位人事争议仲裁委员会提出人事仲裁，仲裁委员会表示该案应由人事公正厅负责。然而，国家人事部人事公正厅已被撤销，导致仲裁无门。

（3）唐女士只能选择向法院提起诉讼，而法院对本案做出的判决则是，原告属于某部录用公务人员，该案不属于法院受理范围，唐女士应该向被告同级人民政府人事部门申诉，因此裁定驳回唐女士的起诉。

本案中，唐女士穷尽所有求助手段，可谓身心俱疲，然而事情又回到了原点。

本案值得讨论的问题是，一个劳动者的婚姻状况是不是一个真实的职业

① 韩眹．商务部或涉怀孕歧视．中国妇女报，2005(3)．

资格？作为公共雇主的国家机关，公务员试用不合格的标准及取消资格的程序是什么？正常婚育是否涉及公务员品质？公务员试用期是不是公务员？唐女士被录用时在资料中填写的是“未婚”，怀孕后又向单位出示假结婚证（后证实是真的），单位因此认定唐女士品质不可靠，决定取消录用，而后结婚证被证实是真实的[①]，应该说原告“品质不可靠”的“事实”已灭失，这是一个误会，但被告坚持以道德瑕疵处理当事人实在是一种强词夺理行为。

本章小结 现实如何消解了有关怀孕歧视禁止的法律规定

虽然从表面上看，我国现有法律和制度都有关于怀孕（已怀孕或将怀孕）妇女的职业保障，但是在制度和文化之间，甚至在制度与制度之间都存在着潜在的冲突。这种冲突从多个方面消解着这项法定的女性权益，使有关权利的说辞“空洞化”，最终令其沦为一种立法的倡导姿态。其原因大致涵盖以下几个方面。

一、法律移植带来的文化冲突

法律文本可移植，但主体意识与权利意识却难栽培，因为这些意识背后是一系列与主体和权利相关的法律文化。与作为重要性别法律议题的“禁止怀孕歧视与性别理论”进入中国后的际遇有关，社会性别遭遇了二元对立思维的挑战，特别容易被教条化和简约化，从而被忽视其权利关系的核心。理论上说，性别的定义由两大部分组成：首先，性别是组成以性别差异为基础的社会关系的成分，它涉及 4 个互相关联的方面，即具有多种再表现形式的文化象征、规范性概念、组织和机制、主体认同；其次，性别理论可以概括为“性别是区分权利关系中的基本方式，是权利形成的主要源头和主要途径”[②]。这反映了一个性别对另一个性别的权利控制关系。而“性别歧视”是指某一性别基于其性别的一系列与个人的潜能或能力无关的因素在现实社会中遭遇的不公平对待。这里包括女性与国家、女性就业者与用人单位，甚至是女性与工会的权利关系。这些关系均需要理清，才能建立有关性别歧视的理念。性别歧视则是禁止怀孕歧视的基础理论、文化背景和立法的依据。

① 女公务员状告商务部案开庭．原告缺席法庭．中国青年报，2005-4-2.

② 李银河．妇女，最漫长的革命．上海：三联书店，1997.

一个性别主导或实际主导，对另一个性别进行歧视，在形式上表现为对某种性别进行区分、排斥或限制并给该种性别带来不利后果。其基础是性别的特征，不同的特征构成了歧视的前提。而怀孕正是一种女性特征，雇主将女性怀孕的身体置于职业的选择之外，暗含着以男性身体为标准对女性身体的改造和排斥，因为不怀孕的女性劳动力才更接近于男性劳动力。如何看待怀孕，是传统生育文化、社会经济及国家意识的反映。区分本没有问题，但是区分后的负面评价却是问题所在。歧视性的区分是建立在不合理的和主观的标准之上的区分。妇女怀孕而带来的性别歧视源于古老的性别分工。传统上认为，生育是女人的事，女人是主内的，生育是家庭私领域的事，不能在公领域解决，妇女要生孩子就得退回家庭，一个怀孕的妇女的身体，不管多么“暂时”，都不具备劳动力的资格，理应受到劳动力市场的排斥。而这一点，在我国既没有通过理论的论证，也没有通过运动对文化进行改选，即便是在今天，怀孕也理所当然地被职业排斥。一种没有文化根基的立法在现实中往往不堪一击。

二、福利向权利转型过程中，雇主对权利成本的算计

我国现行法律有关职业妇女怀孕的规定，主要有两个来源，一是在革命根据地和社会主义建设时期，为了动员妇女走向革命和建设，国家福利保障主义对生育保护的法律和政策；二是国际妇女运动的影响，尤其是《消除对妇女一切形式歧视公约》中以性别平等和反歧视为目标的国际妇女权利策略的影响。从前者到后者，既有一个从福利到权利的转型过程，也有一个权利意识的内化过程。妇女走向社会、参加工作，在中国革命和建设历史上经历了一个被动员的过程，在这个过程中，国家千方百计以福利方式解决妇女的生育负担，也应看作是对妇女生育的某种奖励。在妇女与儿童的利益方面，国家更看重的是革命接班人的利益，保护母亲的目的是为了保护儿童。在 20 世纪 90 年代企业改制之前，企业利益与国家利益甚至妇女利益具有某种一体性，生育保障的成本由国家统一承担。但改制后，虽有生育保险将生育负担部分转向社会，但企业仍要负担大部分。这也是造成中国目前生育保障因所处单位性质不同而福利程度不同的原因，更是企业为规避生育负担而歧视怀孕妇女的一个原因。

三、一个行政执法批复的消解作用

有关劳动权利的救济在中国很有特色：在相当程度上，行政权大于司法权，劳动争议有诉前程序，先调解、再仲裁，最后才能走司法程序；而在现实中行政权力过大，对法律有相当的变通性，这种变通性也在怀孕辞退上表现出

来。例如，针对上海市劳动局的请示，国家劳动部办公厅对《关于外商投资企业女职工在孕期、产期、哺乳期间解除、终止劳动合同问题的请示》的复函(1990年7月18日劳办计字[1990]21号)明确表示：对外商投资企业实行计划生育的女职工在孕期、产期、哺乳期间解除劳动合同的问题，现应按国务院《女职工劳动保护规定》(以下简称《规定》)的有关条款执行；孕期、产期、哺乳期间的女职工在合同规定的试用期内发现不符合录用条件的，可以辞退，但不得以女职工怀孕、休产假、哺乳为由辞退；《规定》第四条“不得在女职工怀孕期、产期、哺乳期解除劳动合同”的规定，是指企业不得以女职工怀孕、生育和哺乳为由解除劳动合同，至于女职工在“三期”内违纪，按照有关规定和劳动合同应予辞退的，可以辞退。由于这一批复与立法的精神相左，却有与法律同等的实际效力，因此在实践中产生了很多问题，多数女性因怀孕被解雇。有了上述“尚方宝剑”，一些单位便钻“批复”、法律的空子，明明“怀孕”是辞退女性的直接原因，却以其他冠冕堂皇的理由为借口，使辞退怀孕女性成为合法的行为。由于妇女组织的不断反对，直到2000年1月20日，劳动和社会保障部办公厅才发出了关于废止劳办计字[1990]21号文件的通知(劳社厅函[2000]8号)，文件只例行公事地、不带任何理由地陈述：“经研究，决定废止《劳动部办公厅对〈关于外商投资企业女职工在孕期、产期、哺乳期间解除、终止劳动合同问题的请示〉的复函》(劳办计字[1990]21号)。”然而，该法规虽已被废止，但是其有效时间长达10年，其影响至今都没有消除。从立法的位阶上看，行政执法机构只能解释而无权变通上位法的规定。

我国法律规定过于原则化、力度不够、操作性不强，尤其是在中国没有专门平等救济机制的今天，执行程序法严重缺位，一些行政法规也起了负面作用，扭曲和消解了立法的原意。

四、用人单位劳动规章和劳动合同权力的滥用

用人单位之所以敢于公开进行怀孕歧视，与《劳动法》规定存在的漏洞有相当大的关系。《劳动法》第四条规定，用人单位应当依法建立和完善规章制度，保障劳动者享有劳动权利和履行劳动义务；《中华人民共和国全民所有制工业企业法》第五十条规定，职工应当以国家主人翁的态度从事劳动，遵守劳动纪律和规章制度，完成生产和工作任务。也就是说，国家授权企业制定劳动规章，导致其产生间接的法律效力，很多劳动仲裁依据的就是劳动规章，但是没有规定权利的下限，也没有对劳动规章的上级单位进行审查的机制，以至于实行市场经济后，企业劳动规章成为损害员工权利的制度性原因。“一些用人

单位滥用劳动规章制定权,侵害劳动者权益的现象屡有发生,由此引发的劳动纠纷因法律规定的空缺而难以公断。”①

造成这一切的原因有两个。一是立法的先天不足。这表现为立法时没有进行严格的论证,甚至没有概念化法律。怀孕歧视不是一个明确的法律概念,只是法律规定中有这样的含义。怀孕歧视不过是性别歧视的一部分,但是性别歧视本身不是一个法律概念,其违法行为的构成、认定、相应的法律责任、救济程序等,均是问题。二是对妇女权益的保障成本在市场经济转型中由原来的国家福利模式(国家作为动员妇女参加社会主义建设而提供的照顾性福利)转化为市场经济的权利模式,但保障成本只通过生育保险并不足以弥补。更何况法律又赋予了雇主过大权力,使其滥用权力,千方百计地规避成本变得顺理成章。用行政手段变通法律,是中国法治现代化中的通病,需要各方面的协调与制约。

① 王俊英,宋新潮.论用人单位的劳动规章的法律效力.河北法学,2003(5).

第二章　妻子与丈夫:劳动与婚姻权利的纠结

对于女性而言,婚姻与职业密切地联系在一起。本章中的案例或许又能给我们新的启示。“男大当婚,女大当嫁”被传统文化赋予正当性,被历代的法律给予合法性,但“婚”与“嫁”却又非常不同。“婚”字残留着远古时代掠夺的痕迹——大概是说黄昏了,去抢一个女人;而“嫁”字则是一个女人离开娘家独自远行——历史上著名的“和亲”,留下了昭君出塞、文成公主远嫁等美丽而凄婉的故事。女人嫁到夫家,随丈夫居住,似乎天经地义;如果男人随妻子居住则称为赘婿:“嫁”过去的男人被人看不起,视为准女子!虽然新婚姻法规定婚后的居住模式可以是女到男家或者是男到女家,但是多数女人还是随夫居住的。找对象的时候,人们习惯于一个“男高女低”的模式,“高”者经常会吸收“低”者的人格。夫妻分体主义是近代的事,古代和中世纪很多国家的法律很长时间内都是以夫妻一体主义(主张夫妻结为一体,人格互相吸收,实际上是丈夫吸收妻子法律人格的理论,妻子不是法律关系的主体)为原则的。该理论实质主张婚后妻子受夫权支配,一切听从丈夫的,丧失独立人格。16－17世纪,随着资本主义的发展,夫妻关系中渗入了契约思想后,法律才逐步地加以改变,承认夫妻以对等的资格订立婚姻契约。

在劳动契约中,中国当代的职业发展中,劳动关系主体男女各自独立,但是却有一些政策是作为对男性的一些优惠,而惠及妻子,如“农转非”的户籍和就业政策、“家属工”政策,这些政策在一定的时间对女性有一定的保护作用,但也确定了妻子的附属性,使得单位解除劳动合同时,把妻子作为丈夫的附属者,作为丈夫与单位解除劳动关系的附属条件。

本章的案例4中,当事人为解决两地分居问题,追随丈夫从国营企业调到丈夫的事业单位后却无法得到安置,只能去往从属性的劳动服务公司,而劳动服务公司的解散又使她丢了工作。案例5和案例7则是由于丈夫调离或继续深造,导致单位无视妻子独立的劳动关系,坚持要求妻子调离或辞职。其中案例7更加荒诞:丈夫与单位的经济纠纷竟然转嫁到身处不同单位的妻子头上,跨越法域以扣妻子工资的劳动侵权行为将妻子作为丈夫债务的连带责任主体。

案例4 “随夫工”——落实政策带来的职业身份下沉

一、案情简介

本案原告是以李晔(化名)为诉讼代表人的12名女职工，年龄在50至58岁之间，被告是某大型军工企业。原告均为该军工企业劳动服务公司(简称劳司)的员工，他们的丈夫都是该企业的技术骨干。在20世纪70年代末、80年代初，为落实国家的知识分子政策，企业把她们从农村转入城市。她们从事的是单位最脏最累的工作，没有休假，没有养老、医疗保险，工资比正式工低很多。1992年劳动部下发了《关于扩大实行全员劳动合同制的通知》，要求“各省、自治区、直辖市以及计划单列市应选择一两个市县实行全员劳动合同制”“在企业内部，实行全员劳动合同制的范围包括企业干部、固定工人、劳动合同制工人及其他工人”；在社会保险方面，“应本着逐步打破固定职工和劳动合同制职工的身份界线的原则进行改革。”李晔等女职工所在的市被选为试点城市，1993年3月31日，××劳动厅下发了××劳力发[1993]117号文件，同年8月15日××地区劳人局下发了××地劳人计发[1993]220号文件，首先将在全民企业“混岗”工作的集体企业职工列为改革对象，要求企业与这些职工签订劳动合同，在养老、医疗等方面与固定工同等对待。该文件下发后，企业从自身的经济利益考虑，没有将文件向原告传达。一个偶然的机会，李晔的丈夫从在厂里人事劳资处工作的朋友处了解到相关政策。女工们开始与单位协商、向上级部门反映要求享有政策规定的待遇。转眼到了2000年，事情没有任何进展。有的女工已经去世，有的选择了放弃，仍然坚持权利要求的42名原告提起了劳动争议仲裁，要求这家军工企业及下属劳动服务公司执行1993年政府文件，为她们办理养老保险。劳动争议仲裁委员会以案件不属于《企业劳动争议条例》第三十九条规定的受理范围为由，驳回了申请人的起诉。其中16名女工不服，以原理由向法院提起了诉讼。经法院审理，最终判决原告胜诉。判决下发后，被告不服，以原答辩理由提起上诉。二审以一审判决没有明确的数额无法执行且被告主体不合格为由发回重审。一审维持原判。被告再次上诉。中级人民法院经开庭审理后，部分改变了判决：认定原告系被告下设的劳动服务公司的职工，劳动服务公司有独立的主体资格，原告要求办理退休的请求应由劳动服务公司来履行。[1]

二、当事人陈述

我们调来的时候大多30到40岁,是从农村来的,很少一部分是从别的集体企业调来的。当时国家有政策,知识分子的家属可以进城,不满14岁的孩子也可以随着把户口迁走。我们大人倒没有什么,主要也想把孩子办到城里,那时候孩子都大了,该上学了,县上的教育质量不好,调到城里,孩子能上个好学校。一家人在一起,花费也没有那么大。以前他在单位上班,只有星期天才能回来。星期六晚上才到家,星期天又得走,在一起的时间很少。要是碰上加班,几个礼拜都见不上一面。后来政府有了这个政策,我们才到了一起。活儿虽然脏点累点,工资待遇也差一大截,咱也不敢提,只能回家叨叨。人家(单位)让干什么咱就干,哪还敢挑。到了厂里以后,厂里把我们这些家属都分到厂里各个部门,打扫卫生、在厨房干、守自行车、卖面条、当保育员……什么脏活、累活都是我们干,只要是正式工不干的杂活,就是我们的。没有节假日,工资比正式工低多了,什么福利都没有。后来也不知是哪一年厂里成立了劳动服务公司,把我们归给劳司管。说是个公司,连个地方都没有。我们也没有觉得有什么不同,还是干原来的活儿,就是工资由厂里拨给劳司,劳司再发给我们。刚开始我们有40多人,后来年龄大了,有些人就不干了,还有因为要照顾孙子走了的。要走给厂里打声招呼就行了,我知道有的人拿了几百元,有的人什么都没有。我们中间还有些转正的,那是人家丈夫当官的。

我是1995年下半年知道这个政策的。那时候我还在上班,压面条卖,小铺子就在我家楼下,不是很辛苦。知道这个情况后,我马上联系了我们当时一起工作的家属,给他们说了这个情况。那时我们还剩下不到60人,还有一些刚不干了。那时已不单单是我们这些家属,还有一些厂里职工的子女没法就业的,也在劳司干。他们的情况与我们不同,还年轻,也就没有参与我们这次谈判。我们首先想到去和厂里谈。不过每个人的要求都不太一样,还在上班的要求签订劳动合同,给我们办养老(保险)和医疗(保险)。已经不干了的就要求给养老金。还有一部分人想要这些,但不愿出头。当时一起去谈的有60多个人。厂里安排了一个处长接待我们,我们问他们为什么有政策却不给我们办。他们说会与社保部门协商,研究保险费用的交纳办法。我们一听也在理,就回家等。左等右等不见回音,我们就又去。那段时间我们一见面就谈这

[1] 本案为西北工业大学妇女发展与权益研究中心代理法律援助案。

事,满心希望,觉得后半辈子有依靠,但老没结果,又心焦得很。家里人也跟着操心,我们的爱人也想办法通过各种关系和厂里协商。有的人的问题就解决了,有的人厂里答应解决他们的子女的工作问题,有的一次性领了一笔钱,有一些人不闹了。大部分人的问题还是没解决,这一拖就拖过了一年,我们越来越失望。大家一商量,光找厂里怕是没有用,他们老拖,我们也没办法。我们就去找上级主管部门。我们几十个老太太一去,人家赶快把我们安排到会议室,派一个人问我们情况。情况问完了,说这事还得厂里解决,就给厂里打电话,厂里派车把我们拉回去了。但回去后厂领导还是说需要与有关部门协商,还是拖我们。一拖又是几年。这中间领导换了两茬,态度逐渐变得强硬,说这是一个历史遗留问题,是前任留下的,他们也解决不了。我们中有些人觉得没希望,下次再去(有关部门)她们就不去了,光想着等我们弄好了吃现成。后来我们感觉光找主管上级也解决不了问题,就找工会、找专业人士咨询,还找过报纸,但他们不报道。到了 2000 年,事情已经拖了 5 年了。我们经过到处的投诉已经太累了,也感觉这个办法不行,就商量要提起仲裁。经过多次讨论,只有我们 16 个人做了原告。一审判完后,又有 3 个人不告了。有一个是厂里给安排了孩子上班,有两个听说是孩子还在厂里上班,压力大。

没想到诉讼更麻烦。仲裁我们败诉了,一审是我们胜诉。没想到二审给发回了,这一发回又折腾了半年多,一审维持原判,又二审,看起来是胜诉判决,却由劳司承担责任,明显劳司没有能力承担嘛。整个诉讼过程用了两年多时间。那段时间我们尽跑法院了。给法院送资料、向法官咨询、去开庭、领判决,法院的门槛都让我们踏断了。给我印象最深的是二审的法官,一见我们这些老太太,他就说:“我爱人原来也是大集体的。”我们当时还以为他会同情我们,没想到他接下来却说:“后来我女儿生孩子,她就不干了。你们的情况和她一样,你们都是大集体的,怎么能让单位给你们办养老呢?我爱人就没有,是我养她。我劝你们别闹了。我们法院也有很多外聘的人员,他们也不可能干着干着就成了法院的干部,对不对。你们闹也没结果。”后来果然就让劳司给我们买保险而不是厂里。我们太累了,年龄也愈来愈大,没有能力再闹了。没有再告。

我们告了那么多年,到头来还是一场空。我们就去法院门口静坐,法院执行庭才叫来劳司与我们一起去社会保障局。社会保障局回答说我们根本不符合办理养老保险的条件,因为大部分已超过了退休年龄,没有到年龄的,也就差两三年。按照现有政策规定,没办法给我们办。我们一听都傻了,没想到会是这个结果。我们的养老到底谁应该负责?

三、单位辩解

这些女工是为落实国家的知识分子政策才被从农村及不同的集体企业调入的。企业这样做,既解决了他们夫妻分居两地的困难,又便于她们照顾丈夫和孩子,是办了一件好事。况且为了安置她们已经花费了诸多的精力和财力,现在再要企业给她们退休等的待遇,企业无法负担。况且他们并不是厂里的人,是劳动服务公司的员工,应向劳动服务公司主张权利。

四、法院判决

一审判决:

本院认为,原告有证据证明与其被告××厂建立的劳动关系,而被告××厂以原告16人的人事档案不在厂内为理由,拒绝提供,使原告的人事关系无法查证。故被告××厂应承担举证不能的责任。被告××厂劳司虽然承认原告与其建立劳动关系,但不提供原告的人事档案,也无其他证据印证,鉴于其与被告××厂的关系,其主张不予采信。原告认为其与被告××厂建立的劳动关系的主张应予支持。被告××厂应按照国家有关规定给原告办理相关的劳动保障手续。关于办理社会养老保险,依照法律规定,此事应由劳动行政部门按规定责令办理,原告的此项请求不予支持。但社会养老保险的办理与否不影响退休手续的办理,而被告××厂在原告达到法定退休年龄时,仍不办理退休手续,使原告合法的权益得不到保障,被告××厂应当承担相应的民事责任,原告的此项请求应予以支持。故依据《劳动法》第二条、最高人民法院《关于审理劳动争议案件适用法律若干问题的解释》第一条(三)之规定,判决如下:

(1)被告××厂按照国家有关劳动政策的规定给原告××、××、××、××、××、××、××、××、××办理退休手续,并分别从每人达到法定退休年龄之日起支付退休金;给原告××、××、××、××从1999年10月底起支付退休金;

(2)被告××厂按原告××的工资标准从本判决生效之日起逐月支付其生活费;

(3)案件受理费、诉讼费共计500元由被告××厂承担。

二审判决:

上诉人××厂因劳动争议纠纷一案,不服××人民法院民事判决,向本院提起上诉,本院依法组成合议庭审理了本案。本院认为,原审判决事实不清,程序违法。依照《民事诉讼法》第一百五十三条一款(三)(四)项规定,裁定如下:

(1)撤销××民事判决;

(2)发回××人民法院重审。

重审判决:

经审理查明:原告等13名职工(原告××在原审中申请撤诉,××等3人本次审理中申请撤回起诉,本院依法予以批准)均是20世纪80年代分别从其他不同的单位随其丈夫调入被告××厂或××厂劳司工作,均属集体职工,其中××等系劳司出具的商调函,××系1980年12月28日录用的集体所有制职工。上述人员调入该单位后,分别被安排在各部门,包括行政科、检验科、幼儿园、生产车间等处工作至退休,其工资由被告劳动人事科审批,由厂财务科按劳司提供的工资册,发放到个人。

原告××于1997年6月,××于1997年10月,××于1997年11月,××于1999年8月,××于1999年11月,××于2000年8月,××于2000年4月,××于2001年6月,××于2001年8月,××于2002年6月,××于2002年5月均到达法定退休年龄,但被告××厂以上述人员属劳司人员为由未给其办理退休手续,而劳司又无法办理相关手续,也未给13名原告参加社会保险,原告××尚未达到法定退休年龄。

上述事实,原告方提供了各自的"混岗"集体职工简历表,证人××、××、××的证言,××厂集体职工花名册及原厂劳动人事处"关于工厂使用计划外用工工资支付形式的情况说明",并提供了××省劳动厅××劳力发[1993]117号文件,××地区劳动人事局××地劳人计发[1993]220号文件,用此说明原告13人中的部分人调动手续属调入劳司,但实际从事的工作属××厂,工资由该厂拨给劳司,由劳司发放到个人,事实上与被告××厂建立了劳动合同关系。省、地的相关文件则说明应该给原告办理相关手续。本次审理中,被告方提供了原告13人的劳资档案及厂字[90]047号文件,用以说明原告方起初调入到劳司,后虽在公司工作至退休,仅系劳司对公司的一种劳务输出,劳动合同关系的双方应属劳司和原告方,相关手续应由劳司办理。上述原告提供的花名册及省、地相关文件,真实有效,应予认定。证人虽未出庭作证,但被告未提供相反的辩驳证据,就其证人证言的客观真实性及与其他证据的关联性分析,符合客观事实,依法应予认定。被告方提供的原告的劳资档案及厂字[90]047号文件,真实有效,应予认定。

审理中,被告辩称本案已超过仲裁申请期限,应依法驳回之理由,但未能提供支持其主张成立的相关证据。原告提供2000年12月2日给××省国防科工办反映的材料及2001年8月8日请求被告解决问题的意见说明,用以证明并未超过仲裁期限,被告的抗辩理由不予采信。

被告劳司1981年前称作××厂附属综合厂,同年更名为××省××厂劳动服务站,后于当年9月20日成立××省××厂劳司,并办理了企业法人营业执照,办公地点设在本厂福利区,性质为新集体,33.9万元资金来源于主办单位××厂,历届法人代表均由××厂任免。

上述事实被告方提供了各自企业的演变档案及变更后的营业执照,还提供了厂字[1994]81号文件和劳司简章真实有效,予以认定。

本院认为:原告等13人均系20世纪80年代随其丈夫从各自不同的单位调入被告单位工作,从被告方提供的劳资档案看,其中××等4人系被告××厂办理调入的,××等9人系劳司出具商调函调入的。从其形式上看,当初××等9人与劳司建立了劳动合同关系,劳司予以认可。但实际上原告等13人自调入该单位后,工作部门及从事的工作种类均系被告××厂,直至退休。原告等13人的工资由××厂劳人科审批,由厂财务科发放。每个人的调资审批表中的审批意见均盖有被告××厂劳人科的印章,历任劳司领导均由厂方任免,足以证明被告劳司在人事、劳资方面无实际支配权。同时也证明了原告等13人虽与被告××厂无书面的劳动合同,应认定上述原告与被告××厂之间有劳动关系。根据我国劳动法的立法精神及相关法规政策规定,尽可能地保护劳动者的合法权益,被告××厂理应依法给原告等13人办理相关手续。被告抗辩称,原告13人与劳司建立了劳动合同关系,而劳司与公司系劳务输出关系,原告方诉请应由劳司承担之主张,一是未能提供足够劳务输出的相关证据,二是充分考虑劳司与公司之间的特殊关系,及劳司的目前现状,被告之主张不予采信。被告提出原告请求已超过仲裁申请期限的主张,因其未能提供相应的证据,依法不予支持。原告诉请被告为其办理社会养老保险,依照法律法规的规定,应由劳动行政部门按规定责令办理,其此项请求不予支持。但社会养老保险的办理与否不影响退休手续办理,而被告××厂在原告达到法定退休年龄时,仍不予办理退休手续,使原告13人的合法权益得不到保障,被告××厂应承担相应的民事责任,原告方此项请求应予支持。故依据《劳动法》第二条、第三条,最高人民法院《关于审理劳动争议案件适用法律若干问题的解释》第一条(三)项、第十六条第二款之规定,判决如下:

(1)被告××厂按照国家有关劳动政策的规定给原告办理退休手续,并分别从每人达到法定退休年龄之日起支付退休金;

(2)被告××厂按原告××的工资标准从本判决生效之日起逐月支付其生活费;

(3)原告及被告××厂其余之诉不予支持;

(4)二审案件受理费及其他诉讼费1 000元由被告××厂负担。

二审判决:

宣判后原审被告××厂以原审混淆了本案三方主体关系,上诉人与被上诉人等13人不存在劳动法律关系,且被上诉人的主张已经超过仲裁申请期限,更何况办理退休手续不属于劳动争议范围,不属于人民法院的受案范围等由要求撤销原判,驳回被上诉人的诉讼请求,被上诉人答辩要求维持原判。

二审查明,被上诉人均是20世纪80年代分别从其他不同的单位随其丈夫调入被告××厂或劳司工作,均属集体职工。1993年前13人均在劳司工作,其工资由劳司发放,双方均无异议。1993年以后,其中××在厂职工食堂上班至1996年底,工资由厂职工食堂发放,1997年底到退休年龄。××于1994年4月份至1997年12月份在厂行政科上班(打扫卫生),工资由厂行政科发放,2001年4月份到退休年龄。××于1993年至2001年6月底在厂实业公司上班至2002年底,工资由其所上班的科室发放,1997年6月到退休年龄。××于1993年至2001年6月底在厂行政科上班(打扫卫生),工资由厂行政科发放,1997年11月到退休年龄。××于1993年至1994年6月在厂行政科上班(打扫卫生),1994年6月至1997年在厂工业站上班,工资由其所上班科室发放,1999年11月到退休年龄。××于1993年至1994年8月在厂托儿所上班,工资由劳司发放,2000年8月至退休年龄。××于1993年后在商店、七车间工作至1997年,工资由其所在科室发放,2001年9月到退休年龄。××于1993年至1996年11月在厂职工食堂、招待所上班,1996年底至2003年3月在厂行政科上班(打扫卫生),工资由其所在科室发放,2002年5月28日到退休年龄。××于1993年至1994年8月在行政科上班(打扫卫生),工资由其所在科室发放。以上人员在厂方上班时未与厂方签订劳动合同,也未办理职工调动手续。××于1993年后再未上班,1997年10月到退休年龄。××于1992年与××厂劳司签订承包压面机合同后,1993年以后不再领取工资,而是由其压面手工费折抵其工资,1999年8月到退休年龄。××于1994年与电梯工业公司劳司签订商店承包合同后再未上班,现未到退休年龄。2001年10月22日××等17人(其中于××在原审中申请撤回起诉,××三人审理中提出撤诉处理,一审准许)向××劳动争议仲裁委员会提出仲裁申请。劳动争议仲裁委员会于2001年11月认定办理退休手续不属于劳动争议范围,做出不予受理通知书。

二审查明的其他事实同一审查明一致。

本院认为，办理退休手续属于劳动合同终止的一种情形，为了保护劳动者的合法权益，用人单位有义务为劳动者提供养老保险，而办理退休手续是劳动者获得养老保险的前提，用人单位不为劳动者办理退休手续，劳动合同无法终止，劳动者的权益就得不到保护，故其劳动者要求用人单位办理退休手续属于劳动争议范围，亦属于人民法院的受案范围，故对上诉人的此项上诉理由不予支持。劳动关系的形成只能有一个，不能同时存在两个，××等 13 人均系劳司 20 世纪 80 年代的集体职工，双方建立了劳动关系，劳司也予以认可。1993 年后，××等 9 人虽在××厂的不同科室工作，但其未与××厂签订劳动合同，也未办理任何调动手续，与劳司的劳动关系也未解除，××等 9 人在××厂上班的事实只是一种劳务行为，与××厂不存在劳动关系，故其诉请让××厂为其办理退休手续的请求不应支持。××于 1992 年与劳司签订内部承包压面机合同后，劳动关系一直在劳司，双方亦未解除劳动合同，故其让××厂为其办理退休手续的诉请不予支持。××因其现在未到退休年龄，要求××厂、劳司按政策以全民工理顺工资、补发和发给生活费等，因其与劳司于 1993 年签订了承包商店合同，虽其劳动关系在劳司，但其未在劳司上班也未在××厂上班，没有参与劳动，故其让补发和发给生活费的诉讼请求不予支持，但劳司应为其办理社会保险。劳司虽系独立的法人单位，但从其实质来看，其与××厂亦有一定联系，现××等 13 人的合法权益得不到保护，××厂作为劳司的扶持开办单位，应承担一定的补充责任。故原判认定的事实有误，应予撤销。根据《民事诉讼法》第一百五十三条一款、三款，《劳动法》第二条、第三条，最高院《关于审理劳动争议案件适用若干问题解释》第一条（三）项、第十六条二款之规定，判决如下：

(1)撤销××号判决书；

(2)原审被告劳司按国家有关劳动政策之规定为原审原告办理退休手续，并分别从每人到达法定退休年龄之日起支付退休金；

(3)原审被告劳司按国家有关政策为××办理社会保险手续；

(4)上诉人××厂协助劳司为 13 人到有关部门办理相关手续；

(5)驳回××等 13 人的其他诉讼请求；

(6)一、二审案件受理费 1 000 元由劳司承担。

五、维权观察

“李晔们”的抗争行为虽不能说是全胜，但毕竟拿到了胜诉判决，这其中有很多经验值得总结。一是利用网络资源，将有相同问题的人凝聚成一个团队。

资源动员理论的创始人查尔斯·蒂利很早就提出了网络关系的重要性。具有相同背景、彼此之间存在各种形式互动关系的人群是集体行动的主要来源,而“李晔们”的上访、投诉、仲裁、诉讼等一系列集体行动就是这一理论的极佳诠释。她们都因为同一个政策,从不同的地方汇集到了丈夫的单位;在厂里干的都是一样的脏活、累活和差活,在其他工人眼里他们是“二等公民”,被人称为“农转非”;她们同样面临没有任何养老待遇的处境。共同的处境让他们有了共同的话题,她们因为这个话题被凝聚到了一起。二是他们有效地借助了体制内的资源。查尔斯·蒂利还指出,在一个威权体制下,国家政权强大而市民弱小,有效的抗议网络往往得益于同国家政权的密切关系。“李晔们”没有这种理论的高度,但多年的社会生活经验让他们潜意识里明白要寻求体制内的资源。因此,他们才四处投诉、上访,其目的就是希望能引起政府有关部门的注意,以求得问题的解决。

个案的诉讼不论是对于社会而言还是对于当事人而言都是成本非常大的一件事情。西北工业大学妇女发展与权益研究中心代理这个案件后,曾就此案召开过研讨会,邀请当事人讲述自己的经历,在一些研讨会上对此案进行专门研讨。2008 年 9 月,国家出台了政策——对于已届退休年龄无社会养老保险的人员,只要能够提供工作证明,一次性地向社会保障部门交纳一笔保险费,就可以享受社会保险。但是,这个政策也有很多瑕疵。比如,一次性交纳几万元费用,超过了这个人群的经济承受能力,还有很多人无法提供工作证明,政策的实施范围仅有 3 个月等。

从 2008 年 10 月 1 日到 2008 年 12 月 31 日,在这期间没能参加保险的人就又被政策“抛弃”。但该项政策的积极意义是,这个问题毕竟还是上达了政策的制定部门,引起了社会的关注。问题的解决总是渐进的,往前推动的工作必须持续进行。

六、案例分析

这些案例表面看起来并不涉及性别。法律以中性面目出现,但正是这些中性的表面掩藏了一个性别歧视的事实。

(一)隐性性别歧视

这是一个典型的隐性性别歧视案例。国家落实知识分子待遇的政策从字面上看没有性别歧视的内容,但在现实的生活中,大部分的女性的职业确实成为了男性福利的一部分。国家制定政策和考察政策后果时是缺乏性别意识的。“李晔们”本来拥有自己独立的生活空间,但因为要照顾作为知识分子的丈夫，她们成了福利待遇的一部分，丧失了自己的独立性。

这批女性面临的问题不是孤立的。当时的落实知识分子政策让一批女性进入职场，在经济体制从计划经济向市场经济转变的过程中，国家和各省、市相继出台了一些政策，试图将她们的中间身份正规化，但大部分成本要由企业承担，而企业并没有积极地履行该项义务。正如案例中的用人单位一样，这些女性就这样逐渐被挤出了职业与社会保险之外。因此，这个案件并不仅仅是一个个案胜诉的问题，我们希望以此为契机，推动政府关注这一群体，以颁布新政策的形式一次性解决这类问题。

（二）法院审理的“中性”性

两级法院的几次判决，完全围绕争议焦点“与谁建立的劳动合同关系”及“能否享有退休待遇”展开，对于这批女性在劳动合同关系中所受到的歧视却根本没有涉及，且这些女性在诉状中亦未被提及。这恰恰反映了这个社会对于隐性性别歧视的漠视和不了解。二审法官的言行又更加准确地表达了这一点。他的爱人也是“农转非”进城工作的，他不但不同情这些女性的遭遇，反而认为女性就是应该被丈夫养着的。作为代表公正的法官尚且如此认知，看来要改变人们对女性歧视这个问题的看法任重道远。以上仅是意识形态领域的问题，而立法领域还存在更多问题。《妇女权益保障法》及《中华人民共和国宪法》中虽明文规定了男女平等，但何谓男女平等，并没有细化的解释；对于违反男女平等的行为的处罚规定也是缺失的，加之权益宣言式的《妇女权益保障法》与《中华人民共和国宪法》本身不具可诉性，常常导致女性受到歧视而投诉无门。

“李晔们”在职场中一直面临着性别的歧视。就这种歧视而言，如果仅对政策的文本做分析是看不出来的，必须要结合“李晔们”的整个生活历程来分析。进入职场，她们是作为身为知识分子的丈夫的福利被照顾的，而企业在答辩中所述的“企业这样做，既解决了他们夫妻分居两地的困难，又便于她们照顾丈夫和孩子”反映出企业对于这些女性生活内涵的定位就是照顾丈夫和孩子，对她们是居高临下的“施舍者”姿态。她们数十年来辛苦劳作给企业创造的财富被视为虚无，而这种观念也被女性内化。她们在讲述中反复提到的“一家人在一起，花费也没有那么大”表明她们的关注点也是家庭。在这个过程中，国家和企业考虑的是丈夫的工作效率会因为妻子的付出而更高；丈夫考虑的是自己的事业发展会更好，家庭会团聚，孩子会有好的教育；而女性考虑的却只是孩子和丈夫，完全没有自我的存在。在进入职场之后，歧视也如影随形：“活儿虽然脏点累点，工资待遇也差一大截，咱也不敢提，只能回家叨叨。

人家(单位)让干什么咱就干,哪还敢挑。”直到退出职场,她们都无法享有正常的养老待遇。这一切皆源于他们进入职场时的随夫工身份。随夫工这种现象,其实是传统社会里随夫居现象的一种现代变异。在传统习俗里,女性结婚后须随丈夫生活,被视为是夫家的人;对于娘家而言,嫁出去的女儿只是一个过客,甚至连姓也要随了丈夫家的。因为随夫居住,所以她的劳作也就只能在夫家附近进行。随着现代化大生产的发展,女性渐渐有了独立的工作和经济权利,在这种背景下,仍然要求妻子为了照顾丈夫和孩子而放弃自己的生活、跟随丈夫工作,无疑是一种历史的倒退。这种现象本应只发生在计划经济时代,国家的意志可以以指令的形式要求单位无条件接受,在现在的市场经济条件下,国家已无这种强制力,是不可能再如此行事的。国家出台这个政策,的确是好心办了坏事:其初衷是解决夫妻两地分居的问题,是一个很人性化的安排,但忽视了女性的利益,考虑的是家庭的利益和社会的效应,女性的独立权、人格权在这一过程中被淹没了。

(三)政策中存在盲点

落实知识分子政策是20世纪70年代末80年代初提出的。“文革”中,知识分子被斥为“臭老九”,在政治上受到不公正对待。邓小平复出主持工作后,提出“知识分子也是工人阶级的一部分”,开始对受到不公正待遇的知识分子恢复名誉、给予政治和经济上的待遇,并在这种背景下出台了一系列落实知识分子待遇的政策。其中之一,就是高级知识分子或者是工作在边远地区的知识分子的家属,包括未成年子女均可以“农转非”。

所谓“农”,就是农业户口,所谓“非”,即非农业户口,也就是商品粮户口。这在当时城乡差别巨大、城乡人员流通被严格限制的历史背景下,是一个非常好的消息。如果没有这个政策,农业户口人口是不可能到城里来生活的。可以“农转非”,是一家人甚至一个家族的光荣。

然而,人们没有料到政策的缺陷在日后凸现。当时的政策关注点是户籍而不是职业,只对户口的迁移和粮食关系的移转做出了规定,却并没有对这些人进城后的工作做出具体的安排。当时,单位没有招工自主权,国家按计划招工,然后分配指标到各省和各个行业,再由各省或各行业进行二次分配。待业人员必须持有招工名额并到劳动人事部门办理手续,才能获得工作岗位,连临时工都必须报计划经审批后录用。在如此严格的计划管理下,这批人进入城市没有相关的招工计划配套,只能由她们丈夫的单位自行按职工困难解决。她们不论能力大小,只能在厂里干着正式工不愿意干的活儿。20世纪80年代中期,就业压力增大,国家号召各机关、事业单位、企业自办劳司,自行解决单位职工和配偶的工作问题。于是这些人被编入了劳司。

如果没有后来的经济体制改革,没有城乡间差别的缩小,没有城乡间人员的自由流动,他们可能不会有那么强烈的失落感。支撑着他们忍受歧视待遇的支柱顷刻间垮塌了。她们看看自己——与城里人相比,自己是“二等公民”;干的是脏活、累活,拿的是最低工资;而她们以前在农村的同龄人却有农村合作医疗,有土地可以养老。“城里不管我们,就让我们回农村好了,只要给我们一块地。”但这对于她们来说,也是奢望。

国家及各部委也曾出台政策解决她们的问题,但养老的成本却需要由用人单位支付。用人单位从自己的利益考量,自然是选择不将政策精神传达。政策与法律不同。首先,公布的途径不同。法律是公开颁布实施的,而政策却是通过行政途径传达的,有的政策还有传达范围的限制。其次,法律有其稳定性,而政策却不一定长期有效。有的政策,尤其是作为试点的政策,往往只有几个月的寿命,错过了政策的有效期间,就不能享受政策的优惠。包括上面所提到的落实知识分子待遇的政策,在不同的时期也有不同的规定,优惠度是不同的。还有,法律有普适性,而政策不具有这个特点。如煤炭部的政策在纺织系统就不适用。

在这些随夫工的职工待遇的问题上,有的行业和企业就解决得比较好,但还是有相当一部分人的待遇未得到解决。随着改革步伐加快,原来严格限制人口流动的户籍政策已开始松动,城乡之间的差别逐渐缩小,随夫工现象也会成为历史。但在新的条件下,可能会有新形式的歧视现象发生。

案例5　“随夫走”——劳动关系中的“附庸”

一、案情简介

纺织女工周某在某国营纺织厂工作二十多年,如今已经49岁。按照当时单位内部退养的规定,她还有一年退养,等到55岁就能办理正式的退休手续,届时可从社会保障机构领取退休金。但就在这一年,与周某同在一个工厂任技术员的丈夫被合资企业挖走,从原单位调离,企业按内部规定,夫妻一方调离,另一方也必须同时调离,要求周某必须与丈夫一同离开单位,并在其丈夫办理了调离手续后不再给周某发放工资。经当事人与用人单位多次协商无果,周某于2003年6月向劳动争议仲裁委员会提起仲裁,认为厂里因为丈夫调动而解除她的劳动合同没有法律依据，要求仲裁委员会撤销厂里的决定，恢复自己与单位的劳动关系，并补发这几个月欠付的工资。仲裁委员会裁决周某胜诉。[①]

二、当事人陈述

我 17 岁接父亲的班进厂工作，一直认认真真，遵守厂里各项规章，没有无故早退迟到，也没有出过重大责任事故，在厂里一干就是 20 多年。我也不想告厂里，打官司总归不是好事情。但厂里做得太绝了，一点后路都没给我留。我这么大年纪了，没有技术，到人家（如果到新单位）那里就退休，谁愿意养活你。我在我们单位干了这么久，他们都想把我踢出去，何况是一个新单位。要不是老头还能挣钱，我都不知道日子该咋过。我们年轻的时候真苦。我参加工作早，才 17 岁，我爸去世，我就顶了班进了我们纺织厂当纺织工。我是家里的老大，下面还有两个弟弟，一个妹妹，最小的妹妹才上小学。当时每个月的工资都交给了我妈，自己几乎没有什么花销。后来谈了恋爱，就是我现在的老头。他是机修工，负责车间里所有纺织机的维修，脑子好使，爱琢磨，维修技术好。厂里大部分织机是苏联时候造的，老是出问题，一出问题就得找机修工，慢慢地就熟悉了。他人老实，又能干，我妈也很满意。他看我们女工一个人管十来台织机，上班的时候老是走来走去没有停息，一下班累得连话都不想说了，就琢磨了一个小装置安装在织机上，可以减少断头，多出优质品，我们也没有那么累。这个小装置后来在车间里推广，还被授予了小发明奖。

后来我们结了婚，又陆续生了两个孩子，两个孩子之间只差了 2 岁。那时产假只有 45 天，一满月就得上班。我们那个班还不像人家坐办公室的，得不停地走来走去，一下班是腰酸背疼，连饭都不想吃，就想躺床上。可是不行，还有孩子得管。多亏当时年轻，要我现在，根本吃不消。厂里有个育婴室，每天带着孩子上班，不像现在可以雇保姆。那时没保姆，就是有，谁有那钱呢。那时工资都低，能管住一家人吃饭就不容易了，人口多的还得借工资，下个月发工资再还，就这样一个月一个月借着过。到了单位把孩子往育婴室一放，把头一天洗好的尿布给托儿所老师。说是老师，也就是家属，光管换尿布。育婴室里都是一岁半以前的小孩，过了一岁半就上幼儿园了。到了喂奶的时间就跑着过去给孩子喂奶，一边喂奶，一边吃自己从家里带来的饭。喂奶时间只有一个小时，我们那时都是自己从家里带饭，不像现在吃食堂，没有钱。夏天就吃

① 本案例为西北工业大学妇女发展与权益研究中心法律援助案例。

凉饭,冬天去锅炉房热热。下班了,把孩子一接,还有一大堆湿尿布。回到家,再累也得先安排好孩子,洗尿布,做饭,还得把第二天带的饭也做好。那时休一天,(休假)比上班还累,一个礼拜的衣服要洗,买东西还得凭票,买一样东西排一次队,一天也就过了。好不容易算是熬过来了。孩子大了,以为可以享福了,却又碰见纺织行业不景气,国家让压锭①。一年大部分时间都没活儿干,只能领待岗工资。幸好我老头那时承包了厂里的维修组,家里的日子还过得去。维修组除了干厂里的话,也在外面揽活,收入与厂里按比例分成。我老头技术好,很快在这一行出了名,连好多外省的厂家也来找他调试和维修机器。后来,一家外商投资办了个厂,让我老头过去,工资比现在高多了。考虑再三,我们向单位提出调离申请。

单位领导对于我老头的调离,意见分歧很大。一种认为,既然厂子已不景气,何不给员工一个发展机会。另一种认为合资企业的开办已经给厂子的生存带来了很大的危机,如果再放走人才,不是自己害自己吗?何况厂里也在积极想办法改变现状,如果情况好转,又到哪里去网罗人才?后来第二种意见占了上风。可不让我老头走,硬拖并不是办法。单位也知道,只要我老头提前一个月通知,就可以解除合同。厂子处于半停产状态,我老头走了给厂子也造成不了什么损失,想用经济赔偿的法子留住他也不可能。厂里后来不知从哪个单位学来的办法,下发了一份文件,同意我老头调走,但同时解除了与我的劳动合同,并责令两人必须在十日内办理完毕所有手续。

厂里这样处理事情并不是头一回。上次总工调走,厂里就要求他的爱人也走。总工的爱人是医生,对方单位就接收了。我只是普通工人,年龄又已经快50了,人家肯定不要,就是人家要,我的养老和医疗怎么办?听说外企用人都挺实在的,我的身体能吃得消?我17岁进厂,青春年华都给厂里了,啥苦都吃过了,现在老了叫我走,凭什么?有的年轻人为调走搞假离婚,我们这么大年龄了,孙子都快有了,也不能这么干呀。等我老头在新厂子一安顿好,我就提起了仲裁,要求撤销单位解除劳动合同的决定,恢复劳动关系。

三、单位辩解

仲裁时,用人单位派了一名劳资处的工作人员作为代理人出庭,代理意见认为:周某的爱人是单位培养的技术骨干,所有的费用是由单位支付的。现在

① 即减产,也就是减少生产纱锭的数目,限制纱厂的生产规模。棉纺厂压锭减员后,效益显著提高。

厂子里一时困难，他为了自己的利益就要调走，根本不顾厂子的整体利益，如果人人都像他，厂子就垮了。何况周某夫妻二人只申请将有技术的丈夫调走，而将没有技术，需要将来养老的周大妈留在厂里，对企业来讲是不公平的。厂里制定的夫妻同时调离的文件及决定合理合法。请求仲裁委员会考虑厂方的整体利益，维持厂里的决定。否则人才继续流失，国有企业就会垮掉，国有资产就会受到威胁。

四、仲裁裁决

仲裁委员会经过审理后认为：用人单位以周某的丈夫申请调离作为解除周某劳动合同的理由不成立，违背了国家的《企业职工奖惩条例》和双方的劳动合同的规定，应属无效。决定撤销该决定，恢复双方的劳动合同并补发欠付的工资。

仲裁裁决下发后，双方都没有提起诉讼。

五、维权观察

周某的案件是西北工业大学妇女发展与权益研究中心基层调研劳动关系时发现的。在访谈的过程中，有人提到了周某的问题，并希望中心为之提供法律帮助。几天后，周某打来了电话，约定了见面的时间。

当事人周某对法律程序确实不了解，并未携带任何证据材料。在讲述的过程中，对于她提到的一些关键性问题，律师问她何以证明，她的答复一律都是："大家都知道，单位也知道。"对女性当事人来说，不熟悉法律及程序，更不会用法律的思维和逻辑来论述自己的问题是普遍存在的一个问题。

我们花了很长时间对其"赋权"，向她解释证据规则，并列出需要她提供的证据目录，希望她在力所能及的范围搜集证据，并尽可能地协助她在仲裁时独立完成陈述，将自己的想法表达出来。周某很高兴有这样的安排，看来她本人对能力的成长还是关注的，也希望能够获取相关知识来独立处理自己的问题。

因为中心的支持，周某信心满满地应对仲裁，这也是取得有利裁决的一个重要方面。

六、案例分析

本案例的焦点是解除劳动合同，劳动仲裁关注的是解除劳动合同的法定条件，我们除了关注法律外，还要关注法律背后的社会问题。

(一)劳动合同的解除的条件

《劳动法》明确规定,劳动合同的解除分为协商解除、单方解除两种。协商解除,是劳动者和用人单位在平等协商的基础上自由处置的权利,只要不存在用人单位凭借强势地位胁迫或者是欺诈劳动者签约的情况,法律都予以保护;单方解除分为劳动者单方解除和用人单位单方解除两类。

考虑到在劳动关系中,劳动者处于弱势地位,法律赋予了劳动者在解除劳动合同方面优于用人单位的权利。劳动者只要提前 30 日通知,就可以单方解除劳动合同。在用人单位有过错的情况下(如强迫劳动、违规操作等),劳动者可以立刻解除劳动合同。相比而言,用人单位单方解除劳动合同就没有那么简单了。一种情况是劳动者有严重过错,用人单位可以解除;另一种是经营不善要裁员,须将方案报工会,并经劳动行政主管部门批准方可执行。且在用人单位单方面解除劳动合同的情况下,还须支付解除劳动合同补偿金。

法律同时还规定了用人单位不得解除劳动合同的 5 种情形:从事接触职业病危害作业的劳动者未进行离岗前职业健康检查,或者疑似职业病病人在诊断或者医学观察期间的;在本单位患职业病或者因工负伤并被确认丧失或者部分丧失劳动能力的;患病或者非因工负伤,在规定的医疗期内的;女职工在孕期、产期、哺乳期的;在本单位连续工作满 15 年,且距法定退休年龄不足 5 年的。法律严格限制解除劳动合同的条件,就是为了限制用人单位滥用职权的行为,杜绝其任意侵犯处于弱势地位的劳动者权益的行为。

周某的单位做出的解除劳动合同的决定,没有在上列范围之内,明显属于滥用职权,当属无效。

(二)现有法律框架下权利冲突的解决思路

单位希望保护自己的权利是无可厚非的,但“周某们”的权利要求也是合理的。双方的权利在这个点上发生了冲突,那么,如何来平衡双方的关系呢?在不能协调解决的情况下,只能依据法律规定进行处理。

在《中华人民共和国宪法》《劳动法》《妇女权利保障法》中,妇女都是作为独立的法律主体参与社会政治、经济生活的,享有独立的、不依附于任何人的劳动权。周某在单位的一切权利由她自己享有,一切义务由她自己承担。她享有的退休养老待遇是她多年辛苦工作的应得权利,不是单位的施舍,单位不能非法剥夺。

单位的商业利益也必须依法保护。法律进行权利配置时,并非一味地倾向劳动者,它也赋予了单位对劳动者进行正常业务管理的权利。在自愿平等的情况下，用人单位在对劳动者进行了投入后，可以与劳动者签订合同，对服务期、竞业禁止等条款进行约定，这样当劳动者的行为违反合同约定、侵犯单位利益时，单位可以合法维权。本案中的用人单位在对周某的丈夫进行投入的时候，如培训或者是提供科研经费，完全可以提出签订一份补充合同，在合同中约定服务期，并规定没有服务到一定年限需支付的违约金。这样一来，周某的丈夫在离开的时候，如果服务期未到单位就有要求支付违约金的权利，挽回自己的经济损失。

（三）“随夫走”背后的成因

现实中不乏类似周某的个案，值得关注的是，很多用人单位均制定有关人才保护的规定，将带走妻子（实际的理解是家属）作为工作调离的条件。他们知道，妻子的职业状况一般低于丈夫，不便到新单位安排新工作，以此作为拖住人才的一个砝码。造成随夫走的原因主要有下述 2 种。

（1）单位滥用了制定内部劳动规章的权利并利用这一权利损害了女性的劳动权利。劳动法赋予用人单位制定内部劳动规章的权利，但其须依照法律和民主程序实施，在本单位范围内进行生产、经营和劳动管理活动。内部劳动规章是企业组织劳动所必需的一项制度，它对于提高劳动生产效率，保护劳动者和企业双方的合法权益，促进企业和谐稳定的劳动关系具有重要的作用，但法律却没有关于单位内部劳动规章的监督、审查规定。目前我国有关用人单位内部劳动规章法律制度的不健全，在实践中带来了许多问题，甚至引发劳动争议，往往是当事人与用人单位发生争议时，诉诸法律，通过法律程序认定某些规定或根据这些规定做出的决定无效来处理争议。从当前劳动争议的情况来看，有相当一部分案例是因为用人单位内部规章制度的不合法、不合理所引起的。

（2）职业的性别隔离造成女性工作地位和职业范围在就业方面相对差于男性，再加上家务劳动使女性比男性有更大的负担，使女性就职的时间越长，丈夫对妻子的职业相对优势就越突出，就更使得妻子的事业和家庭都可能成为丈夫的附庸，而用人单位也将之视为包袱，从而借丈夫调离的借口试图甩掉这个包袱。

另外，就业压力也是一个原因。中国人口众多，劳动力资源丰富，现阶段劳动力增长速度超过经济发展速度，明显供过于求。仅从新毕业的大学生人数来看，2006 年大学的招生人数是 1999 年的 5 倍。就业市场无法在这么短的时间里吸纳这么多毕业生。据官方统计，近年来共有 400 万毕业生没能找到任何工作；再加上每年又有大量由农村进城的劳动人口（实际数字可能更高[①]），使得劳动能力受生理和心理特征影响的女性的劳动权利更容易受到冲击[②]。

用人单位以人才流失做辩解，显然倒错了法律关系。用人单位与周某丈夫需要处理的法律关系，是法律框架下解除合同的技术培训费用与竞业禁止等经济赔偿问题，而不能迁怒于其妻子，更不能滥用权利，以侵害女性的劳动权来避免损失。事实上，仲裁委员会认为用人单位的行为违背了《企业职工奖惩条例》和双方的劳动合同的规定是不完全的，用人单位的行为更严重地侵犯了周某作为公民的宪法权利之一——劳动权。仲裁委员会最后支持了周某的主张，是正当的、合法的。

案例6　丈夫"失职"，妻担债：女性工资侵权案

一、案情简介

郁某是某集团公司某工厂的职工，1975年参加工作，1987－1998年先后担任车间运行大班长、车间质量监督员、工厂工会委员、车间分会主席等职务。长期以来，她一直勤勤恳恳地工作，认真负责、任劳任怨，几乎每年都被评为单位的先进工作者。2000年3月，郁某突然被单位告知，除一点生活费外，她的工资及其他一切单位福利及报酬被停发。当郁某去找单位领导理论时才得知，她被停发工资与她丈夫有关。

郁某的丈夫与她同在一个集团公司工作，但分属两个不同的单位，两个单位具有一个共同的上级，都具有独立的法人资格。1990年底，其丈夫在从事单位产品的推销工作期间向单位贷款5万余元，推销失败，被迫离职。单位决定将这笔贷款作为"家庭债务"，并通过公函方式要求从不属于同一个法人单位职工的郁某工资中扣发还贷。郁某不服，认为此款项是丈夫与单位的债务纠纷，与自己无关，扣发自己的工资不合法；且此事造成自己现在生活极度困难，无法维持最基本的生活。她多次向领导反映问题，均得不到解决。

2000年12月20日，郁某以自己的单位为被告提起了劳动争议仲裁，要

① 中国大学生为何"高端就业"难?. 参考消息，2008(8).

② 雷虹. 试论妇女平等劳动权的法律保护. 中华女子学院学报，2002(5).

求:补发工资;赔偿精神损失费 2 000 元;按照劳动部 1994 年 12 月 3 日颁发的《违反和解除劳动合同的经济补偿办法》中第三条规定,加发相当于工资报酬 25%的经济补偿金。

劳动争议仲裁委员于 2000 年 12 月 15 日下发不予受理的通知书。

郁某在接到通知书的次日向法院提起诉讼,追加丈夫的单位为被告,诉讼请求与仲裁请求一致。一审法院以超过仲裁时效为由,驳回了郁某的诉讼请求。郁某不服提起上诉,终审法院维持了一审裁决。郁某因没有在时效内提起仲裁,最终丧失了胜诉权。[①]

二、当事人陈述

本人 1975 年参加工作,1986 年调入某电力树脂厂工作至今,1987—1998 年一直是车间运行大班长、车间质量员、厂工会委员、车间分会主席,十几年来本人一直勤勤恳恳,任劳任怨,几乎年年是先进工作者,1994 年曾被电管局、陕西电力工会授予"八五"中国立功竞赛业务技术能手称号。

今年 3 月本人被告知停发工资等一切应得劳动报酬,为此我多次找厂领导解决无效,被告知(我)丈夫在 1990 年底借调外单位期间经手同"某电力树脂厂"订购的供销合同中还欠 5 万元未还清,所以扣发本人工资还款,本人认为此项是与我无关的两个单位之间的债务纠纷,扣发本人工资不合法,由此造成本人现在生活极度困难,现丈夫失业在家一年多,无经济收入来源,小孩上学及生活只能靠东借西凑过日子,并还要还利息,为此夫妻两人经常吵架,多次提出离婚,家庭关系严重不和,实在无法维持生活。故申请赔偿精神损失费2 000 元。

三、郁某提供的证据

丈夫单位致郁某单位的协助扣款公函

王某(郁某丈夫)至今拖欠我厂贷款 59 500 元,虽经厂里长年多次催索,始终未予清结。因该笔欠款归于家庭债务。郁某同志系你公司集体职工,厂里已于 2000 年 3 月 7 日就偿还欠款事项与郁某提出明确要求和具体方法,即:自当月起以其收入偿还欠款至全部清结止,但在执行中应保留郁每月 230 元的生活费。对此,郁某同志表示认可。

请你公司协助执行。

---

① 本案为西北工业大学妇女发展与权益研究中心法律援助案例。

四、郁某的诉讼请求

要求用人单位:

(1)按政策补发本人2000年3月～12月的工资8 490元;

(2)补发本人法定假加班双倍工资135.8元;

(3)赔偿工资报酬25%的经济损失费,2 656元;

(4)赔偿由于工资问题造成本人生活困难,夫妻感情严重不和精神损失费2 000元;

(5)承担诉讼费用。

理由与依据:

劳动部1994年12月3日颁发《违反和解除劳动合同的经济补偿办法》中第三条:用人单位克扣或者无故拖欠劳动者工资的……除在规定的时间内足额支付劳动者工资报酬外,还需加发相当于工资报酬的25%的经济补偿。

《劳动法》规定,工资分配应当遵循按劳分配原则,实行同工同酬。又规定劳动者在退休,患病时,依法享受社会保险待遇,且该待遇必须按时足额支付。

五、单位辩称

郁某所在单位:

我们是接受了郁某丈夫单位的通知才扣工资的,且所扣工资已由其丈夫单位转走,应由其丈夫单位来处理此事。

郁某丈夫所在单位:

首先郁某不是我们的职工,不应该告我们,应由他们单位应诉,主体不适格。其次,原告丈夫欠厂贷款未还,此笔欠款归于家庭债务,扣郁某工资是正当的。该案属劳动争议案,仲裁委不予受理,法院不应追加当事人和进行实体审理。

六、仲裁委文件及法院判决

某劳动争议仲裁委员会《不予受理通知书》:

你的申诉书于2000年12月20日收悉。你与某电力树脂厂工资报酬等争议案,经查:该争议发生于2000年3月份,根据《劳动法》第八十二条之规定,提出仲裁要求的一方应当自劳动争议发生之日起六十日内向劳动争议仲裁委员会提出书面申请。你的申诉已超过仲裁申诉时效,又无正当理由,本会决定:不予受理。

一审法院《民事判决书》:

郁某与某电力树脂厂及某电力树脂厂劳动服务公司综合加工厂劳动争议一案,本院受理后,依法由代审判员李某独任审判,公开开庭进行了审理,原告及委托代理人王某,被告电力树脂厂委托了代理人周某,加工厂法定代表人何某及委托代理人黄某均到庭参加诉讼,本案现已审理终结。

原告郁某诉称:被告某电力树脂厂从2000年3月至今停发其工资,要求被告补发其工资,因厂形势不好,各月工资不一致,具体数额不清,并要求被告补发2000年"五一"加班费20元,赔偿经济损失2 656元。

被告某电力树脂厂辩称:郁某是其下属的某电力树脂厂劳动服务公司综合加工厂职工,其厂借用,由加工厂发工资,应由该加工厂应诉。原告之丈夫王某欠厂贷款未付,扣郁某工资是为了抵除贷款,该案属劳动争议案,其厂同意仲裁委员会意见,仲裁委员会不予受理,法院不应追加当事人和进行实体审理。

被告某电力树脂厂劳动服务公司综合加工厂辩称:其厂是执行某电力树脂厂的通知,才扣郁某工资。

法院审理查明:原告郁某系某电力树脂厂劳动服务公司综合加工厂职工,在某电力树脂厂借用工作。2000年3月某电力树脂厂口头通知加工厂停发郁某工资,2000年5月8日书面通知综合公司自当月起将郁某工资除每月保留230元生活费外,偿还郁某丈夫王某欠厂贷款59 500元,到全部还清止。加工厂从2000年3月至2001年1月共停发原告郁某工资8 019.2元。原告于2000年12月20日申诉于某劳动争议仲裁委员会,该会于2000年12月25日以某劳仲不字[2000]16号认为郁某之申诉已超过仲裁申请时效,又无正当理由,决定不予受理。

原告于2001年1月9日起诉来院。

本院认为:原告郁某诉某电力树脂厂及某电力树脂厂劳动服务公司综合加工厂劳动争议案,加工厂于2000年3月开始停发其工资,其到2000年12月才向某劳动争议仲裁委员会提出申诉,致该案超过仲裁时效,仲裁委未能进行实体审理,系原告造成。故判决:

驳回郁某要求被告某电力树脂厂补发工资及赔偿经济损失之诉讼请求。

案件受理费510元,其他诉讼费255元,计765元,原告已预交,由原告负担。

如不服本判决,可自判决书送达之日起十五日内,向本院递交上诉状,并按对方当事人的人数提出副本,上诉于某某市中级人民法院。

终审法院《民事判决书》:

上诉人郁某因劳动争议一案,不服某区人民法院某民初字[2001]145号民事判决,向本院提起上诉。本院依法组成合议庭,公开开庭审理了本案。上诉人郁某及其诉讼代理人王某、被上诉人的诉讼代表人周某、黄某到庭参加诉讼。本案现已审理终结。

原审判认定,原告郁某系某电力树脂厂劳动服务公司综合加工厂职工,在某电力树脂厂借用工作。2000年3月某电力树脂厂口头通知加工厂停发郁某工资,2000年5月8日书面通知综合公司(即加工厂)自当月起将郁工资除每月保留230元生活费外,偿还郁某丈夫王某欠厂货款59 500元,到全部还清止。加工厂从2000年3月至2001年1月共停发原告郁某工资8 019.2元。原告于2000年12月20日申诉于某劳动争议仲裁委员会,该会于2000年12月25日以某劳仲不字[2000]16号认为郁某之申诉已超过仲裁申请时效,又无正当理由,决定不予受理。原告于2001年1月9日起诉来院。

原审调解不成,遂判决:驳回郁某要求被告某电力树脂厂补发郁某工资及赔偿经济损失之诉求;案件受理费510元,其他诉讼费255元,计765元,由原告承担。

宣告后,郁某不服,向本院提起上诉,要求撤销原判,依法改判,诉讼费由被上诉人承担。某电力树脂厂、某电力树脂厂劳动服务公司综合加工厂表示服从原审判决。

经审理查明的事实与原判决认定的事实一致。

以上事实,有当事人当庭陈述笔录等在卷佐证。

本院认为:上诉人郁某诉某电力树脂厂及某电力树脂厂劳动服务公司综合加工厂劳动争议案,加工厂于2000年3月开始停发郁某工资,其到2000年12月才向某劳动争议仲裁委员会提出申诉,致该案过仲裁时效,仲裁委未能进行实体审理,系郁某造成。据此,原判正确,应予维持。根据最高人民法院关于审理劳动争议案例适用法律若干问题的解释,法释[2001]14号第三条之有关规定和根据《中华人民共和国民事诉讼法》第一百五十三条第一款第一项之规定,判决如下:

驳回上诉,维持原判。

上诉案件受理费510元由郁某负担。

本判决为终审判决。

七、案例分析

本案的主要障碍在于时效。

(一)被程序挡在门外的实体权利

郁某的案件最终未能胜诉,仲裁委员会和法院的理由都是超过了申请仲裁时效。

(二)时效制度

时效是指一定的事实状态,在继续一定的时间之后,即发生一定法律后果的法律制度。一项权利要得到法律的保护,除了该权利本身必须合法外,还必须在有效的时间范围内行使。法律之所以规定时效制度,主要是为了维持社会秩序的稳定性。如果没有时效制度,只要是合法权利任何时间都可以行使,那么民事流转就会受到远年旧事的干扰,影响社会的安定。举个非常简单的例子:甲私自将父亲的古玩出售。20年过去了,古玩已经三易其手。这时父亲想主张儿子所为的买卖无效。如果没有时效制度,那么这三个主人就得一个一个地往前移交,最后将古玩还给父亲。在这种情况下,谁还敢进行交易呢?而有了时效制度,情况就不同了,几方之间民事法律关系会因时效的原因而固定下来。

按照《中华人民共和国民法通则》的规定,时效制度还包括时效的起算、中止、中断等细项规定。时效一般从当事人知道或者应当知道权利被侵犯时开始计算,最长期限是20年。在诉讼时效期间的最后六个月内,因不可抗力或者其他障碍不能行使请求权的,诉讼时效中止。待障碍消除后,时效继续计算。诉讼时效还可因为当事人主张权利而中断,中断后时效重新计算。

中止和中断的不同在于以下几点。一是事由不同,中止主要是因为不可抗力的原因,中断则是当事人提出了主张。二是法律后果不同,中止只是将不可抗力延续的时间在时效中扣除,而中断则是时效重新计算。三是发生的时间不同。中止只发生在时效的最后六个月,中断发生在时效期间的任何时候。

时效从当事人知道或应当知道自己的权利被侵犯时开始。关于"知道"或者"应当知道",法律也有明晰的解释。如果侵权行为一直延续,那么时效的起算点是从侵权行为停止的时候开始计算。

(三)劳动法领域对于时效制度规定的变革

1993年8月1日起施行的《劳动争议处理条例》第二十三条规定:"当事人应当从知道或者应当知道其权利被侵害之日起六个月内,以书面形式向仲裁委员会申请仲裁。当事人因不可抗力或者有其他正当理由超过前款规定的申请仲裁时效的，仲裁委员会应当受理。”此时的劳动争议仲裁诉讼时效是六个月，从知道或者应当知道权利被侵犯时起算，适用中止和中断的情形。

1995 年 1 月 1 日起实施的《劳动法》第八十二条规定：“提出仲裁要求的一方应当自劳动争议发生之日起六十日内向劳动争议仲裁委员会提出书面申请。”1995 年 8 月 4 日，劳动部印发的《关于贯彻执行〈中华人民共和国劳动法〉若干问题的意见》第八十五条规定“劳动争议发生之日”是指当事人知道或者应当知道其权利被侵害之日。第八十九条也规定“劳动争议当事人向企业劳动争议调解委员会申请调解，从当事人提出申请之日起，仲裁申诉时效中止，企业劳动争议调解委员会应当在三十日内结束调解，即中止期间最长不得超过三十日。结束调解之日起，当事人的申诉时效继续计算。调解超过三十日的，申诉时效从三十日之后的第一天继续计算”。诉讼时效虽变更为六十日，但对中止和中断有了详细的规定。但也因为诉讼时效的缩短，很多劳动争议案件未能进入实体审理阶段。

2006 年 10 月 1 日起施行的《最高人民法院关于审理劳动争议案件适用法律若干问题的解释(二)》(以下简称《解释(二)》)第一条规定：“人民法院审理劳动争议案件，对下列情形，视为劳动法第八十二条规定的‘劳动争议发生之日’。(一)在劳动关系存续期间产生的支付工资争议，用人单位能够证明已经书面通知劳动者拒付工资的，书面通知送达之日为劳动争议发生之日。”用人单位不能证明的，劳动者主张权利之日为劳动争议发生之日。(二)因解除或者终止劳动关系产生的争议，用人单位不能证明劳动者收到解除或者终止劳动关系书面通知时间的，劳动者主张权利之日为劳动争议发生之日。(三)劳动关系解除或者终止后产生的支付工资、经济补偿金、福利待遇等争议，劳动者能够证明用人单位承诺支付的时间为解除或者终止劳动关系后的具体日期的，用人单位承诺支付之日为劳动争议发生之日。劳动者不能证明的，解除或者终止劳动关系之日为劳动争议发生之日。”这些规定都进一步对劳动争议起算点进行了更具体的列明。但这个司法解释是由最高法院做出的，劳动争议仲裁委员会并不适用该解释的精神，因此往往造成同一案件在仲裁和判决时的不同结果，既有损于法律的尊严，又造成了诉累。

2008 年 5 月 1 日实施的《劳动争议调解仲裁法》第二十七条规定：“劳动争议申请仲裁的时效期间为一年。仲裁时效期间从当事人知道或者应当知道其权利被侵害之日起计算。前款规定的仲裁时效，因当事人一方向对方当事人主张权利，或者向有关部门请求权利救济，或者对方当事人同意履行义务而中断。从中断时起,仲裁时效期间重新计算。因不可抗力或者有其他正当理由,当事人不能在本条第一款规定的仲裁时效期间申请仲裁的,仲裁时效中止。从中止时效的原因消除之日起,仲裁时效期间继续计算。劳动关系存续期间因拖欠劳动报酬发生争议的,劳动者申请仲裁不受本条第一款规定的仲裁时效期间的限制;但是,劳动关系终止的,应当自劳动关系终止之日起一年内提出。"《劳动争议仲裁法》的重大突破,一是将仲裁时效延长到一年,更有利于当事人维权;二是对时效的中止、中断做出了具体的带权威性的规定,解决了以前各个部门分别制定解释的法律适用问题。

纵观时效制度的变革,其总体脉络是,申请仲裁时效逐渐增长,从 60 日到 1 年;法律位阶越来越高,从部门规章提升到国家法律。

(四)本案适用时效制度带来的问题

郁某在工资被扣后,一直在向单位申诉,这一行为应产生诉讼时效中止的法律后果。同时,直到郁某提起仲裁之日,单位的扣款行为还在延续。我们试算一笔账:郁某的丈夫欠单位五万余元,需要扣近 58 个月。在这 58 个月里,单位的每一次扣款都是对郁某权利的一次侵权行为,每一次侵权都可以算作侵权的起点时间。但审判机关僵化地理解"从纠纷发生之日起六十日内",郁某失去了胜诉权。其后果是,单位明显违反法律规定的行为,却因为国家强制力的不介入,使用人单位违法行为得以事实上的合法化,郁某的权利被长期侵犯着。

八、本案中倒错的法律关系

郁某被扣工资这一事件中,包括了 4 个法律关系。一是郁某丈夫(以下简称"丈夫")与其单位的劳动合同关系;二是丈夫的单位与其业务单位之间的债权、债务关系;三是郁某与其丈夫的夫妻关系;四是郁某与单位的劳动合同关系。这 4 个法律关系,看似无关,却因为郁某的婚姻关系被荒谬地连接到了一起。时间的发展顺序是这样的:丈夫履行单位的职务,与业务单位签署了购销协议;合作单位拖欠丈夫单位货款。这本来是两个法人单位之间的债权、债务纠纷,丈夫的单位本应通过民事诉讼主张权利,但丈夫单位的权利主张改变了轨迹。本是对外的、平等主体之间的债权、债务关系被单位主观地转化为要求丈夫承担赔偿责任的劳动合同关系。丈夫履行的是职务行为,被赋予了单位的授权,其行为的一切后果应当由单位承担才对——无论是利益还是风险。即便是丈夫在这一过程中有过错,那么他也应该承担与过错相一致的责任而非全部的经营风险。而单位在这个过程中选择利益而放弃风险,其权利诉求客体指向丈夫后,因丈夫与郁某之间的婚姻关系,进而转嫁到了郁某身上,而这又是通过郁某的劳动关系来完成的。即使是家庭债务,也只是民事关系,应通过民事法律来解决,怎么能自动转化为劳动关系中的工资债务呢?

郁某的单位在答辩中称自己并没有占有这笔款项,而是全数划拨给了丈夫的单位,这个自以为合理的解释是违法的。用人单位的一切行为也是在法律规定的框架下来开展的,单位除了配合公检法机构执行有效的法律文书外,没有任何权利未经劳动者同意随意执行第三方的指令。郁某的单位以其丈夫单位的要求来解释自己的行为,本身就是对法律无知的表现。从这个过程可以看出,两个用人单位都无视郁某本人独立的劳动关系与劳动工资权,为了满足自己的经济利益,任意侵犯女性的法定劳动权利,同时让她成为一个劳动关系的连带责任主体。本案中,两个单位一直将郁某的家庭作为一个整体来对待,即夫妻一体主义。而1980年的《中华人民共和国婚姻法》早已以夫妻分体主义为指导思想,这两个单位不顾法律规定,以权压人,将单位的经营债务先转嫁给个人,然后再转嫁给家庭,然后堂而皇之地转嫁给本案当事人。

这里无论是侵权单位,还是劳动仲裁委员会及人民法院,他们的行为对本案当事人侵权的问题是以正义和法律之名形成了事实上的共谋,背后的机制是制度文化。这种行为可能导致这个婚姻作为一个整体的分离。如果这个当事人因此而离异了,两个单位将如何自处?我们注意到有媒体曾报道过,为规避单位将夫妻视为一体的不合理做法,恩爱夫妻只能选择离婚。这难道不是一种悲哀吗?

主体制度是私法的基础,私法的全部体系都是以表现为法律主体的人为出发点和核心而建构起来的。在私法史上,主体制度经历了复杂的变迁,但概括起来,无非是两个基本类型:罗马法上的以家庭为本位的主体制度,和近代民法(以法国法、德国法为代表)上的以个人为本位的主体制度。罗马法的主体制度建立在家庭本位的基础之上,在法律史上首次创造了人格的概念,并借此区分自然的人与法律上的人,但罗马法把自然的人排除在法律主体的范畴之外,即自然人不是人。[①] 这个案子之所以会发生,是因为用人单位根本没有现代法律意识。

今天回看这个案子时,我们发现,本案在维权策略选择上也存在一些问题。当时只是主张“扣工资违法”,但对违法的法律关系分析力度不够。如妻子是不是当然地可以成为丈夫劳动关系的连带责任主体,而这种责任的产生

① 彼德罗·彭梵德.罗马法教科书.黄风,译.北京:中国政法大学出版社,1992.

却是因为民事的婚姻关系？而把妻子作为丈夫劳动关系的连带责任主体是不是一种性别歧视？法律没有规定。这也再次说明,很多女性的权益问题,总是处于一个模糊的法律边缘地带,总也有些说不清、道不明的地方。法定的权利就在这种不明不白中,莫名其妙地失去了。难怪美国女性主义法学家凯瑟琳·麦金农会感慨:女人的生活,男人的法律!

案例7　丈夫深造,我被炒——因"博士后夫人"身份的连带解雇

一、案情简介

当事人王某1993年从部队转业后,被分配到河北省廊坊某研究所,在后勤部门从事物业管理工作。不久,她便认识了先期分配到所里的大学生刘某。1995年,两人结婚,婚后刘某在所里的支持下拿到了硕士、博士学位。2003年10月刘某又申请进入北京某科研机构的博士后流动站继续深造。根据2002年夫妻俩所在研究所制定的《人事管理暂行规定》,即"博士生毕业后应按时回单位工作,单位原则上不同意进博士后流动站,确因个人原因,经办公会议研究同意,按照调出相关规定及程序,参照支付违约金、赔偿金的标准并交出购买的公产住房后,可以办理进站的相关手续,是双职工的,其配偶随同调出"的规定,如果不答应这个条件,刘某的博士后申请表上将没有单位的盖章,自然也就进不了博士后流动站了。但是要从河北随丈夫调入北京,对只有专科学历又没有任何关系的王某而言谈何容易！这意味着,刘某要进博士后流动站,王某将失去工作。但看到所里好几对夫妻都这样无奈地离开了,为了丈夫的前途,王某还是同意了单位的决定。可在工作尚未交接完毕,解除劳动合同的手续也未正式办理的情况下,所里便强行停止了她的工作,并通知她,从2003年12月起停发工资。自己勤勤恳恳在所里工作11年竟然是这种结果,王某很寒心。12月8日,人事处通知刘某去拿档案,并对他说"把你老婆的也一起拿了吧"。想到妻子还没办完手续,刘某不想拿,人事处说"反正早晚也要拿的,就一块拿吧",刘某就把王某的档案拿回家了。王某得知后意识到事情不妙,便以材料不全为由将自己的档案退回了人事处,并找有关领导要求工作,未被理睬。后来,他们决心通过法律途径为自己讨回公道。2004年1月,王某提起劳动争议仲裁,要求单位继续履行合同,支付被扣工资并承担经济补偿

金。劳动争议仲裁庭认为单位并未与王某正式解除劳动合同而判王某胜诉,并于4月29日下发仲裁结果:单位自2003年12月起每月支付王某生活费280元,共计5个月1 400元,并依法给王某交纳养老、失业和医疗保险。但研究所不服,将王某告上了法院。法院认为,被告王某及其丈夫刘某均系原告单位职工,对其单位内部的人事管理制度应遵照执行。法院判决,科研所与王某解除劳动关系合法有效,科研所一次性给付王某经济补偿9 790元。王某败诉。一审结果让王某不服。2005年2月4日,她将一纸上诉状递交到中级人民法院。二审法院认为:《中华人民共和国宪法》《劳动法》等法律明确规定了劳动者享有就业权,夫妻是平等的劳动就业主体,因一方的调离而剥夺另一方的劳动权利是违反《中华人民共和国宪法》《劳动法》的立法宗旨和精神的,研究所的做法是违法的。此案终审胜诉,王某赢得了继续工作的权利。①

二、案例分析

(一)单位的用人权不能以配偶为"人质",侵犯女性独立的劳动权

单位希望保护自己的权利是无可厚非的,但即使有限制性的措施也只能涉及劳动关系主体,不能连带其他的主体。本案中用人单位将人才流出,以配偶必须随之调出作为雇员对原单位"不忠诚"的惩罚,也是盯住了男女分式模式和职业隔离模式中女不如男的弱点,通常情况下,单位的内容规定总是限制了女性,限制了妻子,而不是限制了男性的工作权。王某1993年从部队转业被分配到该研究所,与用人单位独立地建立劳动关系,但单位为留住人才,用妻子作为"人质",这种劳动关系中的连带关系是违法建构的。谈及设立此条的初衷,该研究所负责人说,这实在是为防止人才流失的无奈之举。刘某作为技术骨干,是单位出资培养读的硕士、博士。单位现有700人,目前在外培养的研究生有几十人,廊坊市离北京近,如果不采取点限制措施,这些骨干都像刘某一样跑了,那么单位的集体利益如何维护?②

2007年《中华人民共和国劳动合同法》(简称《劳动合同法》)出台前,用人单位为留住人才,通常用合同或承诺方式对有可能流失的雇员进行服务年限、竞业禁止等条款约定,但法律对这种约定做了严格的限制。《劳动合同法》对服务期及违约金的约定进行了限制,例如:第二十二条规定,用人单位为劳动者提供专项培训费用,对其进行专业技术培训的,可以与该劳动者订立协议,

① 肖方.博士后夫人的"就业歧视"官司.法律与生活,2005(6).
② 同①.

约定服务期。劳动者违反服务期约定的,应当按照约定向用人单位支付违约金。违约金的数额不得超过用人单位提供的培训费用。用人单位要求劳动者支付的违约金,不得超过服务期尚未履行部分所应分摊的培训费用。用人单位与劳动者约定服务期的,不影响按照正常的调整机制提高劳动者在服务期内的劳动报酬。第二十三条规定,用人单位与劳动者可以在劳动合同中约定保守用人单位的商业秘密和与知识产权相关的保密事项。对负有保密义务的劳动者,用人单位可以在劳动合同或者保密协议中与劳动者约定条款,并约定在解除或者终止劳动合同后,在竞业限制期限内按月给予劳动者经济补偿。劳动者违反竞业限制约定的,应当按照约定向用人单位支付违约金。第二十五条规定,除本法第二十二条和第二十三条规定的情形外,用人单位不得与劳动者约定由劳动者承担违约金。即只有在规定约定服务期的条件下才能约定由劳动者承担违约金。这是我国第一次从法律上比较明确地规定了劳动合同违约金的适用情况。如有违反,第八十四条第二款规定,用人单位违反本法规定,以担保或者其他名义向劳动者收取财物的,由劳动行政部门责令限期退还劳动者本人,并以每人 500 元以上、2 000 元以下的标准处以罚款;给劳动者造成损害的,应当承担赔偿责任。因为本案发生在 2007 年《劳动合同法》公布之前,当时单位可以劳动者的行为违反合同约定、侵犯单位利益为由,要求劳动者支付违约金,通过加大劳动者选择新机会的成本的方式,留住人才,也可以将原来的投入收回,减少企业的损失。本案例中的用人单位在与劳动者的劳动合同中无相关约定,且丈夫依法提前提出了解除劳动合同的要求,提出调动的行为没有给用人单位带来直接的经济损失,单位无权干涉,更无权以妻子的劳动权来进行“留人威胁”。仲裁委员会认为,用人单位的行为违背了《企业职工奖惩条例》和双方的劳动合同的规定,虽然仲裁结果解决了问题,维护了当事人的权利,但仲裁委员会所关注的焦点并没有涉及妻子所拥有的、被用人单位行为严重侵犯了的、作为公民宪法权利之一的权利——劳动权。这仍然是法律尤其是司法和执法中的性别盲点。

(二)惩罚性解雇权及其滥用

本案仲裁中以单位未与当事人解除劳动合同作为保护当事人工作权的一个理由,相当有道理。解雇指雇主单方解除劳动合同的行为,是雇主用人自主权的体现之一。本案中用人单位实际上变相地滥用了惩罚性解雇权,惩罚性解雇是指劳动者有严重过失的情况下,为了维护企业的生产经营秩序,以对劳动者进行惩罚、恢复企业秩序为目的而进行的解雇。惩罚解雇的法理依据,源于 19 世纪欧洲把企业作为一个经济组织和社会组织的理解。也就是说,解雇是雇主，或者说用人单位单方发出的需接受或者送达雇员的意思表示，通过这个意思表示来终了未来的劳动关系。解雇是一种单方处分行为，这种单方权利的行使不以雇员的同意为要件，故对相对人的影响非常大。对解雇是否应该进行立法限制，以及如何进行立法限制，在理论上一直是有争论的，归纳起来，主要有"解雇自由说""权利滥用说"和"正当理由说"这 3 种学说[①]。而法律通常会采取各种方式限制雇主单方解除劳动合同的自由。这是因为，劳动者在劳动关系中处于弱势地位，对雇主有明显的从属性，在劳动关系中处于服从和被管理的状态，其自身争取合理的权益时往往力量有限；而解雇是劳动关系的终了，其发生会对劳动者生活的方方面面产生影响，于是法律代表国家对劳动关系中弱势的劳动者一方给予适当的保护，通过各种措施限制雇主的解雇行为。

（三）女性劳动权与婚姻权的纠结

夫妻本是各自独立平等的劳动就业主体，因一方的调离而剥夺另一方的劳动权是违反《中华人民共和国宪法》《劳动法》的立法宗旨和精神的。在很多单位的政策中，虽只言明夫妻一同调离，未明确表示是女性随着男性调离，但在实际生活中，绝大多数情况是因丈夫调离，妻子被强制解除劳动合同，在高校、科研机构以及大型企业表现得尤为突出。

据了解，同样曾在这家科研所工作的刘某、于某夫妇，遇到的情况与王某夫妇如出一辙。刘某在 2002 年 10 月入了清华大学博士后流动站，于某也因此被企业强制调离，在清华大学做临时勤杂工。曾在河北某高校工作的王立敏、钟某夫妇也有相似的经历。2003 年，因丈夫王立敏在北京进了博士后流动站，妻子钟某失去工作。该研究所负责人说，这实在是为防止人才流失的无奈之举。

深究这种现象发生的原因，就要求我们必须具有超越文本、联系实际来观察生活的能力。为什么在夫妻一体的看似无性别差异的政策下，总是妻子的权利被丈夫吸收？出现这种局面的社会根源让人深思。

第一，男强女弱的婚姻观影响深远。在婚姻关系中，传统的观念是男性要在各方面都比女性强，而女性一旦强于男性，就会被认为"家庭失衡"。在上述案例中，几对夫妻的现状都是如此。王某仅是转业退伍军人，从事没有任何技术含量的物业工作，而刘某在结婚前就是一名大学生，受过高等教育。在建立婚姻之初，男性就比女性拥有更多的社会资源。另一对夫妻中，妻子是工人，

---

① 黄越钦．劳动法新论．北京：中国政法大学出版社，2003．

丈夫是技术员。

第二,“男主外、女主内”内化为女性的固有意识。受“男主外、女主内”思想的影响,女性在婚姻中不再努力争取社会层面上的发展,往往选择一心扑在家庭事务中。正如当事人所描述的一样,她对于自己数十年的工作历程的印象就是上班时不停地走来走去,下班后带孩子、洗尿布、买菜。在讲述中,她们的话语集中在孩子身上,孩子的成长是她们的快乐。但与此同时,男性就不同了,他们的关注点是工作,不断地在社会上拓展着自己的空间。妻子关于家庭生活的讲述中没有丈夫的身影,当她埋头于家庭事务时,丈夫在搞革新、发明。就像登台阶一样,女性在每一个阶段都少登了几阶,最后当夫妻被一体看待时,女性的人格权利就会被比自己强的丈夫的人格权利在事实上“吸收”了。

第三章　性别与身份:家属工、临时工的养老保障

在过去的数十年里,我国在用工形式上一直存在“正式工”与“非正式工”的“二元用工”区隔,俗称“铁饭碗”和“泥饭碗”。其中,“临时工”是“非正式工”的主要形式。“临时工”是企业或单位临时雇佣的员工,这类员工在时间上具有临时性,在工作上具有辅助性和边缘性,在工资待遇上具有廉价性,并且工作不稳定,没有养老保障,稍有不慎就可能失业。尽管《劳动法》和《劳动合同法》都明确取消了“临时工”这一不规范的称谓,可这一临时而短期的辅助用工形式不仅没有消失,反而更加“壮大”起来。有人戏称,“临时工”是用人单位的“省油灯”“防波墙”和“替罪羊”。不仅许多企业热衷于招聘临时工,一些事业单位和执法部门也都以协管员、借调人员、短聘人员等多种名目纷纷招用临时工。但是临时工的权利却少有人研究。其中,“家属工”就是以家属身份工作的“临时工”,她们的身份具有交叉性。美国女权主义学者 Susan Standford Friedman 提出了“社会身份疆界说”,她认为,一个人有多重社会身份,应该探讨“社会性别是怎样同社会身份的其他组成成分互相交叉、互相作用的”“多重社会位置论的话语表现要求把社会身份作为许多互相依赖的可变系统的产物来进行交叉分析”①。临时工的边缘性、家属的从属性身份奇妙地构成了一种歧视重叠与交叉,她们遭遇了诸多权利问题,但值得欣慰的是她们中有一部分人找回了部分失落的权利。就这一话题我们选取了 4 个案例,其中有两个案例是关于家属工的——她们经过多方的权利争取,终于在老年时,得到了基本养老保险。但另一个案例的当事人就没有那么幸运,她在一所中学做了 30 年临时工,没有养老保障不说,就连争取一间遮风挡雨的棚屋也成了奢望。

① 王政,杜芳琴.社会性别研究选译.三联书店,1998.

案例 8 养老保险——谁为计划经济时期家属工买单

一、案情简介

本集体上访案当事人由 147 位家属工组成，其中女性 146 人，男性 1 人，分属原陕西军工企业秦川机械厂（以下简称秦川厂）的关山机械厂（以下简称关山厂）。他们的基本诉求为养老保障。“家属工”实际上是“随夫工”的代名词，是我国计划经济时代的一种特殊的性别就业制度。在 20 世纪 70 年代末到 80 年代初期间，国家落实知识分子政策，解决了夫妻两地分居问题并弥补了在“农转非”政策背景下正规就业中劳动力的不足，部分秦川厂和关山厂职工（多为该厂技术骨干）的配偶得以从农村进入城市。由于当时的就业以男性为主体，上述“配偶”基本上是一个特有的“妻子”群体。这些原本在农村耕作的女性带着对城市生活的向往和与丈夫团聚的喜悦，退还了农村耕作的土地，离开了熟悉的农村，来到了丈夫身边。同时，她们中大多数人的户口也由农村迁往城市。此后，她们被安排在丈夫所在单位从事临时的辅助性工作。一段时间后，国家出台了配套政策鼓励兴办劳动服务公司（大集体），规定下设各类分厂，于是上述女性大多被安排在了这里。依据当时的政策法规，这些女性只领取远低于正式工的工资，没有任何社会福利及保障，虽然在这里干了 3 年到 23 年不等，有的有劳动合同，有的什么也没有，但基本没能履行正式的招用手续。

在 20 世纪 80 年代末至 90 年代初期间，经济体制改革不断深化。1992 年，国家推行全员劳动合同制；1995 年，《劳动法》实施。以上措施本可以解决这些家属工尴尬的“临时”处境，然而因法律执行以及当时企业经营状况等方面的原因，她们依然没能和企业签订劳动合同。由于她们年龄偏大，企业在 1995 年以后又逐步将这些家属工辞退；她们所工作的大集体也几经周折，在企业变更中灭失、无从查找（原关山厂和原秦川厂相继宣告破产）。在企业破产的过程中，这些女性由于没有被列入破产安置范围，因此没有得到任何补偿。她们从此没有任何收入和保障，生活十分窘迫。目前，她们大都年过六旬，依照现有法律法规，已不具备参保条件，无法享受养老、医疗保险等待遇。而且她们大多数人与家人一起生活，家庭平均收入高于陕西省的规定标准，不具备享有最低生活保障的条件。她们成了一群“无人问津”的“脱养”“脱保”老年妇女。多年来，她们四处投诉、上访，先后到陕西省国防工办、陕西省信访局、陕西省人大办公厅、陕西省总工会、陕西省兵工局、陕西省劳动仲裁委员会、陕西省劳动保障厅、陕西省妇联、秦川厂、西北工业大学妇女发展与权益研究中心等二十多家单位的相关部门求助。2007 年年初，在接到这起复杂的上访后，西北工业大学妇女发展与权益研究中心与陕西省总工会、省妇联、省劳动学会、省法学会召开了各种会议专项研讨，通过各种提案、政策建议等多种方式，多方协作，国家大的养老新政策普遍落实，最终促成陕西省政府 2009 年出台了陕政办发[2009]86 号文件，终于政府出面，为社会主义计划经济时期的遗留问题买了单，解决了家属工的基本养老问题。[①]

二、维权过程与观察

这些老年家属工来找西北工业大学妇女发展与权益研究中心咨询时，拿着当年军工厂老旧的出门证，想以此证明她们与当年服务的工厂血肉相连的关系。按照这些家属工的说法，她们是“80 年代初落实党的政策，解决科技人员、老工人、老技师及生产、管理骨干人员夫妻长期分居两地问题时，将户口由农村转为城市户口的群体”。

当年她们是那样地兴奋，一方面享受到党的政策的温暖，同时也为她们的丈夫——企业的科技人员及骨干人员——安心踏实地工作创造了生活上的条件。当然，不是每一个家属工进入城市的情况都完全相同，但她们是当年的政策的受惠者却是不争的事实。

(一)当事人陈述

“我 1969 年从陕北来到这里，爱人在秦川厂的后勤部门工作，是骨干。”

“我是 1987 年从农村(礼泉)转来的……我爱人是会计师。”

“我爱人在厂里是技术科的工程师，1982 年的时候落实政策……因为爱人在秦川厂，所以 83 年春节以后我就来到秦川厂。”

不论这些女性是何时从农村迁往城市的，最初的起因都是因为“妻子”这样一个身份。中国传统文化主张“嫁鸡随鸡，嫁狗随狗”，随夫居住是主要的婚嫁模式。而社会主义的雨露将随夫居住变成了“随夫工”，尽管身份比较尴尬，工作较苦较累，收入也不高，但家属工却是当时一种比“一头沉”(家属子女在农村)更好的生存选择。她们大部分从事服务性的辅助工作。根据这些“家属工”提供的情况，她们在企业分别从事清洁、杂工、炊事员、保管、门卫、缝纫、化工和装配等工作。这时她们的身份不仅仅局限于“妻子”，同时还是一名企业

① 本案例为西北工业大学妇女发展与权益研究中心法律援助案例。

"工人"。尽管她们从事的工作是边缘性的,她们获得的工作带有"随夫"色彩。但说到不明不白地丢了工作,她们仍很伤感。

"在1981年3月16日的时候,厂里安排我到服务公司做临时工,一直打扫卫生,大概到2005年4月30日连续工作了24年。因为户口不在西安,不让我转正。"

"(我)大概1983年进到秦川厂,1985年的时候户口转到了厂里,一直扫地。又于1998年的时候在铁红厂干了将近5年。"

"(1987年)我来了以后就进了服务公司做清洁工……1995年以后我又看门,在厂汽车公司二分厂,一直到2003年。"

"83年春节以后我就来到秦川厂,就作为临时工在食堂开票,开了1年。1年以后为了照顾孩子,就去扫地……一直到2006年的2月底。"

"大概在1995年的时候厂里不要我们了,大家都被裁了。"

"(我们)进厂被组织安排在厂和厂服务公司干临时工,连续干了十几年和二十多年,1995年后随着我们年龄增大,才将我们先后辞退的,虽然当时没有签订劳动合同,但由于劳动关系自然形成劳动合同关系,辞退时口头通知了,辞了后,什么待遇和经济补偿也没有,这就严重地侵害了劳动者的合法权益,违背了劳动合同法,使我们这些年老失去劳动力的老年人生活立即陷入了困境。"

"我在这里工作了23年……现在生活很困难……什么都没有了,我就很想不明白。"

"2002年厂破产了,服务公司现在还存在,临时工不用了就让我们回去了。"

"我一直连个低保也没有,找到社区没有解决,我们在农村的土地也被没收了,又失去了劳动能力,身体还有病,不敢去医院。我们现在不要求很高,只希望能给点低保,维持我们基本的生活,给点生活费,有一点生活的保障。"①

谁能为这些老年妇女撑起一片天呢?

六十多岁的李姐是带领大家上访的领导者之一,如今她依然干练,让人能想象出当年的风风火火。她与大家有所不同,一方面她是从社办企业调入的,另一方面她还有过劳动合同。

"我初中毕业,一直担任长安五星公社企业办负责人(从1971年到1986年转户口前)。1986年的时候,为了照顾爱人,我农转非调到了关山服务公司(组织调动),该公司一直没有接受我的调令,原因是当时调动的人太多,转了有108户(国防公办落实政策),厂里内部就下文增加了一条'36岁以上的一

① 根据当事人到西北工业大学妇女发展与权益研究中心多次咨询的录音整理。

律不准转入大集体',我去的时候刚好38岁,就没能调成。厂里就安排我到服务公司,成为搞皮革的负责人,后来皮革疲软后我就到铝铂厂去做检验工,一直到1998年。1998年以后,我又到厂的印刷厂搞外协,那时候印刷厂的负责经理叫××,一直干到2000年该公司破产。"

"我的合同是1990年在皮革厂的时候签订的。1987年开始就扣公积金和养老保险金了,一直扣到1998年,最后也没个结果就不了了之了。我先后找了长安区劳务局、市劳动局、市委、人大、劳动局、国防办、法律援助中心、省委、国资委。其中劳动局和省委去了8次,市委去了4次,国资委去了1次。人大说我们破产前在厂里,那么厂里的做法就是错误的,只要我们在那里哪怕是一天也得解决。他们说厂里破产后私自把东西拍卖,相当于卖我们的饭碗,说我们可以上告,因为厂里的集体财产,三产人员是应该人人有份的。我说我们不懂政策,也不会写材料,人大就介绍我们到法律援助中心,李小梅科长接待了我们,把我们带到西安市中级人民法院对面帮我们写完了材料。但是写完后,我们问那个写资料的年轻人该怎么办了,那个写资料的人说叫我们找机关,我们不知道找谁,他就叫我们又回去找李小梅。李小梅说让我们去找省工会,去了省工会以后接待我们的张律师说2006年的时候还有文件能申请养老保险,现在已经迟了一年。我们从2001年开始就寻访,一直没找对机构,所以导致错过这次机会。张律师就推荐我们可以去申请最低生活费,我找了省、市劳动局,但是国家政策是人均生活费200元以下才能得到,我老头工资790元,超出了,我家三个人吃低保靠不上。2006年7月的时候,我做了心脏手术,加了2个支架,花费了6万元,而且低保不存在医疗保险的问题,我的路就走不通了,现在什么也没有。"①

(二)维权过程

鉴于这个案子拖延时间长,涉及群体大,找的上访单位多,且政策性很强、无法进入法律程序,西北工业大学妇女发展与权益研究中心打算召开一个专题案例研讨会,将各方的意见集中起来,采用行动研究方法②,让上访者和被上访者有一个面对面表达的机会,并尽可能形成一个会议纪要;再根据大家的

① 根据当事人到西北工业大学妇女发展与权益研究中心多次咨询的录音整理。

② "行动研究"兴起于20世纪三四十年代的美国,在1933—1945年间,约翰·寇勒(John Coller)等人在研究如何改善印第安人与非印第安人之间的关系时提出。他们认为,研究的结果应该为实践者服务,研究者应该鼓励实践者参与研究,在行动中解决自身的问题。行动研究是将科学研究者与实际工作者之智慧与能力结合起来以解决某一事实的一种方法。行动研究旨在提供社会具体情境中的行动质量,是对该社会情境的研究。行动研究的宗旨是"共同讨论,改进实践"。

意见，利用参会者的不同资源（工会、妇联、劳动部门、学会不同的部门），采用送阅件、情况反映、社情民意等多种提案综合的方式通过多个渠道向上级反映情况，争取推动政策性改进。

1. 案例与政策研讨

以下为西北工业大学妇女发展与权益研究中心发给被上访者兵器工业局信访办负责人的秦川厂案例专门研讨会邀请函（部分）。

《劳动合同法》将于2008年1月1日开始实施，这部法律的实施一方面将有助于对劳动者权益的保护，另一方面也将现实中大量存在的涉及劳动者权益的遗留问题的解决提上了议事日程。省妇联在信访中接触到秦川机械厂的上访人员，她们的基本情况如下：20世纪70年代末到80年代初，政府为了落实知识分子政策，解决夫妻两地分居问题，将部分职工的配偶从农村户口转为城市户口，并安排在企业从事辅助性劳动。20余年过去了，这批女性已全部退出工作岗位，但没有或只有很少的生活费用。连续不断的投诉、四处求助成了她们的生活核心内容。妇联感到她们的问题比较棘手和复杂。我们中心一直关注劳动权益问题研究，因此妇联希望我们中心能予以协助。但秦川厂问题涉及政策的方方面面，也涉及政府和企业的财力，为了研究这类问题的解决思路，我们中心决定组织一次专家讨论会，您在这个领域有很多实践经验和理论研究，我们诚恳邀请您参加，我们希望通过这个研讨会，听取各位专家的见解和意见，以期用集体的智慧寻找缓解这一问题的策略，盼予以支持。（附案件材料）

在讨论会上各方发表了意见，被上访单位首先表态，本着积极的态度，想办法解决这些家属工的问题。

以下为被上访单位人力资源部代表的陈述。

“我受单位党委书记委托而来，企业很重视这些上访，参考过很多法律。第一个介绍法律主体情况：原关山厂1997年破产，人员分三部分安置，一部分去213研究所，一部分在204研究所，还有一部分在秦川厂，后勤离退休人员交给我们，但是法律责任不归我们。而秦川厂2003年宣告破产，2004年法律程序终结，我们企业负责破产后上岗员工的安置费问题，但对后勤离退休人员等属代管，国家下拨了3年代管费用，但后续政策还不明了，服务公司从法律地位上是独立的。第二个讲用工：我们也参阅临时工文件，一是不超过一年，二是要公开招聘，我们也搞不清楚她们的用工身份，至于是谁调来的等无单位备案，我们认为无政策依据，我认为应严格按照法律程序，我们企业也曾用过大量的农民，感觉这些人的情况都一样，这是一个社会问题，不只是企业问题。

这样的用工该如何界定是关键。”

招工只是解决户口问题，不是工作问题。她们没有档案，没有签劳动合同，未经严格招聘手续，用工时也许是工头临时叫来干活。目前各个企业都存在不规范的情况。这些人是职工家属，只是把她们叫来干活，叫家属工。临时工也有备案，只是安排在服务公司，她们是事实劳动关系，各个企业都有。现在和以前都一样。

部分人被劳动部门批准进入大集体公司，按照计划招工指标。

我们领导也很重视她们的情况，我们是住陕央企，每月向北京反映各种不稳定因素，建议大家也能帮忙呼吁这个问题，大家要合作起来，集体单位将困难群体分类统计，向上反映，国家所有困难群体一视同仁地解决。有的省的单位这些问题已经解决了，我们相信我们的问题也能解决。

参会的劳动行政部门专家认为，家属工养老金是历史遗留问题，在全国比较普遍。计划经济时期，国有企业为了解决“半边户”“一头沉”的困难，给职工家属创造了许多劳动机会，出现了既不同于“正式工”也不同于临时工的“家属工”。数十年过去了，随着计划经济向市场经济的转型以及企业改革力度的加大，就业政策发生了根本性的变化，“家属工”这种用工方式已然消失。随着国家改革的深入，更多企业关、停、并、转。劳动者养老保险也由过去的企业发放退休金改为社会统筹养老保险。针对家属工养老金诉求，企业一般认为没有义务，也没有能力支付，这就导致这笔费用没有来源渠道，对家属工只有同情，没有能力帮助。这个问题需要政府来解决，但在国家没有具体的政策规定前，解决这个问题不现实，也不可能。

实际上，在国家用工制度中，从来不存在“家属工”这一类别。这是有些单位为躲避劳动计划监督，以达到多招工人这一目的而立的名目。家属工不算长期固定工，实际上就是临时工（或合同工、季节工）。当时，全民指标要到劳动部去要，再由劳动部根据统计数据下发名额。指标陆续分解到各个局，各局分解到各个厂，然后拿指标到招工办，有的人无档案可查，集体的指标是由市场定的。劳动服务公司一时兴起，后来被定为集体单位。劳动服务公司一旦成立，就是独立法人，资产从原有的企业剥离，让劳动服务公司自负盈亏。

陕西是“劳动服务公司”这一用工形式的最早试点省份，在这方面也曾对国家的劳动保障实践方面有所贡献。但要解决遗留的家属工的问题，关键在于以下两个方面。第一，身份一定要确定。当时可以作为证明身份的资料是什么？本来就用工和管理不正规，不可能要求证明材料很正规。第二，秦川厂、关山厂交后勤管理时，是以什么身份交付的，不能只用现在的政策说以前的问题,最终要解决谁算钱的问题。第三,改革中的盲点应该逐步消除。以后要继续解决这些问题,先是国有企业,再是集体企业。尤其是解决过去有贡献的老人的养老保障问题。

因为不断有人寻找工会解决困难,陕西省工会对于这一问题也更加关注。目前,全省对家属工这类人员无统一统计数字,但据工会目前的不完全统计,省内家属工至少有 6 000 人。陕西省工会代表认为解决他们的问题主要有两个障碍。一是身份界定。政策目前涉及的只是国有、集体企业,其余的还没有涉及。但要公平对待,为了和谐社会,也为了她们老有所养,这是一个趋势,连农村都开始办理低保,这些人确实做了很大的贡献,但目前无明确的法律,仍需各方爱心协助,以促进政策出台。二是假设劳动服务公司是集体企业,有的人 50 岁不到,怎么能纳入社会保障的群体?目前这个群体仍是鱼龙混杂。现在将家属工纳入正式的社保是不可能的,因为她们有的人年龄超限,有的人年龄太小;现在考虑的是,能否将其纳入最低社会保障。陕西省根据国务院的规定,出台了一个有关最低社会保障的办法,但未将这个群体纳入,而山西省将其纳入了规定。因为各省执行政策情况不一样,所以不难为企业,也不难为社保单位。只要政策合理,问题就可以迎刃而解。陕西省工会提出的议案得到了省政府的重视,但是社保和民政部门目前尚无有效协调,陕西省工会希望能提出更好的意见。这个个案是在今天来追诉十几年前的事,程序能否衔接上是一个很大的问题,如果与临时工衔接不上,那么纳入城市低保是很合适的。

大家一致认为,当前解决家属工的养老保障问题条件还不成熟。这个问题单从法律上、程序上来解决是非常困难的,必须寻求政策上的解决途径。大家可以从不同的渠道打一个报告,提出建议和议案,通过各个部门协作,努力将这个群体纳入社会保障,即使是最低社会保障,也是一种巨大的进步。

尽管没有讨论出最终的办法,但参会的家属工却很感动,因为他们知道这么多机构都在关注他们,也在积极地想办法,参会的各专家也将在本职工作中努力促进问题的解决。

之后的两年,大家通过政协、人大提案、政府联席会议,劳动保障部基层调研交错等多种方式,促进这一问题的解决。

2. 两会提案

西北工业大学妇女发展与权益研究中心主任郭慧敏教授联合陕西省妇联、工会部分政协委员提出的 2008 年政协提案《解决无养老保险人员的城市最低生活保障待遇的建议》有下述内容。

省妇联、省工会在信访中接待了秦川机械厂、关山机械厂以及原火车站、原五七连的家属工的上访人员，她们的基本情况如下：20世纪70年代末到80年代初，政府为了落实知识分子政策，解决夫妻两地分居问题，将部分职工的配偶从农村户口转为城市户口，并安排在企业从事辅助劳动。20余年过去了，这批女性在企业转制中已全部失掉工作岗位，但没有或只有很少的生活费用。依据当时的法律政策，她们是临时工身份，除了领取远低于正式工的工资外，没有任何的社会福利及保障。1992年国家推行全员劳动合同制，1995年《劳动法》的实施，本有机会扭转她们尴尬的处境，但因法律执行、企业经营现状等诸多原因，她们仍然没有能够与企业签订合同，成为合同工人并在达到退休年龄时享有社会养老保障。而后来她们所在企业因多种原因，或转制，或经营不善，早已停产、破产或者资产重组了。时至今日，她们中大部分的人超过了60岁，已丧失了参加社会保险的条件，加之没有任何收入，生活窘迫，少部分人生活尚可的，也全部依赖的是丈夫或者子女的收入。她们经常到有关部门上访，上访了多年。连续不断的投诉、上访、四处求助成了她们的生活的主要内容。她们现在面临的主要困境如下：

(1)原工作的企业已经停产、破产或者是资产重组，在停产、破产或者是资产重组的过程中，她们所在的劳动服务公司关闭，她们本来的临时身份在全员劳动合同制中被忽略、被挤压掉了，导致她们最严重的问题是养老没有保障，现在再提起权利保障问题，当时的责任主体也已经不存在了，也没有任何资产可供解决他们的遗留问题。

(2)她们多数已年过60岁，依照现在的相关法律法规之规定，已经不具备参保的条件，无法享有养老保险、医疗保险等待遇。

(3)按照陕西省现有的申请最低生活保障费的规定，是以申请人家庭的平均收入作为判断标准的。她们中大部分人与家人一起生活，家庭平均收入高于陕西省的规定标准，也无法享有最低生活保障。

因此我们建议：

家属工纳入社会保障体系的必要性与紧迫性日益体现出来。通过对家属工社会保障现状及其成因的分析，我们认为解决家属工养老保障问题的核心在于政府，政府应尊重历史，担负起家属工的养老责任。针对现实问题，对于家属工养老保障法律问题的解决现构思如下：

(一)基本方案——将家属工无条件纳入低保

年龄超期、权利相对主体多已灭失、大部分诉讼已超过时效等法律事实导致家属工的身份界定问题无法解决，导致将家属工纳入我国正式的社会保险体系在现实上不可能。但家属工是过去的劳动者，她们对国家发展做出的重大贡献不容忽略,她们的养老问题也不能不予解决。为了维护社会公平正义,维护公民合法权益,笔者认为应该将家属工无条件纳入社会救济体系,即享受城市居民最低生活保障,不再计算家庭平均收入。

(二)法律依据

将家属工纳入社会救济体系,即享受城市居民最低生活保障,不再计算家庭平均收入的法律依据,笔者认为主要有以下四项。

(1)《妇女权益保护法》(1992年)。"国家发展社会保险、社会救济和医疗卫生事业,为年老、疾病或者丧失劳动能力的妇女获得物质资助创造条件。"

(2)《中华人民共和国老年人权益保障法》(1996年)。"老年人有从国家和社会获得物质帮助的权利,有享受社会发展成果的权利。"

(3)《关于切实做好企业离退休人员基本养老金按时足额发放和国有企业下岗职工基本生活保障工作的通知》(2000年)。"未参加社会保险而又停产多年的,其退休人员和下岗职工直接纳入城市居民最低生活保障范围,按规定享受最低生活保障待遇。"

(4)《关于贯彻国务院8号文件有关问题的通知》(2000年)。"对于未参加社会保险且已经停产多年、无力交费的集体企业不再纳入养老、失业保险覆盖范围,其退休人员和下岗职工直接纳入城市居民最低生活保障,按规定享受最低生活保障待遇,具体办法由各地民政部门会同劳动保障、财政部门研究制定。"

3. 省政府与省总工会联席会议

2007年12月12月21日下午,陕西省政府与省总工会举行第十八次联席会议,就提高生产一线职工收入水平、解决集体企业无养老金退休人员生活保障、加强对劳动法律法规执行情况监督检查三项议题进行了讨论和协商。陕西省委副书记、省长袁纯清,省委常委、省纪委书记、省总工会主席郭永平,省委常委、副省长洪峰出席会议。① 省总工会提出了《尽快消除部分集体企业无养老金退休人员无条件纳入城市最低生活保障的政策障碍》建议案,内容如下:

事由:

由于企业原因没有为职工交纳过养老保险,西铁局西安西站原五七连约600名老人、秦川机械厂(含原关山机械厂)过了退休年龄的200余名家属工,

① 陕西日报2007年12月22日新闻《省政府与省总工会举行第十八次联席会议》. http://bbs.dongfeng.net/forum.php? mod=viewthread&tid=197026,2009年1月4日访问。

以及西安市莲湖区服装一厂、二厂、蔬菜公司下属某菜场数十名无退休手续的人员,还有许多遭受同类情况长年游走于各个信访部门的个体上访者,反映老无所养、待遇不公的问题。在这个特殊群体中,"年轻"的六七十岁,年长的已过九旬,他们以不同的方式为这个社会贡献一生,如今却没有生活来源,由配偶或者子女供养。尽管其中也有少数人被纳入了城镇最低保障,但最多也只是微薄的"差额低保",这对于她们的生活来说如同杯水车薪。

障碍:

陕西省当时没有对国务院国发[2000]8号文件《关于切实做好企业离退休人员基本养老金按时足额发放和国有企业下岗职工基本生活保障工作的通知》、劳社部发[2000]13号《关于贯彻国务院8号文件有关问题的通知》的要求做出具体反应。

虽然2006年7月27日,陕西省人民政府陕政发[2006]27号文件《关于完善职工基本养老保险制度的实施意见》中规定:"对于长期中断基本养老保险关系以及未参加基本养老保险统筹,且已经没有生产经营能力、无力交纳基本养老保险费的集体企业,不再纳入基本养老保险统筹范围,其退休人员和下岗职工直接纳入城市居民最低生活保障范围,按规定享受最低生活保障待遇。"

但在实际施政过程中,主管城市低保工作的民政部门则认为,根据我国《城市居民最低生活保障条例》(简称条例)的有关规定,"低保"发放的对象是城市居民,退休职工申办"低保",应同其他困难居民一样,其家庭成员人均收入低于最低保障线的可给予差额补助,也就是说这些退休职工不能直接享受全额"低保"待遇。再说,条例的法律效力高于文件,不能把这些人不加区别地纳入全额低保的范围。

建议:

(1)国务院8号文件是针对社会保险统筹存在的问题而制定的具体政策,是对因企业未参加养老保险统筹而不能享受退休养老保险退休职工的一种经济补偿。尽管补偿的数额远小于他们应得的退休金数额,但这是国家维护社会稳定的重要措施,地方政府应无条件地遵照文件规定,给他们按城市"低保"足额标准按月发放"生活费"。

(2)应正确理解条例和国务院、省政府文件的立法本意和出台背景,站在贯彻落实"以人为本""执政为民""构建和谐"的立场的角度,不应人为地将条例和文件对立起来。实际上,只须政府颁布或修改地方的"低保实施办法",即可解决法规与政策的衔接问题。

(3)按《劳动法》规定，这些退休工人本应享受社会养老保险的法定待遇，未参保的原因是由于企业经营管理不善和政府行政监督不力，对此，退休工人并没有责任，不应承担后果。在目前社会保障体系尚未完善的情况下，根据有关文件规定，不论这批退休工的户籍何在或经济状况如何，按照最低保障标准按月发放“生活费”，是保障这些职工最基本权益的务实之举。

(4)当务之急是尽快摸底调查，弄清底数，以便政府从参政角度决策。①

2009年6月19日是家属工们永远铭记的一天。这一天，在各方的努力下，陕西省人民政府发布了陕政办发[2009]86号文件《关于解决未参保城镇集体所有制企业超过法定退休年龄人员基本生活保障问题的办法》(以下简称《办法》)。

《办法》规定基本养老金的发放对象为，曾在陕西省工商行政管理部门注册(或经原县级以上主管部门发文正式设立)、长期中断基本养老保险关系或未参加基本养老保险统筹、且已没有生产经营能力、无力交纳基本养老保险费的城镇集体所有制企业(含厂办大集体)中同时符合以下条件人员。个人一次性交清费用后，按月发放养老补贴。具体规定如下：

(1)经原县级以上劳动行政部门或有关行政部门办理正式招工录用手续，按规定计算的连续工龄满10年的人员；或招工手续不全、但有明确的档案记载及能证明其工作经历的其他原始资料，经认定在原企业工作时间满10年的人员。

(2)2008年12月31日前男年满60周岁及以上、女年满50周岁及以上人员。

(3)具有我省城镇户籍。

凡同时符合上述第(1)项、第(3)项规定条件，截至2008年12月31日，男年满55周岁至60周岁(不含)、女年满45周岁至50周岁(不含)的城镇集体企业人员，应积极参加城镇企业职工基本养老保险；确需通过本办法解决基本生活保障问题的，可在男年满60周岁、女年满50周岁时，按本办法的规定交费后享受养老补贴和相关待遇。

交费标准如下：

2008年12月31日前年满70周岁及以上的人员按10 000元交纳；70周岁以下的人员在10 000元的基础上，按其与70周岁每相差1年(相差不足1年的，按1年计算)增加1 500元交纳。

待遇标准如下：

① 此建议稿为陕西省总工会困难职工帮助中心张玉林律师提供。

对交清费用人员,按月发给每人每月480元养老补贴,并参照企业退休人员标准发给冬季取暖费;养老补贴标准适时调整。在按月领取养老补贴期间死亡的,从其死亡的次月起停止支付养老补贴,并参照企业退休人员标准支付死亡丧葬费;若本人交纳的一次性费用在支付以上相关待遇后仍有余额的,余额退还给指定受益人或法定继承人。

至此,家属工的养老问题得到了基本的解决。虽然每月只有480元的养老补贴且不是正式的养老退休工资,但已高于当时的陕西省城市低保的平均285元。这样的结果也让家属工们基本安心了。

三、本案分析

这是一个难得的通过政策解决历史遗留问题的案例。我们之所以关注它,是因为家属工这一群体经历了社会转型前后两个时期的歧视。转型前,她们经历的是用工制度下的性别与身份的歧视,这种歧视与照顾纠缠在一起,有点说不清道不明,家属工来求助时也有点不好意思,好像她们告单位有点忘恩负义。而转型后,她们遭遇了养老保险的身份和性别歧视。从身份上说,她们还不如临时工。从性别上说,她们是工人和家属之间被架空的……曾经,她们自以为比那些农村来的临时工"有身份",因为那是她们"当家人"(丈夫)工作的地方。嫁了丈夫,也就"嫁"给了工厂,加上丈夫能干,自己才被招成家属工,虽然比正式工身份低,比那些大学毕业分到厂里坐办公室的女知识分子身份低,更比那些顶替进工厂的"工二代"身份低,但却比当年一起长大的小姐妹风光。但是后来,她们嫁了好丈夫、进了城,年迈后却没有任何保障,反而不如那些当年守着农村、有房有地的姐妹。被歧视的感觉是比较出来的。当然,这些家属工没有说出"性别歧视"这么学理的词,也不一定知道国际通行的歧视是区别、排斥和限制,而结果是影响了被歧视者的平等权。最终,她们得到了一个基本公平的结果,尽管这个结果仍然在正式的社会统筹的养老退休工资与城市低保之间,仍然是模糊的身份,模糊的待遇,但终于也有了一点实惠,已经远远高出了她们的预期,她们知足,给政府和帮助过她们的工会、妇联及我们这样的高校研究机构送来锦旗,表示感谢。

当初,我们对于这个上访案,主要采取权利救济的思路。但是,她们是一群在法律的边缘地带身份模糊的人,与用人单位的劳动关系也不明确。若要从法律程序上救济,无论是劳动仲裁还是诉讼,均必须以劳动关系存在为前提;倘若没有劳动关系,救济便无从下手。但政府出面,出台一个政策,一个财政拨款,这一问题就解决了!用行政方法解决权益问题,虽然不太"法治",却真的“管用”。或者说,这一案例的启示在于:政府只要勇敢地承担责任,那么就会在性别歧视的禁止和纠正上大有作为。但作为法学研究者,笔者还是持有以下观点:除了特殊情况,政府应尽量少以政策作为主要的调整手段。因为政策具有灵活性、即时性,但同时有不稳定性。为了中国公民的法治信仰,需要加强法律的权威性。但是,这一案子却不同于本案例的家属工歧视问题,具体分析如下。

(一)家属工作为“家属”的从属性

“家属工”是介于“家属”和“工人”之间的一种特殊身份,是“随夫工”带来的性别与身份政治。她们的身份首先是家属,其次才是工人。因为落实各项“农转非”政策的目的是照顾有贡献的丈夫,解决夫妻分居两地问题和丈夫的生活照顾问题。这是一种主要针对男性的照顾政策。“家属”一词是指“相对于一家之主的职工而言的附属家庭成员”,在日常生活中被人们习惯性地使用。由于就业以男子为主体,“家属”几乎专指妻子。家属工是我国计划经济时代为了弥补正规就业劳动力不足,才附带照顾正式职工家庭经济困难,安排家属有限制就业的一种非正规就业制度安排。当时国家落实知识分子政策并解决夫妻两地分居的问题,各行各业先后兴起一系列由知识分子家属、职工家属、军属组成的生产组织。随夫居住的家属们响应号召走出家庭,长期从事各项生产经营活动,成为了当时我国劳动生力军的重要组成部分。

(二)家属工作为工人的临时性、辅助性和边缘性

“家属工”本身是职业边缘化的产物,是多次被社会边缘化的弱势群体。家属工的文化程度普遍不高(平均不到初中水平),在我国“教育是就业的前提条件”的情况下,她们在就业中不具有竞争性。而“婚姻”在某种程度上,是她们的一种生存手段。依据计划经济时期的法规政策,“家属工”是计划外用工,她们除了领取远低于正式工的工资外,既没有任何的社会福利及保障,也没有正式的招用手续,在企业中属于“二等公民”,政策经常将之边缘化。1971 年,国务院、中央军委发布了《国务院、中央军委批转国家计委、国家建委关于内迁工作中几个问题的报告》(现已失效)。根据该报告对内迁职工家属安置问题做出的详细规定,家属工被吸收为固定工有其前提条件,即“如生产需要,本人符合条件”或者是“全民所有制企业有招工指标,本人符合条件”。但在当时国家计划招工十分有限,她们没有被招收为国有职工或集体职工,一直从事“临时工”工作。1979 年,国务院又发布《关于处理当前部分人员要求复职复工回城就业等问题的通知》(现已失效),该通知第九条规定“临时工、合同工、家属工等，不能转为正式工”。通知虽已失效，但这条规定在当时的适用对家属工问题的解决无疑是增加了一道障碍。1992 年，国家推行全员劳动合同制；而 1995 年《劳动法》的实施标志着“临时工”这一身份在我国已不复存在。这本可以解决家属工们尴尬的处境，但因法律执行、企业经营现状等诸多原因，她们仍然没有能够与企业签订合同，享有社会保障。20 世纪 90 年代中期，家属工们成为企业改革的绝对利益受损者，不仅失去了饭碗，并且也失去了相应的社会福利；特殊的历史背景使她们作为家属工再次被社会边缘化。她们绝大多数都是随夫安居、工作的女性，因此这种“随夫性”使她们丧失了很多本身应有的独立的机会与权益。

（三）错过政策机遇，家属工在社会变迁和转型中遭遇歧视具有累积性

家属工的建构本身具有歧视的区别对待性。家属工解决待遇问题曾有过两次政策性机遇。

第一次是全员合同制用工制度转型，解决临时工养老保险问题。国务院令[1989]41 号《全民所有制企业临时工管理暂行规定》第八条规定：“企业招用临时工，从城镇招用的应当实行社会养老保险制度，保险基金的交纳标准和支付、管理办法，可比照《国营企业实行劳动合同制暂行规定》办理。”1992 年 10 月 16 日《陕西省全民所有制企业临时工管理实施细则》第十三条规定：“从城镇招用的临时工，实行社会养老保险制度。临时工退休养老基金交纳标准和支付管理办法，比照《陕西省国营企业实行劳动合同制实施办法》第十九条规定办理。”第十四条规定：“企业招用的城镇临时工解除劳动合同后，应将其养老保险基金（包括银行利息）转移到当地社会劳动保险机构。”

陕劳险发[1993]345 号《陕西省劳动厅关于贯彻〈陕西省全民所有制企业临时工管理实施细则〉中有关保险福利问题的通知》进一步规定：“使用临时工的单位必须到当地劳动部门所属的社会保险管理机构办理社会养老保险手续。临时工实行个人交费制度。用工单位及个人交费标准参照我省有关劳动合同制工人的交费办法办理。实行职工退休费计发办法改革的地区，临时工个人交费标准按本人月工资收入的 2%交纳。用工单位提取的临时工养老保险基金以本企业城镇临时工的工资总额为基数计提。凡参加全民、集体企业退休费用统筹的单位，从城镇招用的临时工的工资总额不再作为计提全民或集体企业统筹金的基数。……临时工的养老保险统筹项目暂按陕政发[1992]46 号文件规定的劳动合同制工人统筹项目确定。参加社会养老保险的临时工统一使用《职工养老保险手册》。手册的使用及管理按照省劳动厅陕劳险发[1992]374 号文件规定办理。临时工在省内跨地区流动或转移单位时，凭《职工养老保险手册》到当地社会保险机构办理养老保险基金转移手续,基金不转移;临时工跨省流动时,其交纳的养老保险基金连同利息一并给予转移。临时工解除劳动合同及被辞退、受刑事处分后重新参加工作的其解除劳动合同及辞退,受刑事处分前后交纳养老保险金年限可合并计算为交费年限。对上述未再次参加工作的人员,其交纳的养老保险基金仍由当地社会保险管理机构管理直至到达退休年龄后由社会保险管理机构按有关规定支付退休费。临时工的退休条件及退休待遇参照我省对劳动合同制工人的有关规定执行。各地社会保险管理机构应逐步建立和完善临时工养老保险基金的各项管理制度,以确保临时工养老保险制度的顺利执行。"但是家属工没赶上临时工身份的转型以解决养老问题。

第二次的政策机遇发生在2000年之后。2000年5月28日,国务院国发[2000]8号文件《关于切实做好企业离退休人员基本养老金按时足额发放和国有企业下岗职工基本生活保障工作的通知》以及2000年7月18日时劳动和社会保障部、民政部、财政部的劳社部发[2000]13号文件《关于贯彻国务院8号文件有关问题的通知》中都有相关内容。其中,文件要求各地要对集体企业参保情况进行一次认真的调查核实,对于未参加社会保险且已经停产多年、无力交费的集体企业不再纳入养老、事业保险覆盖范围,其退休人员和下岗职工直接纳入城市居民最低生活保障,按规定享受最低生活保障待遇。

两次政府和企业的不作为,使本可以纳入社会保障的家属工被关在社保的大门之外。

(四)歧视的主体不明确性和集体无意识的共谋性

在转型改制中,家属工不仅丢了工作,还丧失了参加养老保险的资格,却不知道是谁拿走了她们的权利。一位当事人说:"我们的劳动服务公司2001年关闭。大的集体是破产,劳动服务公司是关闭。破产是政策性破产,政策性破产专门留有资金安置职工,关闭则什么也没有,回家歇工而已。"破产有三种:依法破产、政策性破产、比照政策性破产。满足家属工的请求有困难,如养老金等,企业可以考虑离职补偿金,按以前的工资,那会很低,12个月加起来的钱企业可以付得起。企业可以做这个事,但是企业没有做,因为破产安置时没有遗留代管金。至现在政策性破产还存在,破产都交到社区劳动保障所,一次性交足十年,500元/人,企业将职工身份置换,离开企业后先享受两年失业保险,然后再享受最低生活保障。如无政策依据的,破产会被搁置,资产很难变现,政府兜底,最终再跟财政算账,但服务公司不享受这样的政策,有多少变现资产就执行多少。劳动服务公司的关闭却把家属工抛到外面,家属工成了单位破产时被遗忘的主体,老的不管,新的不认,找不到侵权的责任主体。有的劳动服务公司无法律主体资格,关闭后公司人解散了。关闭也有补偿,但标准比破产低。当时劳动服务公司关闭时并没给工人补偿,工人们到外找人解决问题,但还是没有人管理。关山厂劳动服务公司将正式的集体工纳入统筹,无招工手续的就不管。改制后的新企业就更不管了。但这种案子仲裁很难,客观上不会受理,身份问题不是很明确,政策也不是很明确。

这样,新老用人单位,甚至是应该维权和执行政策的机构形成了某种无意识共谋,多主体集体无意识集合便成为对家属工侵权的主体。社会集体无意识(collective unconscious)是著名心理学家荣格用来表示人类心灵中所包含的共同的精神遗传的概念。或者说,集体无意识中包含着人类进化过程中整个精神性的遗传,注入在我们每个人的内心深处。集体无意识的内容是原始的,包括本能和原型。它只是一种可能,以一种不明确的记忆形式积淀在人的大脑组织结构之中,在一定条件下能被唤醒、激活。这里,"集体无意识"恰恰是对妇女工作的轻视和忽略,认为她们的家属身份重于工人身份。多少次"妇女回家论"[①]的大讨论,就试图把正在工作的妇女赶回家庭,以缓解中国的就业压力,何况本身就有家属色彩的家属工。

(五)政策救济的溯及既往性

"家属工"起源于20世纪50年代,发展于60—70年代,消解于80—90年代,是计划经济时代的产物。1958年,在"大跃进"的背景下,国家为了鼓励女性就业,发动和组织了绝大多数的城市职工家属和其他家庭妇女,将其安置到国营单位和街道集体企业。60—70年代,为了落实知识分子政策并解决夫妻两地分居的问题,根据毛泽东的"五七"指示,各行各业先后兴起一系列诸如"五七"工厂、"五七"农场、"五七"连以及"五七"班等由知识分子家属、职工家属、军属组成的生产组织,成为当时妇女职工队伍中又一具有时代特色的组成部分。直到70年代末,城市劳动年龄内妇女就业的比率已超过90%。"随夫安居"的家属们走出家庭,迈上生产自救的"随夫工"道路。由于当时计划内招工指标有限,在没有正式招工指标的情况下她们被招收为国有企业职工或集体企业职工,一直从事"临时工"工作。也许因为在国家未实行社会基本养老统筹前就已失掉工作,或是因为实行社会养老统筹初期集体企业的参保意识不强,这部分"家属工"未参保就达到了法定退休年龄。很多家属工只领取很

① 参考《关于当代"女性回家论"的社会历史与文化成因讨论》. 中国网 http://www.china.com.cn/blog/zhuanti/female/2011-03/23/content_22201352.htm,2014年5月访问。

低的生活费,有的甚至没有生活费。因家属工既是家属又是工人,有的地方将之与临时工同等对待。有的用人单位干脆还是把她们看作家属,有活时招之即来,没活时挥之即去。而且,家属不需要像临时工那样至少要安排一个宿舍,她们成了单位的小小劳动力“蓄水池”“调节剂”,是成本最低的一种用工方式,因此,才会出现用工混乱,记录短少的情况,建立正规人事档案也就更不可能提上议事日程。而90年代单位改制,原用人单位或破产或转型,就连正式职工还安排不过来,更何况被人遗忘的她们呢?这个问题被拖到21世纪初,临时工中的家属工权利逐渐演化为老年女性为争取养老社会保障权利的经常性的群体上访事件。这部分人大多数是年龄在60岁以上的女性,在年轻的时候,跟随着自己的丈夫,响应国家的号召,参加生产工作。而为国家贡献了近大半辈子的她们在步入老年的时候,却过着没有退休金、没有医疗保险的艰苦生活。她们中有些人甚至只能依靠领取已故老伴的抚恤金生活,连最低生活保障标准的水平都无法达到。随着我国经济体制改革的不断深入,“家属工”这种用工形式不再适应时代需要,她们原先所在的生产组织也先后解散。“家属工”们除了已到应退休年龄而被辞退的,都一直工作到其原单位解散。但不论是怎样失去饭碗的,她们绝大多数人的连续工作时间都在10年以上。在长达40～50年的时间里,歧视的累积效应使之越来越边缘,是否可以依靠一次性救济解决其生存问题是一个难题。政府以政策方式改变其处境,使政策溯及既往,政府为过去的历史遗留问题买单,使之老有所养,虽然不足,但也是一种补偿。

案例9　临时有多长?30年女临时工的棚屋之诉

一、案情简介

1973年3月,时年36岁的于女士经某办事处的介绍,到西安市某中学托儿所担任保育员。1990年,托儿所解散后,学校又安排她负责校内学生自行车的看管工作。工作期间,双方一直没有签订劳动合同,用人单位也一直未给她办理社会保险。她看管自行车棚时,拿着微薄的薪水却每天要坚持做13个小时的工作:早上6:30上班,晚上7:30下班,中午没有休息时间。工作之初工资为25元,直到1990年调整岗位后工资变为170元,1992年至2000年为200元,2000年至2003年为230元,2003年至2006年工资为250元。自西安市规定最低工资标准以来，她领取的工资都在标准线以下。即使这样，于女士也从不计较工作条件艰苦、工资微薄，愿意在这个临时工的岗位上继续干下去。2006 年 8 月，学校执行了《中华人民共和国义务教育法》，对义务教育阶段的学生不再收取存车费，故以不再需要自行车保管员为由，以口头形式将于女士辞退并要求其搬离所居住的自行车棚，并且也没有给予任何的工资补偿和养老费用。于女士对学校的决定无法接受。她想不通为什么在这个学校工作了 33 年，学校却要将 70 高龄的她赶出学校。于是，她四处求助，拿起法律武器捍卫自己的权利。

2006 年 10 月 9 日，于女士委托其女婿作为代理人向劳动仲裁委员会申请仲裁，提出的仲裁请求为“解决养老问题；工作 33 年，按国家政策一次结清；补偿劳动所得，按最低工资补偿”。2006 年 12 月 6 日，仲裁庭主持双方进行调解，并达成下述条款。①××中学同意向于女士支付生活困难补助费 3 000 元；②××中学承担仲裁处理费的 70％；③××中学协助于女士在有关部门办理低保事宜；④调解书领取后限三日自行撤离学校。很明显，调解结果与仲裁请求之间的差距是很大的。就这样，临时工于女士被学校推向了社会，陷入了老无所养的困顿境地。仲裁调解生效后，于女士即前往统筹办等部门要求办理养老保险和医疗保险等手续。但统筹办的工作人员拒绝为其办理，给出的解释是单位并没有为其办理养老账户，且她已超过参保年龄，无法再为她办理养老保险和医疗保险手续。2007 年 6 月，于女士再次向劳动仲裁委员会提起仲裁，提出了确认双方劳动关系、按最低工资标准补发工资并支付双倍赔偿金等仲裁请求，但仲裁委以仲裁申请违反“一事不再理”的诉讼原则为由，裁定不予受理。[①]

二、当事人陈述

我刚进学校工作的时候，知道自己是临时工，工资待遇等各个方面都要比干相同工作的正式工低出很多，因此也没打算长期干下去。1983 年因为家庭原因，我就要求离开学校，但当时管后勤的主任以及学校领导反复做我的工作，劝我能够留下来，并亲口承诺学校以后如果有名额一定给我转为正式职工。我是一个没有文化的女同志，就相信了领导，从此定下心来好好工作。因为将来可能转为正式工，也就一直干下来了。可是学校领导换了一届又一届，我的身份问题依然没有得到解决。多次找学校，领导给出的理由都一样：暂时

① 本案为西北工业大学妇女发展与权益研究中心法律援助案例。

没有名额,再等等。直到这几年我也老了,学校的活有些干不动了,希望学校能够给我解决养老问题。但现在的校长却不认以前校长说的话了,说:“谁给你说转正就找谁解决去,你是临时工,干就干,不干就走人。”

我在学校工作了33年,退休了单位就应该给我养老金。临时工又怎么样,政府和单位也应该让我老有所养,老有所依,至少应该让我吃上碗饭。

我的子女条件也都不好。他们连住的地方都没有,我没法依靠他们。我一直住在学校的车棚里。就是一个棚子,我用捡来的塑料布搭了一个屋子,四面透风,外面下大雨里面下小雨。学校只给200来元钱,根本不够,我就捡垃圾。捡来的垃圾都放在车棚里。学校说要申请卫生城市,车棚影响环境,要拆。那我住哪里呢?还说教育部有规定,义务教育期间的孩子不让收停车费,我就没工资了。实在没有办法,我女婿就替我提起仲裁,要求学校管我。

开庭那天上午,仲裁员反复给我做工作,让我在仲裁调解书上签字,我没有文化,又不懂法,我就是坚持我的仲裁请求,要求依法处理,但仲裁员告诉我说3 000元是生活困难补助,不要白不要,就是签了字,拿了钱,你以后还可以再申请劳动仲裁要求经济补偿,在这种情况下,我就在调解书上签了字。第二天,我女婿去给我办养老保险,人家不给办,说早就过了年龄。我要求学校办低保。学校说这归社区管,也不理我。一看学校说话不算话,我就没有搬,还在车棚住着。我这么大年龄了,学校也不能硬往外撵我。他们就在孩子上学期间将车棚锁住。我只能在孩子们上学和放学的一会时间进出。我一看这样也不行,我女婿就去了妇联,妇联给介绍了律师,就又去仲裁委员会告他们,要求给我养老待遇,这回仲裁委员会根本就不管,我也搞不清是什么原因。妇联和律师还找过我们单位,单位还是不管。后来单位还起诉让我腾房,律师和他们商量,看能不能给我一间房住。他们不同意,要我付房费。我连基本生活费都没有了,拿什么付房钱。这事就一直拖下来。

用人单位的意见:

于女士就不是我们单位的职工。单位看她可怜,一直让他在车棚住着,收着学生的车费。她平时还捡点破烂,都堆在车棚里,搞得环境非常糟糕。看她可怜,我们一直也没说什么。年初开始,国家规定义务教育期间不准收学生的保管费,我们再让她收,就违反国家规定了。她就没有收入了。同时,西安创卫,我们的自行车棚在学校一进门处,就算她不搞得那么脏,我们也要将车棚移到后面。她不同意走,我们的工作也没办法进行。她要我们给她养老保险,根本没有可能,又不是我们单位的人,我们单位从哪里给她拿出钱来。我们是事业单位,费用都是财政审批的,根本不可能随便给钱。我们诉讼了,她还是不走，法院也拿她没办法。她那么大年龄了，法院也不敢强制执行。她去仲裁委告，我们同意补助一部分钱，她把钱一拿，还是不走。她可怜也确实可怜，但你不能赖在我们这儿不走，弄得我们也很头疼。后来妇联、法院都提出调解，我们也同意了，准备给她一间房，但要付费。我们的目的不是为了这点钱，是为了以防后患。她都这么大年龄了，她子女一直帮她打官司要学校承担责任。如果无偿给一间房住，到时候害怕收不回来。就这一百来元钱，她也不同意出。她的子女一点责任都不想负，光想推给我们。

三、维权观察

这个案件是由陕西省妇联转介到西北工业大学妇女发展与权益研究中心的。老人的女婿在仲裁调解书的内容无法落实的情况下寻求妇联的帮助，妇联将其介绍给了中心。了解案情后，中心有两种意见。一种意见认为案件已经调解，老人的实体权利已处分，依据一事不再理原则，该案不可能再次进入诉讼或者是仲裁程序，可以联合妇联与单位协商解决；另一种意见认为案件虽然调解了，但对于老人的仲裁请求在确认劳动关系的前提下，给予退休待遇并未审理。其调解书的内容共有四项，分别是生活困难补助、仲裁费分担、腾房和低保，没有一项涉及劳动关系和退休待遇。一事不再理原则的宗旨主要是防止当事人重复起诉和法院重复审理，既然老人的仲裁请求根本没有进入实体审理，也就无所谓重复审理的问题，可以提起重新仲裁。

四、本案分析

本案争论的焦点集中在“一事不再理”原则如何理解的问题上。在“一事不再理”原则的内涵外延问题上，理论界有不同的学说，但我国的程序法中对此无明确规定。比较而言，相对具有司法解释效力的是最高人民法院民事审判第一庭编著的《最高人民法院〈关于人身损害赔偿案件适用法律若干问题的解释〉的理解与适用》一书中的解释：“一事不再理”中的“一事”，是指前后两个诉讼必须为同一事件，才受“一事不再理”的限制。所谓同一事件，是指同一当事人，基于同一法律（同一事实）而提出的同一诉讼请求。同一当事人并不限于在前后两个诉讼中同处于原告或者被告的诉讼地位，原告不得另行起诉，被告同样不得另行起诉；同一法律关系，指产生当事人争议的诉讼标的的法律关系（法律事实）；同一请求，是指当事人要求法院做的判决内容相同。以上 3 个条件必须同时具备才能称之为同一事件，若 3 个条件有一个不同，就不是同一事件。依据这个解释，可从以下几点来区分“一事”和“他事”。

(一)适用主体

目前在我国,无论是法学理论界还是司法实务界,认为“一事不再理”原则适用于同一当事人,包括原告与被告双方已是共识,而不论其在前后两个诉讼中的地位。

(二)适用客体

“一事不再理”原则适用的客体为同一事实和理由(指诉讼理由)、同一诉讼请求。

根据诉的要素理论,一个完整的诉由当事人、诉讼标的、案件事实、诉讼请求等构成。诉讼请求是当事人权利义务指向的请求法律予以保护的具体事项,是当事人进行诉讼活动的目的和内容。民事权利义务的产生、变更和消灭都是基于某一法律事实的产生而形成的。诉讼理由是指当事人提出的诉讼请求所依据的事实根据和法律根据。一般说来,事实作为能够引起民事法律关系发生、变更和消灭的客观现象,具有客观性,也易于掌握;诉讼理由虽然带有当事人的主观认识这一色彩,但它毕竟是通过当事人在诉讼材料中的具体观点表现出来的,产生歧义的可能性很小,所以,将同一事实和理由作为判定一事的标准,符合对确定的事实不再审理的原则,在实践中也具有较强的可操作性。此外,当事人主张的事实恰恰能够使其提出的诉讼加以特定化。

(三)适用时间

如果当事人没有就一事再行起诉,法院自然谈不上适用“一事不再理”的问题。因此,只有在法院就一事已经做出裁判的前提下,如果当事人“旧事重提”,一事再诉,或者当事人已经起诉,法院正在审理过程中,此时当事人又行起诉,那么法院就应适用该原则。

(四)适用的后果

适用“一事不再理”原则的后果是对当事人的起诉不予受理,当事人的起诉归于无效。如果法院受理该案,则应裁定驳回起诉。①

这个准司法解释虽然只提到诉讼阶段适用“一事不再理”原则,但从一事不再理原则的宗旨(为了防止重复起诉和重复审理)来讲,此原则也应适用于仲裁阶段。但此原则只强调了当事人的起诉的“三同”关系,并没有考量到因为审判机关的原因未对当事人的诉讼请求进行审理的情况,但却出具了调解书,当事人是否可以再次诉讼的问题。就像本案中老人遇到的问题一样,她的

① 谢佑平,万毅.一事不再理原则重述.中国刑事司法杂志,2001(3).

请求全然没有被审理,她还有再次要求权利保护的权利吗?经过讨论,中心认为,既然是法律的盲点问题,为了充分保护当事人的利益,不妨一试。很遗憾,律师对“一事不再理”原则的理解没有被仲裁委员会所接受,同样也被法院所拒绝。老人得知情况后非常伤心,放弃了要求退休待遇的请求,只希望有一个安身之所。在与省妇联协商后,中心与省妇联联合向单位提出调解,希望能给老人解决住房问题。在出示介绍信并说明来意很长时间后,才有一位副校长前来接待。但校方显然没有调解的意思,只是反复强调其“创卫”的压力,调解宣告失败。但在不到一个月的时间里,学校向法院提起了腾房之诉,于是,中心马上派律师援助。此次援助的重点是通过诉讼在法庭上陈述老人33年来的工作经历及现在的生活困境,以期法院能居中调解,尽可能解决老人的居住问题。在法院的耐心工作下,学校同意调解,方案是将学校对外租赁的房屋腾出一间让老人暂住,房租双方各承担一半。但这个要求超过了老人的经济承受能力,调解又告失败。律师随即提出仲裁委已经做出了生效调解书,法院不应审理,否则违反一事不再理原则。但法院仍坚持做出了让老人限期搬离的判决。

(五)败诉原因

老人的案件没能胜诉的原因是多方面的。一方面,在过去很长一段时间里,国家一直实行正式工、临时工双轨制,是历史原因;另一方面,也有老人对法律不了解的原因。当然,从立法层面讲,国家的法律中没有明确“一事不再理”的具体内涵是主要原因。由于法律没有明文规定,“一事不再理”原则的理论一直存在较大争议,在个案中法官的自由裁量权就会起到很大的作用。这会导致不同的法官对同样的案件产生不同的理解,从而有不同的判决。中心在网上查询到如下个案。1974年,26岁的李某进入郑州某厂工作。当时的用工制度要求用人单位按照政府的用工计划申请指标,按指标录用劳动者,且农民不得进入城市工作。李某的户口在农村,只能以“农民临时工”的身份就业。《劳动法》实施后,李某所在厂并没有按照法律的规定与李某签订劳动合同,明确用工关系,也没有为其办理养老参保手续和交纳基本养老保险费。2001年7月,李某所在厂却以“经营调整,裁减人员”为由,在未对李某的养老问题做出任何安排的情况下,用一纸“通知”终止了与李某长达26年之久的劳动关系。于是李某提起劳动争议诉讼,要求用人单位为其补交养老统筹金。一、二审法院特别请示了统筹办,统筹办以书面形式做出如下答复。第一,法律没有明文规定农民工能否享有社会养老保险;第二,李某从未有过养老统筹账户,现在已年届退休,无法补办。据此,法院驳回了李某的起诉。李某不服判决,寻求法律援助律师进行援助。律师分析法律关系后认为,劳动关系究其实质还是一种民事法律关系。虽然原告是农民临时工身份,双方也未签订劳动合同,但《劳动法》颁布后,明确规定了用人单位必须与劳动者建立劳动关系,签订劳动合同,并为其交纳养老保险金。由于工厂怠于履行义务,才造成职工老无所养、陷入生存危机的情况,故工厂应当承担职工养老的责任。既然通过劳动争议途径无法获得赔偿,于是我们改换思路,按照民事侵权损害赔偿的思路替李某提起民事诉讼,请求被告承担由于自己的过错致使原告无法享有合法养老权的法律后果,要求被告每月按500元标准支付原告退休后的生活费。一审法院仍以原告的诉讼请求没有事实和法律依据为由,驳回了李某的诉讼请求,但中级人民法院终审支持了李某的请求。法院认为,被告存在过错,应承担责任;而原告在工作期间也未能及时督促厂方为其办理参保手续,也具有一定过错,据此法院不支持每月500元的退休生活费,但判被告从2004年10月起,每月按当年最低城市居民生活保障标准支付原告生活费。法官的认知居然有如此大的差别!"一事不再理"原则并不是以该案件是劳动争议案件还是民事案件来区分一案与他案的。两个案件依据的是同一个事实:李某多年的工作经历,要求的退休待遇相同,只是理由稍有差别。前一案的理由是依法引述劳动关系,由此而享有劳动关系项下的一切待遇;后一诉则以单位的过错责任为理由,但过错责任的前提仍是劳动关系。中院支持了李某的诉讼请求,甚至连"一事不再理"原则都没有提,显然中院认为两个诉并不构成"一事不再理"原则所要求的"三同"。

(六)问题发现

本案实际上涉及我国临时工的平等就业权利以及平等享受劳动待遇的问题。"临时工"几乎是与新中国相伴随而生的,从其产生到被法律明确废止已历经近半个世纪的漫长历程。

之所以出现法律虽然废除这一制度,但临时工仍然大量事实存在的状况,笔者认为,这与我国《劳动法》自身所存在的缺陷有关。

(1)忽视了临时性岗位用工的特殊性及其存在的合理性,从而导致临时性岗位用工制度在《劳动法》中的缺失。《劳动法》的立法初衷和动机是非常好的,希望所有"劳动者享有平等就业和选择职业的权利、取得劳动报酬的权利、休息休假的权利、获得劳动安全卫生保护的权利、接受职业技能培训的权利、享受社会保险和福利的权利、提请劳动争议处理的权利以及法律规定的其他劳动权利",这一规定对于非临时岗位用工来说既是必要的也是合理的。但是对于临时性、季节性的工作岗位做同样的要求,对用人单位来说则会不合理地加大其用工成本,要求过于苛刻。因为临时性岗位工作具有非连续性的特点,是与工作不稳定、劳动期限短连在一起的。而非临时性岗位的劳动则不同,其具有连续性的特点,劳动期限则可较长。正是两种岗位劳动特点的不同,造成了两者在用人单位地位的差别。非临时性岗位的劳动期限较长,用人单位在录用过程以及录用后,就会进行一定的人力资本投资,提高职工的劳动技能,以提高生产效率,职工在用人单位工作了一定的时间,积累了一定的工作经验,用人单位愿意留住职工,避免造成损失。对于职工来说,用人单位利益与个人利益是连在一起的。职工为保护自己的利益,必须为用人单位的稳定发展而努力。这样用人单位与职工就形成了一种良性互动关系。但是临时性岗位劳动具有非连续的特点,劳动期限较短,用人单位往往不会在这类职工身上投资,培养他们的劳动技能,在任务完成之后,也无意留下他们。这也导致了用人单位与职工之间不能形成命运共同体,职工无心为用人单位的发展而努力工作,用人单位也无意留住职工。两种岗位具有不同特点,而在《劳动法》中却没有体现出差别,欠缺对临时性岗位用工的法律规制,这就在现实中导致了用人单位受降低用工成本的驱动,违反劳动法的规定,不与劳动者签订劳动合同或者仅仅签订短期劳动合同,最大限度地自由选择劳动者,减少因解除劳动合同而应向劳动者支付的经济补偿,或者利用在劳动关系中的强势地位侵犯劳动者合法权益,例如滥用试用期。另外,从历史和现实的角度来看,临时工制度曾存在长达近半个世纪,而企业对于临时工的需求从新中国成立时期到现在一直也不曾停止,这一切都能充分说明,临时工的存在是有其现实基础的,并非一纸法律就可使其销声匿迹。

(2)劳动法中的诸多条款规定得过于原则化,也是现实生活中存在大量临时工的重要原因。例如,对用人单位不签订劳动合同的行为缺乏有力的处罚措施,对劳动行政部门的行政不作为行为应当承担的具体法律责任未做明确而具体的规定等,这也导致了用人单位违法用工执法不力的后果。

基于以上分析,笔者认为,对于临时性岗位用工和非临时性用工做出区分并在劳动法律中用不同的条款分别加以规制是十分必要的。可喜的是,从2007年6月全国人大常委会颁布的《劳动合同法》和2008年9月国务院颁布的《劳动合同法实施条例》中我们看到了法律对于临时工问题以特别规定的形式做出了规制。这为重构临时工法律制度提供了很好的思路和制度基础。在《劳动合同法》第五章特别规定部分,将原来意义上的临时工区分为劳务派遣和非全日制用工两种形式,并分别做了规定。关于劳务派遣,第六十六条规定的"劳务派遣一般在临时性、辅助性或者替代性的工作岗位上实施"条款实际就将劳务派遣定性为临时性岗位用工的主要形式;第五十七至六十一条,规定了劳务派遣单位作为临时工作代理机构的开办条件,劳务派遣单位与劳动者之间的关系、权利与义务,劳务派遣合同的期限;第六十二条规定了实际用工单位的应当履行的义务;第六十三至六十五条规定了被派遣劳动者所享有的权利及劳动合同解除权的行使。关于非全日制用工,第六十八条对其进行了概念上的界定,将其与劳务派遣工进行了区分。非全日制用工是指以小时计酬为主,劳动者在同一用人单位一般平均每日工作时间不超过 4 小时,每周工作时间累计不超过 24 小时的用工形式;第六十九至七十二条,对非全日制用工双方当事人之间的订约形式、协议内容的禁止性规定、计酬标准和结算期限做出了规定。

《劳动合同法》关于劳务派遣和非全日制用工的规定,充分体现出了当前我国劳动立法的创新性和灵活性,既丰富了临时性岗位用工的内涵,回应了用工单位对劳动力市场的差异性需求,同时也从当前临时性岗位用工的实际情况出发,充分注意到了临时工的权益保护问题。但是我国长期以来对于临时工法律制度的重视不够,导致理论研究还十分欠缺,所以这两项制度的出台更多的是对以前已经存在的劳动实践以法律的形式予以认可,而相关的劳动法理论还有待进一步深入研究。这两项制度的出台欠缺理论准备,导致了在法律的具体规定中不可避免地出现法律规定过于粗疏、过于原则化。而且《劳动合同法》中劳务派遣制度并不是专门为规制临时工问题而设立的,这就使我们无法完全将其视作是关于临时工的基本法律制度。但是,可以以劳务派遣的法律规定为基础,加强以下几方面的研究并推动立法方面的工作,有关临时工的法律制度就会确立起来。第一,对临时工予以准确的定义,确立临时工法律制度的基本原则;第二,加强对临时工劳动市场、临时工工作代理机构或服务机构的相关配套制度建设;第三,正确确立用工单位、服务机构、临时工三者之间的权利义务关系;第四,规定政府作为劳动监管部门应如何履行职责,对临时工权益起到保护作用;第五,确立三者发生争议或纠纷后应通过何种法律程序来进行解决;第六,规定对代理机构、用工单位违反法律应承担的行政和刑事责任等。

案例 10 "六元钱"洗澡费养老——被遗忘的五七连

一、案情简介

20 世纪六七十年代,内蒙古某煤矿集团响应毛泽东"走五七道路"的号召,将职工家属三四千人(95%是妇女)组织到矿上参加工作,人们称之为"五七家属工"或"五七工"[①]。如今,工作了二三十年的"五七工"到了退休年龄,却被煤矿集团"辞退"。"五七工"有的领到数百元,有的领到一千多元,算是"辞退"费。除了每月6元钱"洗澡费"之外,这些女工没有任何退休待遇。她们中96%的人已进入老年,96%的人连续工龄在10年以上,25%的人靠遗属费生活,75%的人靠老伴工资,12%的人受过工伤。[②]

二、当事人陈述

胡某:我65岁,在平庄矿务局所属的五佳矿抢火煤厂干了3年,下过矿井挖煤,后又到选煤厂选煤矸石,连续工龄21年。那时很有工作热情,浑身有使不完的劲,一个人每天要选约100吨的煤矸石,再装运到小火车上,属强体力劳动。我连续8年被评为厂先进生产者。到了本该退休的年龄,我却被"辞退"了,生活靠老伴。后来,老伴去世了,靠着煤矿集团按月发放的245元病亡遗属费,日子过得很紧张,看病吃药还得借钱。

冷某:从1970年开始就在矿区手选煤厂上班,1990年退休。当时我们扛的大筐,一般都是100多斤(1斤=500克)重。一个人一天的工作量加起来能达到40吨煤左右。这在当时煤厂来说是最重的体力活了。我们天天从早上8点一直干到晚上9点甚至10点,没有要求过加班费,每月工资39元9角,要是下井干活每天还多给4角钱。由于当年的工作条件比较差,像井下采煤、地面装车、烧砖制瓦、工地施工,在矿山都算是比较繁重的体力劳动,常常由"五七工"来承担。

盖某:我78岁了,1964年转业到平庄矿务局捡煤线厂当队长。我们(五七工)最感人的就是在文化大革命那个非常时期,矿里的活没人干,堆放的成品煤都着火了,半成品煤堆积如山长满了野草,是她们主动捡起了别人扔下的工作,而且一干就是20多年。

三、维权观察

1971年,国务院发布国发文[1971]91号文件《关于改革临时工、轮换工制

---

① "五七"是因为在1966年的5月7日,毛泽东在林彪送来的关于解放军后勤工作报告上做了一段批示。这段批示被称为"五七指示",被当时的报刊称为"中国建设共产主义大学校的宏伟纲领"。

② 刘晓梅.谁该为赤峰平煤集团3 000多名"五七工"养老.中国经济时报,2007-07-3;刘晓梅,张迎新.赤峰平煤集团"五七工"养老路有多远.http://business.sohu.com/20071212/n254001254.shtml,2009年3月5日访问。

度的通知》,其中第二条规定:“常年性的生产、工作岗位,应该使用固定工,不得再招用临时工。现在这种岗位上使用的临时工,凡是企业、事业单位生产、工作确实需要的,可以改为固定工。”

1973年,昭乌达盟(赤峰市的前身昭乌达盟20世纪六七十年代曾由内蒙古自治区划归辽宁省管辖,平庄矿务局当时隶属于辽宁省煤炭工业管理局)计委为落实中发[1970]54号文件《组织家属工参加集体生产活动、提高文化,为社会主义创造财富》向平庄矿务局下发了昭革计发[1973]159号文件。这份《关于整顿家属工的几点意见》的文件称“家属工的生产要组成若干个独立核算、自负盈亏的集体所有制五小企业”“根据你局的报告和银行的调查,砖瓦厂、水泥厂、白灰厂、化肥厂、矸子山拣煤、开种地的副业队单位可转为独立核算自负盈亏的集体企业,共计2 433人”。这份文件还要求整顿工作必须在十月末完成,工资从银行开支。该文件后来被抄送辽宁省劳动局、省煤炭工业局。

20世纪70年代,国家针对全国统配煤矿的类似工种有过政策。根据政策,辽宁省的8个统配煤矿、两个地方煤矿的3.6万多名“五七工”转制为集体工人,退休后享受退休金等待遇。针对平庄矿务局的“五七工”问题,辽宁省煤炭工业管理局召开过专门会议进行研究,要求平庄矿务局上报材料和名单,矿务局进行了统计,符合条件的共有5 000多人,管理局领导考虑企业效益不好,就以矿务局暂时困难为由,不同意上报,错过了一次机会。后来,迫于家属们不断上访造成的舆论压力,矿务局将应该转正的“五七工”人数、工龄、年限以及赔偿金额做过测算,并向上级做了汇报。多种经营公司表示赔偿金额由公司和矿务局各分担一半。按当时折算的金额,矿务局应当拿出280万元人民币。由于赔偿金额大,最后搁置下来了。再后来平庄矿务局归东北煤炭工业总公司管。局里也想借鉴其他地区的做法,也曾经想通过劳动保险的办法来解决“五七工”的待遇问题,并进行了估算,结果还是不了了之。

“五七工”的问题是一个历史遗留问题,20世纪七八十年代辽宁省的统配煤矿解决了一部分“五七工”的转正问题。但后来这个政策不了了之,平煤集团的这批“五七工”就成了遗留问题。国家现在没有政策来解决这个问题,地方政府没有资格出台政策。所以,目前能做的就是解决“五七工”生活中的困难。对于没有钱上学的、身体有病的、生活没有达到最低标准的,除了政府部门对存在上述问题的群体发放低保,平煤集团还专门成立了一个扶贫救助基金,解决这些人的困难。

四、本案分析

(一)关于家属工的定位

“家属工”是特殊历史时期的一个特定称谓,相当于家属与职工的特殊组合。所谓“家属”系家庭内户主本人以外的成员,也指职工本人以外的家庭成员。“职工”是指与企业订立劳动合同的所有人员,含全职、兼职和临时职工;也包括虽未与企业订立劳动合同但由企业正式任命的人员,如董事会成员、监事会成员等。

在家属工这个群体中,女性数量超过90%。家属工在计划经济的话语下,属于与正式工相对应的非正式工——临时工——的范畴。她们之所以拥有一个有别于其他临时工的特别称谓,是因为她们的就业与他们的亲属(更多的是配偶)供职于这个单位有直接关系。从字面可以看出,“家属工”三个字是这些人群的社会身份和家庭身份的混合,且更强调的是其家庭身份,以与其他职工相区别。也正因为如此,她们没有被作为独立的劳动者对待,进而导致在计划经济时期没有被招收为国有企业职工或集体企业职工,也无法享有基本社会保险。

(二)家属工的历史沿革

随着计划经济向市场经济转型,劳动者之间的身份差别慢慢成为经济发展的一个阻碍因素,因此,国家开始逐渐理顺这种身份差别。20世纪90年代初,我国开始在全国范围内推行全员劳动合同制,打破全民和集体、临时工和正式工的身份差别,以劳动合同这唯一的标准来判别用人单位和劳动者之间的关系。临时工仅指用工时间不超过一年的临时性或季节性用工,而原来大家所认知的对那些没有在劳动行政主管部门办理过相关用工手续的人所谓的临时工概念已经消失了。1995年《劳动法》的颁布实施,标志着国家在劳动关系方面的立法改革已经成熟。2008年1月1日开始实施的《劳动合同法》进一步强化了劳动者与用人单位之间以合同规范双方行为的法律形式。

与此同时,我国也开始推行劳动保障社会化改革。劳动保障制度的社会化改革首先是将养老保险社会化。我国养老保险制度自20世纪50年代初期建立以来,经历了近40年的实践,对保障离退休人员的基本生活,稳定社会,促进经济发展起到了重要作用,但相关法律明显滞后。新的养老保险制度有多处创新。

(1)养老基金从原来的单一由企业或资方承担到由用人单位、劳动者、国家三方承担。1953年政务院颁布的《中华人民共和国劳动保险条例》规定社会保险金由企业行政或是资方按工资的3%直接支付。此项劳动保险金,不得在工人与职员工资内扣除,并不得向工人与职员另行征收。而改革后的养老保险基金由三部分组成:用人单位、职工、国家。用人单位交费的比例一般不得超过企业工资总额的20%,个人交纳基本养老保险费的比例在1997年不得低于本人交费工资的4%,1998年起每2年提高1个百分点,最终达到本人交费工资的8%。有条件的地区和工资增长较快的年份,个人交费比例提高的速度应适当加快。其余部分由国家承担。

(2)养老保险基金涵盖的人群不同。1953年的《中华人民共和国劳动保险条例》在当时国有经济占主导地位的背景下,主要涵盖的是国有大中型企业,不包括事业单位和行政单位,且在人员方面,主要关注的也是按照正规招工途径进入职场的所谓"正式工",而对没有经过劳动部门审批的所谓"临时工"却是另眼对待,没有纳入法律保障范围。新的养老保险制度涵盖所有与用人单位签订了劳动合同或者是建立了事实劳动合同关系的人员,范围更广泛。

(3)建立个人保险账户。1953年的《中华人民共和国劳动保险条例》规定,在开始实行劳动保险的头两个月内,保险金全数存于中华全国总工会户内,作为劳动保险总基金,为集体劳动保险事业之用。自开始实行的第三个月起,每月交纳的劳动保险金,其中的30%,存于中华全国总工会户内,作为劳动保险总基金;70%存于该企业工会基层委员会户内,作为劳动保险基金,不仅可以支付工人与职员按照本条例应得的抚恤费、补助费与救济费之用,同时也强化了企业与劳动者之间的人身依附关系。针对劳动者若没有与某一单位发生固定的劳动关系,就无法享有养老保险这一情况,新的养老保险体制提出按本人交费工资11%的数额为职工建立基本养老保险个人账户,个人交费全部记入个人账户,其余部分从企业交费中划入。随着个人交费比例的提高,企业划入的部分要逐步降至3%。个人账户储存额的利息,每年参考银行同期存款利率计算。个人账户储存额只可用于职工养老,不得提前支取。职工调动时,个人账户全部随同转移。职工或退休人员死亡,个人账户中的个人交费部分可以继承。1992年以前的工作时间视同交费年限。只要交纳养老保险满15年,就可以享受养老待遇。养老保险交纳年数不足15年的,领取个人账号中的金额后,解除养老保险关系。为了与以前的社会保障制度相衔接,对于养老金的领取,实行老人老办法,新人新办法。所谓老人和新人的划分是从1992年为界的。"老人"是指1992年之前参加工作并退休的人员,他们的养老保险仍按照原单位保障的方式进行;"新人"是指1992年以前参加工作的人员，他们已纳入社会保险，养老金领取实行新的办法。后来又陆续推行了医疗、失业、生育和工伤保险。这一系列的改革，推动企业拥有人、财、物、产、供、销的自主权，用工不再需要国家计划批准。双方之间的关系以劳动合同中的条款来确定。国家对劳动关系的控制弱化，更强调的是国家的事后监督权。劳动者也更自由，拥有更多的工作选择权，对单位的人身依附性减弱。

但在法律实施的过程中，很多家属工没能享受到这一权利，一方面是因为家属工不了解法律的规定，没能及时向用人单位主张自己的权利；另一方面是因为用人单位不愿意背负这一历史包袱，没有将有关文件及时下发，更没有主动承担义务。而事情愈拖，解决问题需要花费的成本愈高，解决的难度也就愈大。在网上输入"家属工"三字，能搜索到的相关案例、投诉、法律解答数以万计。由此可见，家属工是一个很庞大的人群，他们现在面临的是老无所养的局面，其利益因为制度的变革而被忽略了。

案例 11　争回的一杯羹——临时工的养老金

一、案情简介

杨女士从 1983 年 12 月至 1985 年 11 月在某大学从事道路清扫工作；1985 年 11 月至 2006 年 5 月，在学校宿舍从事学生公寓管理工作。2006 年 4 月 21 日，杨女士请求该大学为自己办理退休手续时，该大学以其为临时工身份，"无此先例"为由拒绝，并于同年 5 月 12 日口头通知解除与杨女士的劳动关系。无奈之下，杨女士将该大学和该大学后勤产业有限公司诉至某省劳动争议仲裁委员会仲裁。该大学败诉后对仲裁不服，又将杨女士告到法院。2007 年元月，某区法院对此案做出一审判决：由该大学后勤产业有限公司支付杨女士 2005 年 7 月至 2006 年 5 月工资 990 元，经济补偿金 247.5 元；支付杨女士经济补偿金10 780元；判决 30 日内按有关规定为杨女士办理基本养老保险、基本医疗保险及失业保险参保手续，并交纳社会保险费用。其后，该大学后勤产业有限公司向中级人民法院提出上诉。在二审期间，杨女士对诉讼请求进行了调整，要求将原请求的由该大学后勤产业有限公司办理基本医疗保险，变更为从 2006 年 6 月起每月发给其退休金；放弃要求办理失业保险的请求。二审判决由该大学后勤产业有限公司支付杨女士 2005 年 7 月至 2006 年 5 月的工资 990 元及经济补偿金247.50元；该大学后勤产业有限公司自判决生效后10日内按照每月600元的75%计算,自2006年6月起发给杨女士退休金,退休金的发放基数随某省、某市相关政策而调整。[①]

二、当事人陈述

我丈夫在××大学上班,找了个熟人,就把我安排在后勤上了。刚开始是清扫垃圾,天没亮就要起来,也没有节假日。跟我们一块干的都是临时工,有一部分是家属,还有就是附近村子里的农民。也没有签过合同啥的,就是人家一安排,我们就去干。这中间走了好多人,也来了不少人,人(员)变(动)得挺快的。有的是人家家里有事或者找到别的工作,说一声,就可以走了,也不用办什么手续。后来就把我调去管宿舍。管宿舍的活儿轻松一些,主要是打扫公共卫生,顺带着帮学生洗洗被子、衣服什么的,我收费挺便宜的,收入比原来高。学生也不容易,小小的就离开家住宿舍,我有时还帮他们打扫打扫宿舍卫生。我和学生处得挺好的,最后几年学校评优秀管理员,我都被选上了。跟学生相处久了,从他们那里也学到好多东西。最开始我也认为我是临时工,从来没有想过要和正式工一个待遇。是学生说我跟他们(指正式工)是一样的,都是劳动合同关系,可以有退休金的。我就到处打听,的确是这样。我当时也到了退休年龄了,就向学校提出来了。当时科长说商量商量,没想到几天后就通知我不用上班了。我去找他们要求一个说法,他们说我本来就是临时的,年龄也大了,可以回去了。我就聘请律师向仲裁委员会提出了仲裁。本以为是依法办的事,没想到与大单位打官司还真难。××大学是西安有名的大学,我只是一个小老百姓而已。一开始××大学说我是后勤产业有限公司的人。可我上班的时候还没有后勤产业有限公司,什么时候把我划归后勤产业有限公司的我也不知道,都没有人通知我。律师说按法律应该告后勤产业有限公司,就把后勤产业有限公司加上了。我觉得不管告谁,只要有人管我就成。但单位又说我不是从1983年开始工作的,他们要从后勤产业有限公司成立之日起计算。我就找了原来和我一起干的人证明,××大学又说这些人是不是在××大学干过都没法证明,怎么还能证明我呢?反正是折腾了快两年。刚开始我要求办理养老、医疗、失业保险,一审法院、仲裁委员会都给判了。后来问了好多地方,都说三险办不成,而且我都已经到退休年龄了,办理失业保险已经没有意义了。这几项要求根本执行不了。二审的时候我就变更了请求,要求××大学按原来的途径承担我的退休金。我也知道如果能在社保领养老金是最

① 本案例为西北工业大学妇女发展与权益研究中心协助而不是代理的法律援助案例。

好的，省得看××大学的脸。但既然办不成，只好让××大学自己承担了，不行法院还可以强制执行。我知道××大学不想让我赢，因为××大学后勤上都是像我一样的人，他们害怕这些人闹起来，那付出的就多了。

三、法院观点

杨女士作为劳动者自1983年起在××大学工作，直至2001年××大学后勤产业有限公司成立，××大学将杨女士所在的学生宿舍管理服务中心划归××大学后勤公司管理，从而将其与杨女士的劳动关系变更为该大学后勤产业有限公司与杨女士的劳动关系，并维持劳动关系至2006年5月。根据劳动部门有关批复，在"《劳动法》实施后，所有用人单位与职工全面实行劳动合同制度，各类职工在用人单位享有的权利是一样的，因此，过去意义上的相对于'正式工'而言的'临时工'名称已经不复存在"的精神指导下，杨女士理应享有与××大学及该大学后勤产业有限公司其他退休职工平等退休待遇的权利。二审之所以将办理养老保险、医疗保险、失业保险的判决内容改变，并非因为这样判决是错误的，而是这样的判决与现有的社保部门的规定相矛盾，无法执行。经向社保部门咨询，由于该大学后勤产业有限公司未集体参保，且杨女士也已过退休年龄，客观上已无为其办理医保的可能，杨女士的问题只能由原渠道解决。因此该大学后勤产业有限公司理应承担按月给杨女士发放退休金的责任。

四、本案分析

我国的用人单位按性质不同，可分为企业单位、事业单位和国家行政机关。企业的养老制度社会化改革始于1992年，至今已几乎涵盖了所有的企业单位，但事业单位和国家机关的养老制度还没有改革，仍然由国家财政承担。杨女士所在的学校就属于事业单位，尚未划入国家的养老制度改革范畴中，从未在社会保障部门建立过养老账户，因此，杨女士除了年龄不符合办理养老保险的相关要求外，其用人单位事业编制的性质，也导致其无法进入社会化养老保险的范畴。而事业单位和行政机关未进入社会化养老保险领域，是存在严重弊端的。其一，仅以领取的养老金计，虽然这几年来连续上调企业退休人员基本养老金，但据最新数字显示，养老办下发的基本养老金全国平均每人每月也仅1 080元，这远远低于机关事业单位的水平。这样的差距并非来源于贡献，而来源于"权力"——与"权力"的远近决定了获得利益的多少。这种现象损害了公平原则。其二，机关事业单位未能进入社会化保障系统，限制了这些用人单位内部人员的流动。他们只能在同样是由财政承担养老医疗的用人单位之间调动，如果超越这个界限，以前积累的待遇就会消失。这种局面也同样不利于人才的充分利用。因此，国家应加大力度推进社会化保障制度的进一步全面展开。

第四章　男女不同年龄退休：照顾还是歧视

退休，从某种意义上说是职业生涯的强制性结束。以年龄为退休标准的背后，还存在着性别和身份的差异。半个世纪以来，在我国法律和政策中，规定不仅男女退休年龄不同，女性之间的退休年龄也存在着差异，由此构成了独特的差序格局。引发的争论此起彼伏，却一直没有明确的结论。其间，我们总有一个迷惑，即“女性提前退休是否是对女性的‘照顾’和‘保护’”。并且照顾的次第也不同，更偏爱“女工人”。女工似乎也更乐意被“照顾”，因为在相当多的不景气企业中，早已内退的女工们盼望早点正式退休以期拿一份比内退更高的社保工资。由此可以看出，经济转型中政策性经济差异影响并扭曲了女工的退休意愿和诉求。“照顾说”，在深层次上反映了国家与妇女的关系，是国家父爱主义在法律上的表达。国家父爱主义的典型表现就是国家扮演“老爸”角色，视“女儿”为永远长不大的孩子，总以家长的身份为“女儿”做主，而实际上剥夺了“女儿”的自主选择权。在历史上，中国妇女有两次解放，即通过革命的解放和通过劳动的解放。无论是在革命中还是在劳动中，妇女努力“表现”乖巧，以获“老爸”更多垂爱，于是妇女也一直没有摆脱与儿童相提并论的尴尬。妇女、未成年人、老年人、残疾人并列成为四大法定弱势保障群体，妇女无法不“无能”和“失能”。于是，“照顾”就有了理由，就成为制度性歧视的根基。但也有勇敢者站出来挑战。本章案例 12 的主人公是基于男女平等的宪法原则和基本国策起诉挑战退休行政规则的勇敢者，让我们记住她——周××。另外一个案例与以工代干的身份有关，按工人还是按干部年龄退休又造成了另一种纠结。

案例12 周××诉建行×××分行男女不平等退休案

一、案情简介

这是全国首例以男女不平等退休为由,且以宪法原则为依据的性别歧视案[①]。55岁的周××于1968年1月参加工作,2004年已是中国建设银行河南省×××市分行(简称建行×××分行)出纳科副科长。2004年10月,建行×××分行依照国务院国发[1978]第104号文件的相关规定,认为周××参加工作年限已满10年并已达到法定退休年龄,于是在未征得周××同意的情况下即单方面向河南省劳动和社会保障部门申报周××退休,并于2005年1月通知其办理退休手续。周××认为单位此举有违我国宪法有关男女平等的规定,并且与我国社会发展的实际情况不符,于2005年8月22日提请劳动仲裁,请求撤销单位的错误决定。×××劳动仲裁争议委员会受理后,以法规合宪性审查不属于仲裁委员会受理范围以及被诉人无不当行为为由,做出不予支持请求裁定。周××对此裁定不服,依法向×××市湛河区人民法院提起诉讼,请求撤销×××劳动争议仲裁委员会平劳仲裁字[2005]86号仲裁裁决书以及单位针对其做出的的退休决定,诉讼费用由单位承担。2005年12月9日,湛河区法院公开开庭审理此案,于2006年2月9日下达一审判决,原告周××"依照国务院《关于安置老弱病残干部的暂行办法》的规定,符合办理退休手续的条件,被告建行×××分行以此为据为其申报退休的决定符合现行国家政策和法规,并无不当。而周××认为被告为其办理退休手续的决定违背了宪法关于男女平等的原则,要求予以撤销的理由无法律依据,对原告的诉讼请求不予支持。法院最后驳回原告周××的诉讼请求;本案受理费100元,由原告周××负担。

二、争论焦点及依据

本案原告周××为建行×××分行出纳科副科长,在我国退休制度中的身份属于干部。被告为建行×××分行。原被告的争论点是"被告按政策为

① 1998年,高级管理师郭某,曾就高级知识分子退休问题状告单位,认为单位不执行高级知识分子晚于一般女干部退休政策,侵犯自己的劳动权益。两案有所不同,参阅北京大学妇女发展与权益研究中心"典型案例"http://www.woman-legalaid.org.cn.

达到法定退休年龄的原告办理退休手续是否违反了宪法的男女平等原则”。但这一争论点在本案既未形成对立,也未引起争论。无论是劳动仲裁还是法院都因不属于受理范围而不予支持。原告认为被告行为违反宪法,被告认为自己是按政策办事。对于政策和法律的冲突,仲裁部门和法院直接采用了回避方式,即认为事涉违宪审查,不属于受理范围。本案实际的争论点在于退休问题适用法律的争议,在于女性退休适用宪法还是具体国务院行政法规的争议。

本案原告起诉的法律依据、被告执行的法律依据和法院判决的法律依据各不相同,分述如下。

原告起诉法律依据为《中华人民共和国宪法》第三十三条第二款“中华人民共和国公民在法律面前一律平等”,以及第四十八条第一款“中华人民共和国妇女在政治的、经济的、文化的、社会的和家庭的生活等各方面享有同男子平等的权利”。

被告执行法律依据包括《国务院关于安置老弱病残干部的暂行办法》(国发[1978]104号)第四条“党政机关、群众团体、企业、事业单位的干部,符合下列条件之一的,都可以退休。(一) 男年满六十周岁,女年满五十五周岁,参加革命工作年限满十年的;(二) 男年满五十周岁,女年满四十五周岁,参加革命工作年限满十年,经过医院证明完全丧失工作能力的;(三) 因工致残,经过医院证明完全丧失工作能力的”。《国务院关于工人退休、退职的暂行办法》(国发[1978]104号)第一条“全民所有制企业、事业单位和党政机关、群众团体的工人,符合下列条件之一的,应该退休。(一) 男年满六十周岁,女年满五十周岁,连续工龄满十年的。(二)从事井下、高空、高温、特别繁重体力劳动或者其他有害身体健康的工作,男年满五十五周岁,女年满四十五周岁,连续工龄满十年的。本项规定也适用于工作条件与工人相同的基层干部。(三)男年满五十周岁,女年满四十五周岁,连续工龄满十年的,由医院证明,并经劳动鉴定委员会确认,完全丧失劳动能力的。(四) 因工致残,由医院证明,并经劳动鉴定委员会确认,完全丧失劳动能力的”。

劳动仲裁与法院依据《国务院关于安置老弱病残干部的暂行办法》(国发[1978]104号),认为银行行为并无不当。这使被退休当事人无法行使程序救济权利。

三、案件过程

本案原告银行职员周××于2004年满55岁,从1968年1月起,她已工作了 37 年。2005 年 1 月，建行×××分行老干部科宋科长给出纳科的周××打了个电话，“周科长，你到退休年龄了，我给你把退休手续办了吧。”周××有些不服气。自从 1989 年进了建行×××分行，她自认为工作能力不比男同事差，当年数十斤的运钞箱一个人也就搬了，如今身体尚好，“可为什么男人可以干到 60 岁，女人 55 岁却一定要退休呢？”周××想不通。

退休后，她面临的最大问题就是收入。在岗的时候周××一个月能拿到 2 000多元，而去年分行有个工龄比她少 1 年的女同事退了休，每个月只能拿到 993 元，“很多女同事都害怕退休！不仅收入少了一半多，在岗员工的调级、涨工资这些福利，退休的都享受不到。”周××有些憋气，“一样是参加工作，男干部就能比女干部多干 5 年，收入也高出一截，这算不算男女不平等呢？”周××拒绝接受分行的退休安排，但行里回复说，她已到 55 周岁的法定退休年龄，必须退休。刚好在四川大学法律系读研究生的儿子李×放假在家，周××便和儿子说起此事。李×支持母亲：“男女平等，这个权利当然应该争取！”8 月底，周××向×××市劳动仲裁委员会提出仲裁申请，不服单位让她退休的决定，要求与男职工一样 60 岁退休。上海交通大学法学院教授周×是歧视法律问题的研究专家，他与李×一起，义务担任周××的代理人。

2005 年 10 月 12 日，×××市劳动仲裁委员会劳动争议开庭仲裁。这起看似寻常的劳动争议却在当地引起了不小的轰动，旁听席座无虚席，多家媒体记者赶来旁听。周××的委托代理人李×首先提出，1978 年国务院发布的《国务院关于安置老弱病残干部的暂行办法》(简称《暂行办法》)有关男、女性干部不同年龄退休的规定与宪法关于男女平等权的规定相违背，构成对女性劳动者的性别歧视。《中华人民共和国宪法》第四十八条规定，中华人民共和国的妇女在政治的、经济的、文化的、社会的和家庭的生活等方面享有同男子平等的权利。国家保护妇女的权利和利益，实行男女同工同酬。“退休年龄是劳动权的组成部分，男女退休年龄也受宪法规定的男女平等条款的限制。宪法规定为男女同龄退休的最高法律标准。”李×在仲裁庭上认为，建行×××分行“仅因周××年龄达到 55 岁而让其退休，违反了宪法男女平等的规定”。李×认为，《暂行办法》仅基于公民的性别而做出区别对待，且没有阐明这项规定所依据的法律和事实根据，单从《暂行办法》的简单条文中无法反映如此规定的立法本意是为了更好地保护妇女合法的劳动权益，反而因此导致了女性干部的劳动权利先于男性干部而终结。

建行×××分行人事部经理刘××则认为，做出让周××退休的决定完全是按照《暂行办法》执行，而周××也满足这一退休条件，因此让其退休并无过错。李×援引《中华人民共和国立法法》第 87 条规定“下位法违反上位法的，有关机关依照权限予以改变或者撤销”，声称据此的任何行为都将因违反立法法而自始无效。因此“《暂行办法》中规定的关于女性退休年龄条款因违反上位法即宪法而不具有法律效力”。仲裁员提醒李×注意，《暂行办法》是否与宪法相冲突不在仲裁庭的职权受理范围，因此不予讨论。“庭上讨论的关键在于分行的决定是否符合现行的法规政策”，也就是《暂行办法》。由于建行×××分行拒绝调解，仲裁庭调解失败，于 2005 年 10 月 14 日×××市劳动争议仲裁委员会做出平劳裁字[2005]86 号仲裁裁决书，裁定被诉人并无不当人事行政行为，并做出不予支持仲裁请求的裁定。

“男女平等是我国的一项基本国策，但我国妇女在很多方面的角色还没有被定义在社会领域。我们希望这次仲裁能引起各方面对于男女平等的关注，”上海交通大学法学院教授周×说，“如果仲裁我们输了——事实上我们也肯定会输，因为这的确超出仲裁委员会受理的范围，那么我们将以不服仲裁决定为由，向法院提起司法诉讼。”周×说，“但法院也管不了法律本身的问题，所以诉讼我们肯定也赢不了。最后我们会根据立法法的规定，向全国人大常委会提出违宪审查请求，要求对《暂行办法》予以撤销或改变。”“我们的目的就是要通过具体的案件来补制度的不足。”周×说，“我也知道建行×××分行其实没做错什么，问题出在《暂行办法》。但按照法律程序，我们目前只能选择建行×××分行作为起诉对象。”55 岁的周××经历了这个案子之后，对于法律有了更加清晰的认识：“即使国家要修改暂行办法，也要相当长的时间，恐怕我享受不到了。但在我之后，会有千千万万的妇女从中受益的。”①

周××不能接受劳动仲裁裁定，于是又依法向×××市湛河区人民法院提起诉讼。诉讼请求如下：第一，请求法院撤销×××劳动争议仲裁委员平劳裁字[2005]86 号仲裁裁决书；第二，撤销单位做出的针对周××的退休决定；第三，诉讼费用由被告承担。

2005 年 12 月 9 日，湛河区法院公开开庭审理此案，原告委托代理人李×代表其母周××出庭，讨要平等退休权。他用 40 分钟的时间择要宣读了代理意见书，被告方委托代理人进行了简短的回应。用人单位辩称，周××已年满 55 周岁，且系 1968 年 1 月参加工作，工龄在 10 年以上，符合国发[1978]104 号文件规定的退休条件，申报其退休的决定有法律根据和事实依据。

周××算了一笔收入账，在岗时一个月能拿 2 000 多元工资，而退休以后

① 戴敦峰. 案例：女人凭啥无权与男人同龄退休. 南方周末，2005(A04).

每月就少多了,不仅收入少了一半,在岗员工的调级、涨工资这些福利,退休员工都享受不到。因此,很多女同事都害怕退休。李×认为,女职工早退休5年的规定,违反了宪法中的男女平等原则,构成性别歧视,同时也违反了《妇女权益保障法》和我国加入的《消除对妇女一切形式歧视公约》。《中华人民共和国立法法》第87条规定:"下位法违反上位法的,有关机关依照权限予以改变或者撤销。"《暂行办法》中关于女性退休年龄的条款明显违反上位法即宪法,因而不应该具有法律效力。

而建行×××分行代理人认为,他们是按照国家的现行政策做出的为周××申办退休手续的决定,单位并无过错。至于政策本身有没有问题,不是银行该管的事。李×甚至以研究者身份建议,法院判决时如果对适用法律感到不好掌握,不妨将案件逐级上报,要求最高人民法院给出有关司法解释。李×表示:"无论此案输赢,我们都会向全国人大和最高人民法院提出违宪审查请求,要求对《暂行办法》予以撤销或改变。"①

法庭认为双方意见分歧很大,无法进行调解,宣布休庭进行合议,择日对本案宣判。

法院于2006年2月9日下达一审判决,判决的主要内容如下:

原告周××与被告建行×××分行劳动争议一案,原告于2005年10月8日起诉来院,2005年11月1日本院受理后,依法组成合议庭,于2005年12月9日公开开庭进行了审理。原告委托人李×,被告委托代理人张××、孙××到庭参加了诉讼。本案现已审理终结。

原告周××诉称,原告系被告出纳科职员。2004年10月被告以原告年满55岁,参加革命工作年限已满10年为由,在未征得原告同意的情况下即自行向河南省劳动和社会保障部门申报原告退休。原告认为被告此举有违我国宪法有关男女平等的规定,并且于我国社会发展的实际情况不符,于2005年8月22日提请劳动仲裁,请求撤销被告的错误决定,×××市劳动争议仲裁委员会审理后对原告的仲裁请求不予支持。故诉至法院要求撤销×××劳动争议仲裁委员平劳裁字[2005]86号仲裁裁决书,撤销被告做出的针对原告的退休决定,诉讼费用由被告承担。

被告建行×××分行辩称,原告已年满55周岁,且系1968年1月参加工作,符合国发[1978]第104号文件规定的退休条件,我行申报原告退休的决定有法律根据和事实依据,要求驳回原告的诉讼请求。

---

① 苏建军.原告:让女职工早退休是否违宪.中国妇女报,2005(2).

经审理查明,原告周××系被告建行×××分行职员,1968年1月参加工作。2004年10月被告建行×××分行依照国务院国发[1978]第104号文件的相关规定,向河南省劳动和保障部门申请原告周××退休,并于2005年1月通知原告办理退休手续。原告认为被告要求其退休的决定侵害了男女平等的就业权,违背了宪法,故依法申请仲裁,要求撤销被告关于其退休的决定。2005年10月14日×××市劳动争议仲裁委员会做出平劳裁字[2005]86号仲裁裁决书,对原告的申请请求不予支持。故原告不服诉至法院。

本院认为,原告对已满55周岁且参加工作年满10年并无争议,依照《暂行办法》(1978年6月2日国发[1978]104号)的规定,符合办理退休手续的条件,被告以此为依据为其申报退休的决定符合现行国家政策的法规,并无不当。原告认为被告为其办理退休手续的决定违背了宪法关于男女平等的原则,要求予以撤离的理由无法律依据,本院不予支持。依照《中华人民共和国民事诉讼法》第六十四条及《暂行办法》第四条第一款的规定,判决如下:

驳回原告周××的诉讼请求。

本案受理费100元,由原告周××负担。

如不服本判决,可在判决书送达之日起15日内,向本院递交上诉状,并按对方当事人的人数提出副本,上诉于河南省×××市中级人民法院。①

四、两份违宪审查建议

我国于2000年制定、2005年修订的《行政法规、地方性法规、自治条例和单行条例、经济特区法规备案审查工作程序》第七条规定:"国务院、中央军事委员会、最高人民法院、最高人民检察院和各省、自治区、直辖市的人大常委会认为法规同宪法或者法律相抵触,向全国人大常委会书面提出审查要求的,由常委会办公厅报秘书长批转有关的专门委员会对法规进行审查。上述机关之外的其他国家机关和社会团体、企业事业组织以及公民认为法规同宪法或者法律相抵触,向全国人大常委会书面提出审查建议的,由常委会工作机构先行组织有关人员进行研究。需要审查的,由常委会办公厅报秘书长批准后,送有关的专门委员会对法规进行审查。"

2006年7月22日,在仲裁、诉讼失败后,周××放弃了上诉,不再走法律程序。但她通过挂号信向全国人大常委会、国务院及全国妇联提起违宪审查

① 河南省×××湛河人民法院民事判决书[2006]湛民1初字第31号;周×.反歧视法研究:立法理论与案例.法律出版社,2008.

建议，要求对《暂行办法》予以撤销或改变，即将劳动者的退休年龄统一为60岁，年满50岁的女性劳动者可选择退休或继续工作。支持周××共同提出违宪审查建议的还有四川大学法学院博士生导师周×等人。周××说："这次行动是周×教授提议的。"[①]

周××等人长达13页数万字的"建议书"另有70多人签名支持。周××说，男女同龄退休符合宪法规定的男女平等原则，建议全国人大常委会改革现行退休制度，统一规定劳动者的退休年龄为60周岁。为了照顾部分愿意退休的女性劳动者的实际需要，以建立弹性退休制度为补充，规定年满50周岁的女性劳动者可以自愿选择退休。

一审判决下来后，早于周××的违宪审查建议，北京大学法学院妇女法律研究与服务中心于2006年3月7日就国发[1978]104号文件关于女职工退休年龄的规定，已经向全国人大常委会提起违宪审查建议，文件名为《对国发[1978]104号文件中的退休年龄规定进行违宪审查建议书》[②]，主要内容如下：

（一）退休年龄规定实施的客观效果与立法初衷相悖

国发[1978]104号文件中的退休年龄规定，其立法初衷是对妇女的照顾和保护，但是其实施的客观效果违反了《中华人民共和国宪法》第三十三条第二款和第四十八条第一款的规定。立法时考虑女性的生理特点和抚育子女的需要，不宜长期从事繁重工作，同时考虑在新中国成立前女职工就业的机会一般比男性少而工龄较短的现实，给予女性早退休的特权，体现了党和政府对职业女性的关怀。但是时代的变迁使这项保护性制度演变成对女性的性别歧视。"保护性制度"的负面影响日益明显，导致女性无法实现在经济和家庭生活等方面享有同男子平等的宪法权利。主要表现：

第一，随着女性受教育程度的提高，职业生涯相对缩短，女性比男性早退休影响晋升的机会，难以进入决策层，且导致交费工资基数较同龄异性低；

第二，交费时间短，计入个人账户的资金相对较少，使养老金随之减少；

第三，女职工自我价值的实现程度随之降低，在家务负担最轻、年富力强时被迫退休，造成对女性人力资本的巨大浪费；

第四，在客观上导致就业年龄歧视加重，女性40岁以上再就业难，招聘广

① 牛仲寒."×××男女同龄退休案"后续，提起违宪审查建议.大河网，2006-7-26日.http://www.dahe.cn/hnxw/sx/t20060724_587541.htm.

② 北京大学法学院妇女法律研究与服务中心.北大妇女法律中心提起违宪审查——针对男女退休不同龄规定.妇女观察网，2006-3-10.http://www.womenwatch-china.org/newsdetail.aspx?id=209.

告甚至打出“35 岁以上免谈”;

第五,早退休工龄较短,与工龄挂钩的公积金等福利待遇也受到影响。

对此,世界银行的一份研究报告曾提出过警告:“根据新的养老保险制度,女职工的养老保险待遇比较低,这是向所建议的养老保险制度转变的一个政治性的经济问题。”

(二)歧视性制度不利于实现创建和谐社会的目标和男女平等的基本国策

国发[1978]104 号文件不仅规定退休年龄男女相差 5 至 10 岁,女干部与女工人相差 5 岁,而且存在歧视性用语。针对干部的规定表述为“可以退休”,而针对工人的规定则表述为“应该退休”。前者是任意性规范,授权当事人选择;后者是强制性规范,无任何选择余地。同样是中华人民共和国公民,如此区别对待并无正当理由,违反了宪法的平等原则,同时也违反了我国加入的联合国《经济、社会和文化权利公约》和《消除对妇女一切形式的歧视公约》中的非歧视原则。

1995 年 9 月 4 日,在第四次世界妇女大会的欢迎仪式上,原国家主席江泽民代表中国政府向国际社会郑重宣布:“把男女平等作为促进我国社会发展的一项基本国策。”2005 年 8 月 28 日,修正后的《妇女权益保障法》首次以立法的形式将男女平等作为基本国策。8 月 29 日,在纪念联合国第四次世界妇女大会 10 周年会议上,胡锦涛同志指出,中国明确把男女平等作为一项基本国策,表明了中国促进性别平等、保障妇女权益的坚定决心。我们将坚持贯彻男女平等的基本国策,不断促进性别平等和两性和谐发展。

(三)入世后立法应当逐渐与国际接轨

按照“入世”时的承诺,立法应当逐渐与国际接轨。目前,规定男女相同退休年龄的国家约占 60%,规定男女差别退休年龄的国家约占 40%。我国男女之间的退休年龄差距堪称世界之最。世界性趋势是逐渐将男女退休年龄拉平,并给当事人选择余地。例如,英国将男 65 岁、女 60 岁统一为 65 岁;澳大利亚将男女分别为 65 岁、63 岁统一为 65 岁。

我国在人口老龄化、平均预期寿命延长,退休高峰期到来,养老基金压力越来越大等方面与发达国家相同。据专家测算,在我国退休年龄每延长 1 年,养老统筹金可增收 40 亿元,减支 160 亿元,减缓基金缺口 200 亿元。

国发[1978]104 号文件属于不规范的行政法规,且仅“经党中央和全国人民代表大会常务委员会原则批准”,说明当时审批机关有保留意见。我们建议在《中华人民共和国养老保险法》中确立弹性退休制度,将男女退休年龄统一为60周岁，允许在特定情形下，经过本人申请，主管部门批准，提前1至10年退休，领取非全额养老保险金，个别岗位经过批准适当延长。平等并非意味着机械等同，区别对待只要有正当理由，就不属于歧视。104号文件中根据行业工种和健康状况需求降低退休年龄的规定，并不违反宪法平等原则。

但是两份建议均没有进入违宪审查程序，再一次被搁置了。

五、本案分析

周××案的分歧点在于，本案原告、被告、法院在一个案子上依据的法律和政策各不相同。建行×××分行依照《暂行办法》为周××申报退休；法院认为该决定符合现行国家政策和法规，并无不当。尽管《暂行办法》与我国宪法和新修订的《妇女权益保障法》不一致，但是，按照我国有关法律，法院的确没有权利去审查该暂行办法的合宪性。现行法律、政策的不一致，是男女同龄退休问题的主要症结。[①] 这里有一个法律政策的不统一问题。不论哪个层次的政策与法律，均不能与宪法相抵触，但是如果相抵触，又该如何处理呢？

《行政法规、地方性法规、自治条例和单行条例、经济特区法规备案审查工作程序》规定了法规纠正的三个步骤。一是与制定机关进行沟通协商；二是通过有关专门委员会提出书面审查意见，要求制定机关纠正；三是经过上述工作，制定机关仍不纠正的，通过常委会审议决定，撤销同宪法或者法律相抵触的法规。

本案的实质矛盾在于，单位决定其退休的政策依据是否违反宪法。单位作为一个被动的政策执行者，并没有什么过错，更无违法行为，这里的“法”明显地被狭义化(不包括宪法)。法院也没有错，无论是程序还是实体都没有错。难道错的是周××？因为她是个女人？

周××案是以男女平等的宪法原则和基本国策为依据而提起的诉讼。这本应该是一个宪法诉讼，但是我们国家还没有宪法诉讼的规定。宪法诉讼是公民宪法权利的最大司法化保护，即公民一旦认为自己的宪法权利(包括宪法明文规定和暗含的权利保护精神或原则)受到公权力的侵犯或损害，有权向普通司法机关或专门设立的司法机关提起宪法诉讼，进而得到有权的或主管司法机关的受理、裁判。在确认公民的有关宪法权利确实受到侵犯或损害之后，司法机关应予以及时、适当的司法救济。

违宪审查制度是指特定的机关(如宪法法院)依据一定的程序和方式，对

① 蔡双喜. 两会代表委员：男女公务员同龄退休的条件已具备. 中国妇女报，2006-3-9.

法理、法规和行政命令等规范性文件和特定主体行为是否符合宪法进行审查并做出处理的制度，其作用在于保障宪法的实施、维护宪法权威、保障公民权利与自由。世界上大多数国家都先后建立了违宪审查制度，而各国行使违宪审查权的国家机关，大致有以下 3 种。

(1)由立法机关或最高国家权力机关行使违宪审查权。如瑞士联邦议会有权采取“旨在执行联邦宪法，保障各州宪法以及执行联邦义务”的措施。

(2)由普通司法机关行使违宪审查权。这本是美国最高法院在审判实践中形成的宪法惯例，后来有许多国家仿效这种制度，并在宪法中做了明文规定。

(3)由特设机关行使违宪审查权。设立宪法法院、宪法法庭或宪法委员会等专门机构处理违宪案件，保证法律性文件同宪法的一致。奥地利、西班牙等国建立了宪法法庭，意大利、德国等国建立了宪法法院，法国建立了宪法委员会。宪法监督机关的首要任务就是审查法律性文件的合宪性。①

我国尽管根据《行政法规、地方性法规、自治条例和单行条例、经济特区法规备案审查工作程序》建立了一种违宪审查的可能性，但还是难以让公民以私力启动违宪审查程序。真正的症结是国家是否愿意启动这样一个程序来纠正女性不平等退休的政策。

《暂行办法》制定之初，工作劳动强度较大、劳动安全和保护不发达，立法初衷在于解放妇女、保护女性劳动者，提前退休是一种“福利”。但随着时代发展，而今要求女性 55 岁退休，在一定程度上限制了女性贡献社会的能力，可以说是一种保护性歧视，是制度设计问题。

“既然退休是一种权利和福利，那么女性就应该可以自主选择是否提前 5 年退休。”周×教授说。女性可以享受 55 岁退休这项权利，也可以放弃这项权利，选择与男性一样到 60 岁时再退休，而单位则无权强行要求女性 55 岁时必须退休。他还指出：“现在的问题是，提前 5 年退休对于很多女性而言，实际上已经不是一项权利，而是变成了一项必须履行的义务。”②

周××案是一种制度化的性别歧视案。所谓制度化歧视是指全面渗透社会习俗和制度(其中包括经济、教育、法律、政治)的对一个或多个群体差别和不公正的对待。这种区别并不一定来自于偏见，而是由于主导群体对少数群体的权力和作用所致，因为这些看法渗透在社会结构之中，所以歧视是微妙

① http://baike.baidu.com/view/481771.htm.

② 戴敦峰.早退休是福利还是义务?.南方周末，2005－10－13.

的、非正式的,对社会成员来说也是不明显的。本案一个荒谬的逻辑是:“法规可能是违宪的,但违宪审查不是我的事,被告根据违反宪法的法规做出决定并无不当,我是法官,我只适用法条,至于法条对不对,你去找立法者吧,法规改了我才改。”

当女性群体权益普遍受到侵害时,宪法监督权的实施以及违宪审查却不尽如人意。

案例13 工人还是干部——“以工聘干”人员退休年龄争议

一、案情简介

当事人王女士今年49岁,是一所部属高校财务处会计。王女士介绍说,她原来是一家国有企业的正式工人,后来参加自学考试,取得了大专文凭,根据当时的政策和企业的内部制度,1990年办理了“以工聘干”的手续,在企业里担任核算员(干部岗位)。1993年,为解决夫妻两地分居问题,她从原来的企业被调到了现在的工作单位,办理了各项聘干手续后在新的单位从事会计工作。按照学校的管理规定和人事政策,会计属于专业技术岗位,是干部岗位之一,聘干人员的工资福利等各个方面均与正式干部没有区别。

2007年7月,学校调整人事政策,规定以工人身份被聘为干部的人员,女性年满50岁退休。王女士介绍说,在这一政策出台之前,与她情况相同的聘干人员都是按照干部年龄退休。于是,这一政策公布后,她与按照新规定即将面临退休的五十多名女性聘干人员找到工会和学校的主管领导,要求执行以前的政策,按照干部的年龄退休。但是校方以用人自主权和其新政策已实施为由,拒绝承认这些聘干人员的干部身份,也拒绝了她们按照干部年龄退休的要求。

所以,王女士向西北工业大学妇女发展与权益研究中心咨询,学校的这一退休政策是否合乎法律规定,以及事业单位内工人身份的聘用制干部到底应按工人身份还是干部身份退休。

鉴于王女士所面临的问题在企事业单位人员中具有很强的代表性和普遍

性，所以本文欲对此问题从其产生背景及现行法律的规定等方面予以分析。[①]

二、本案分析

（一）用人单位内部人事规章的合法性探究

工人身份的聘用制干部退休时其身份究竟是工人还是干部？用人单位制定的内部人事规章是否合法？要正确回答这一问题，首先需要全面了解“以工聘干”这一制度的产生过程以及一系列相关的部门规章。

“以工聘干”是从优秀工人中选拔干部的一种方式，其确切含义是指将全民所有制企事业单位的工人（包括合同制工人）聘用到干部岗位上任职工作的一种制度。企业内部实行干部聘用制，对于落实企业用人自主权、打破干部职务终身制、调动干部的工作积极性具有重要作用。这一做法始于 1984 年。当时，随着企业领导机制和经营机制的改革，一些企业创造了这一制度，并且成功在全国各地的企业中普及推广。到 1990 年底，全国企业聘用制干部总数已达 210 万人，占全国企业干部总数的 15％以上。[②] 但在当时，对于这部分聘用制干部的管理在全国并没有统一的制度规范，且各地的实践做法也十分不同，造成干部管理上的混乱。因此，这带来了有关聘用制干部的退休、流动、待遇等诸多问题。

面对这一情况，中共中央组织部、人事部于 1991 年 10 月 12 日颁布了《全民所有制企业聘用制干部管理暂行规定》，专门针对聘用制干部的管理问题进行规范。对于“以工聘干”人员的待遇、调动、退休、退职等方面问题，该法规定“聘用制干部在聘期内享受所在企业同岗位、同职务企业录用制干部的工资保险福利待遇”“聘用制干部在聘期内的工作调动，应在实行干部聘用制的单位之间进行。具体办法另行规定”“聘用制干部受聘十年（本规定颁布之前已被聘用的，可连续计算）并在聘用岗位上退休、退职的，原则上可执行国发[1978] 104 号文件规定，按《国务院关于安置老弱病残干部的暂行办法》办理退休、退职手续；根据本人自愿，也可以按《国务院关于工人退休、退职的暂行办法》办理退休、退职手续”。这一规章的适用范围不仅包括全民所有制企业，也包括全民所有制事业单位。可以说，这一部法律总结以往的实践经验，对于“以工聘干”制度做了比较全面的规定。

---

① 本案例为西北工业大学妇女发展与权益研究中心提供咨询与帮助的案例，由于多种原因，当事人放弃了诉讼权利。

② 事业单位聘用制干部退休待遇是怎样规定的?. 青岛新闻网，2005－7－22. http://www.qingdaonews.com/content/2005—07/22/content_5106730.htm. 2008 年 7 月 5 日访问。

为了落实《全民所有制企业聘用制干部管理暂行规定》中关于“以工聘干”人员的调动问题,1992年10月8日人事部再次发布《聘用制干部调动暂行办法》,规定全民所有制企业、事业单位的聘用制干部调动,在实行干部聘用制的全民所有制企业和事业单位之间进行。聘用制干部聘用时间已满三年并具有工作需要、解决夫妻两地分居、照顾家庭困难、政策规定需要随调随迁以及其他特殊原因需要调动这四种情况之一的人员,可以允许其调动。

2004年7月12日,人事部颁布《关于事业单位试行人员聘用制度有关工资待遇等问题的处理意见(试行)》,对事业单位“以工聘干”人员的退休(退职)待遇做出了这样的规定:“对由工勤岗位受聘到专业技术或管理岗位的人员,在专业技术岗位或管理岗位聘用满10年(本意见下发前已被聘用的,可连续计算)且在所聘岗位退休(退职)的,可按所聘岗位国家规定的条件办理退休(退职),并享受相应的退休(退职)待遇。”

通过以上对“以工聘干”的产生历史以及相关法律制度主要内容的梳理,我们可以得知,王女士应属于全民所有制事业单位的聘干人员,其在高校的专业技术岗位工作已超过10年并即将在所聘岗位退休,根据《全民所有制企业聘用制干部管理暂行规定》和《关于事业单位试行人员聘用制度有关工资待遇等问题的处理意见(试行)》的规定,应按《国务院关于安置老弱病残干部的暂行办法》第四条的规定在55岁时办理退休手续。

关于用人单位的内部规章是否合法的问题,我们可以做出如下讨论。学校的内部制度明显违反了2004年人事部《关于事业单位试行人员聘用制度有关工资待遇等问题的处理意见(试行)》中关于事业单位“以工聘干”人员的退休(退职)待遇的规定。学校作为用人单位,滥用其用人自主权,制定的内部人事政策公然违反我国相关法律法规的规定,侵犯了劳动者合法权益,应不具有法律效力。用人单位之所以会制定这样的政策,笔者认为主要有两点原因。第一,不了解《中华人民共和国立法法》中“下位法不得同上位法规定相抵触,否则无效”的基本原则。如果用人单位的政策制定者具备这样的法律意识,就不会侵害劳动者的权益,破坏法制的统一。第二,用人单位对用人自主权理解有误。任何单位行使任何自主权均需在法律的框架下,接受法律的价值评判。凡是违法的行为,概无资格称为“用人自主权”。既然政府规章规定,对符合条件的“工人”按照现任专业技术或者管理岗位的职务办理退休,这就意味着对于单位来说,仅存在执行的义务,不存在任何质疑的空间和自主的余地。

在企事业单位的人事制度中,除“以工聘干”外,还有一种“以工代干”的制度。这两者具有较多的相同点,为使读者不将二者混淆,下面对“以工代干”也做以简要介绍。

“以工代干”产生于20世纪60年代。当时由于缺乏正常的吸收录用干部制度,厂矿企业因干部不足,选调了一批工人从事干部岗位的工作,未办提干手续,从而出现了“以工代干”。此后,党政机关、群众团体和事业单位缺乏干部,也陆续采用了“以工代干”人员。“文革”中,干部管理混乱,“以工代干”人员越来越多。面对干部管理的混乱情况,1979年12月召开的全国人事局长会议曾明确指出,从1980年起一律不准再实行“以工代干”。

中共中央组织部、劳动人事部在1983年2月12日发布的《关于整顿“以工代干”问题的通知》中,对于1980年以前的“以工代干”人员的处理办法曾做出规定:“1979年底以前在国家机关、事业单位和全民所有制企业里的‘以工代干’人员凡具备规定条件的,可以转为干部。对于不能转干的‘以工代干’人员,原则上回原岗位;不能回原岗位的,可改做其他适当工作。年老体弱,符合退休、退职条件的,可以退休、退职。其中‘文革’前的‘以工代干’人员,可按干部退休、退职的有关规定办理。”这一通知的目的是要在保证以后不产生“以工代干”人员的前提下,妥善解决历史问题,从而规范干部录用制度。

但是这一“通知”在实际落实过程中并没有得到有力的执行。有的地方和单位机构编制管理混乱,擅自增加机构编制甚至突破编制增加人员;有的单位录用和选拔干部根本不按规定,甚至存在“买官卖官”的行为;有的单位通过制造“假档案”“假学历”“假身份”,将一些不具备条件的人塞进干部队伍等,导致“以工代干”“转干”的做法在实践中还大量存在。为此,中共中央组织部、人事部、中央机构编制委员会办公室于2001年8月14日发布了《关于进一步加强管理严肃干部人事工作纪律有关问题的通知》,再次重申“严格执行不准‘以工代干’‘转干’的规定,坚持改革方向。各级党政机关、社会团体、依照公务员管理的单位以及国有企事业单位,要按照1983年中央组织部、劳动人事部《关于整顿“以工代干”问题的通知》要求,坚决停止个别地方仍在使用的‘以工代干’‘转干’的错误做法。在职‘五大’毕业生需要调整工作的,要一律按照规定条件,通过公务员公开招考或企事业单位的公开招聘进行,不再搞身份‘转干’及相应的工作安排。政府人事部门和其所属人才流动服务机构,不再进行‘以工代干’和‘转干’的审批工作。党政机关、事业单位所需工勤人员,必须在机构编制部门核准的编制内,一律采取社会招聘和合同管理办法”。在这一文件发布后,“以工代干”的错误做法在各地基本得到了制止。

根据上述部门规章的规定,“以工代干”实际就是以工人身份从事本为干部岗位的工作并享受干部的待遇。符合国家规定的“转干”条件、通过人事、组织等部门考核批准、办理了转干手续的“以工代干”人员则成为正式干部,退休时也按干部身份退休;对于一直未办理转干的“以工代干”人员,退休时只能按照工人身份退休。

(二)对本案所涉及身份歧视问题的思考

歧视是在一些惯例、政策和程序中,由于对个人或者群体有偏见,从而拒绝给予平等待遇的行为。从这则案例中,我们能强烈地体会到不同身份在退休年龄这一问题上所受到的差别待遇,这种歧视是显而易见的。早在20世纪50年代,《劳动保险条例》就规定女干部55岁、女工人50岁可以享受离、退休待遇,而当前退休年龄的制度根据是1978年颁布的《国务院关于安置老弱病残干部的暂行办法》和《国务院关于工人退休、退职的暂行办法》。这两部法律均对退休年龄做出规定,即女干部年满55周岁,女工人年满50周岁。

将劳动者严格区分为工人和干部并用不同的政策分别加以管理,是我国的基本人事制度。身份的不同,导致二者在工资、福利、退休等各个方面差异巨大。因此,工人身份要转为干部身份,不仅要符合法律政策规定的诸多条件,还必须履行严格的提干或转干手续;人事管理以档案为准,严格按档案所记载的身份决定其退休年龄。我国在立法时正处于改革开放初期,职业女性多在全民所有制单位工作,工人以体力劳动为主,这一政策在当时是具有合理性的;但是改革开放之后,一方面,多种经济形式并存,涌现出大量民营企业,企业有用人自主权,以工人、干部身份为标准的退休年龄制度更是难以落实;另一方面,国有企业经营机制的变革需要大量的干部,但干部编制有限,于是部分企业创造出了“以聘代干”“以工代干”等用工形式。这些人虽然是工人身份,但却在干部的岗位上从事工作,这就打破了原有“干部”和“工人”的界限。如果仅仅因为身份的不同就对这些“代干”“聘干”人员给予工人身份的工资、福利待遇,执行工人的退休年龄,那么这种基于身份而产生的差别待遇就构成了对以工人身份从事干部岗位工作劳动者的身份歧视。

由于这一身份歧视是以法律制度形式表现出来的,因此我们必须从立法的源头上消除这种歧视。从中央层面来讲,国家已经通过立法试图转换用人机制,使人事管理由身份管理向岗位管理转变,以打破“干部”和“工人”的界限,使劳动者按“岗位”而不是按“身份”退休。例如,原劳动部《关于贯彻执行〈中华人民共和国劳动法〉若干问题的意见》(劳部发[1995]309号)第七十五条规定:“用人单位全部职工实行劳动合同制度后,职工在用人单位内由转制前的原工人岗位转为原干部(技术)岗位或由原干部(技术)岗位转为原工人岗位,其退休年龄和条件,按现岗位国家规定执行。”2000年8月,中央组织部和国家人事部联合下发了《关于加快推进事业单位人事制度改革的意见》,改革的核心是聘用制,要求所有人员竞聘上岗,相关待遇直接与岗位挂钩。2004年国家人事部颁发了国人部发[2004]63号文件,即《关于印发〈关于事业单位试行人员聘用制度有关工资待遇等问题的处理意见(试行)〉的通知》,其中第五条"受聘人员的退休(退职)待遇"第一项规定:"受聘人员原则上按所聘岗位国家规定的条件办理退休(退职)。"该条第二项规定:"对由工勤岗位受聘到专业技术岗位或管理岗位的人员,在专业技术岗位或管理岗位聘用满10年(本意见下发前已被聘用的,可连续计算)且在所聘岗位退休(退职)的,可按所聘岗位国家规定的条件办理退休(退职),并享受相应的退休(退职)待遇。"从这些规章和文件中可以看出,国家已经意识到身份歧视问题并从法律上予以了否定,现在身份歧视问题更多地集中于地方政府的人事部门、行业主管部门以及用人单位的人事政策和内部文件上,因此现在必须对于这些部门的人事政策文件进行清理,对不符合国家法规规章的文件必须废止。

回到此案,我们在为王女士提供了咨询之后,建议她走劳动仲裁或法院起诉之路,但她放弃了。因为她和丈夫是双职工,丈夫还在单位工作,她不想因为打官司与单位搞坏关系。

另一个同类的案子也能说明问题。北京的郭某,女,1941年9月17日生。1991年被就职单位聘为高级管理师,1994年取得高级政工师资格。1995年10月31日,她与单位签订了无固定期限劳动合同。在工作期间,郭某曾被评为全国优秀工作者、北京市先进工作者、管理局先进工作者和局机关优秀共产党员。1998年8月,其单位以实际情况不再需要延长郭某退休年龄为由,在郭某不同意的前提下为其办理了退休手续。郭某认为,按照人事部《关于高级专家退(离)休有关问题的通知》文件规定,她作为女高级干部和女高级专家,身体健康,本人自愿,按上述规定,其退休年龄为60周岁。郭某当时56周岁,在她不同意退休的情况下,用人单位为其办理了退休手续,侵犯了她的劳动权利,于是郭某提出劳动仲裁,并向法院起诉。此案经劳动仲裁和法院两审审理裁决,均认定郭某已超过退休年龄,单位不再延长她的退休年限并无不当,驳回了郭某的请求。

北京大学妇女法律研究与服务中心曾连续接到类似郭某这样的几十位女性高级专家来访,投诉其未满60周岁而被单位勒令提前退休。在她们代理的这类案例中,有的败诉;而有的虽已胜诉,但执行困难。各级政府作为法律的执行机构承担着社会的各项职能,当公民的合法权益受到侵害时,理应为其提供补救的办法和措施。

也许王女士的选择是理智的,但是如果女性均放弃对权利的争取,妇女权利如何进步?

(三)以"照顾"为名的制度性歧视

半个世纪以来,我国法律和政策规定在退休年龄上的男女不同,女女也不同,构成独特的差序格局。由此引发的争论一直没有停止。其间,我们总被一个迷惑困扰:女性提前退休是对女性的"照顾"和"保护",而且照顾的次第也不同,更偏爱"女工人"。而女工也更乐意被"照顾",因为在相当多的不景气企业,早已内退的女工盼望早点正式退休拿一份比内退更高的社保工资。而有干部身份的女性关于退休年龄不平等的呼声,在嘈杂声中被淹没,也正因如此,消解了女性作为一个整体的法律诉求,更有人出来论证 50 岁之后女性的职业失能:法律上的平等并非相同,50 岁以后的女性,因为更年期,其"行为能力"受到限制,所以,男女不同年龄退休并不违宪。实行不同龄退休,符合女性生理特征,是国家对女性的照顾。于是国家宣布:"统一男女退休年龄是一个重大政策问题,不同经济发展水平的地区、不同行业和不同职业的女性对现行退休规定存在不同看法,统一男女退休年龄问题应当结合国家退休养老保险制度的完善以及就业和再就业形势,做进一步调查研究。"问题被拖延,"照顾"在持续。

让女性提前退休是照顾还是歧视,需要进行深入探讨。"照顾说"的背后隐含着让女性比男性更多地承担就业压力的意思。有人认为,我国就业形势越来越严峻,妇女提前退休可以缓解国家就业压力,让更多的女大学毕业生找到工作。

男女不同龄退休政策和制度在中国实施 50 多年后,并没有得到妇女界的一致赞同。为什么当初政策的受益者如今愈来愈感到了这种区别对待的不公平与不平等呢?看来,是到了必须要正视它,反思其合理性与合宪性,并找到实行同龄退休制度的突破口,逐步予以纠正的时候了。

发出提高女性退休年龄呼声的同时,学者们还对此进行了系统的分析和论证。其研究包括以下几方面的内容。

(1)关于男女退休年龄差异产生的历史条件和现实条件的研究。男女不同龄退休制度是基于一定的基本假设和历史条件而产生的,如妇女的生理原因、家庭责任、文化程度、社会能力等。但随着社会的发展,原有的条件发生了巨大的变化。例如:人口寿命延长,女性发展空间扩大,我国的养老压力增大。同世界其他国家相比,我国女职工退休年龄偏低等新的社会条件的出现,就使得人们对男女不同龄退休制度的合理性提出质疑。

(2)关于提高女性退休年龄对国家、企业、女性 3 个方面的利弊研究。潘锦棠指出，提高女性退休年龄对国家有利有弊。有利方面在于，国家可以增加对女性的养老金筹集 5～10 年，同时减少对女性的养老金支出 5～10 年，减缓了养老基金的支付压力。不利方面在于，国家的就业压力因此增加。对于大多数经济独立的企业单位来说，提高女性退休年龄弊远远大于利；对于国家机关和由财政全额拨款的事业单位来说，单位增加雇佣成本就意味着国家增加财政支出。而对于女性来说，其有利之处在于：第一，可以提高工资级别；第二，可以增加月退休金收入；第三，能够增加晋升机会；第四，能够继续获得工资外经济收入。其不利之处有以下几点：第一，不利于及早过上有退休金的休闲日子，尤其是对于那些身体状况较差，或晋升无望的女性；第二，不利于提高退休金总额；第三，不利于退休后继续找工作增加收入。

(3)关于确定合理的法定退休年龄的依据的研究。确定退休期时，年龄是一个重要的因素，除考虑年代年龄、生理年龄外，有些国家还参考心理年龄与社会年龄。此外，还应该考虑以下社会经济因素：人均寿命的延长、人口的结构变动、劳动力市场供求关系、教育制度等。

(4)关于解决男女退休年龄差异的研究。针对解决男女退休年龄差异的问题，人们提出了延长退休年龄、按最低工作年限退休等设想。这其中，针对延长退休年龄，也有人提出了几种构想，如男女应同龄退休、女性同龄退休、推迟退休的三步走方案、弹性退休制等等，且对其影响也进行了相关的分析。

关于以上各种争论未能真正地影响政策的原因，本研究有以下看法。

(1)女性的法律与政策诉求不统一。争论在未退休者之间进行，而真正的退休者退出争论，成为旁观者。他们作为利益相关群体，其政策诉求不明。

(2)退休养老金的社会主义福利性质使一些人进行理性选择后，认为早退休有一定的好处。

(3)对一些专职技术人员而言，本职工作的退休是第二职业的开始。

(4)研究缺少系统性。有关男女退休年龄的争论有人力资源管理视角、劳动经济学视角、劳动力供需视角、养老金管理视角以及女性劳动权利视角。这些视角各有一定道理，但缺少综合性、系统性的分析。

(5)建议对策的影响力和可操作性不强。在中国，社会科学的研究者不是社会问题的所有者，传统政治、经济、文化氛围使研究的干预和影响空间及能力均受到限制。研究者没有建构社会问题，尤其是政策法律问题的能力。

这样的退休问题在我国实际上是一种制度性歧视。制度性歧视是指全面渗透于社会习俗和制度中(其中包括经济、教育、法律、政治)的对一个或多个群体的差别和不公正对待,一般表现为由国家的正式规则所形成或被国家的正式规则所接受和保护的歧视。在我国,制度性歧视是由于社会转型、体制转轨、制度不衔接而引起的。由于歧视具有广泛性,所以歧视表现出来的排斥性是通过正式制度的方式和非正式制度的方式来实现的。

这种区别并不一定来自于偏见,而是主导群体对少数群体能力和作用所致,因为这些看法渗透在社会结构之中,所以歧视是微妙的、非正式的,对社会成员来说是不明显的。

第五章　孕妇、胎儿与职业安全

从20世纪70年代末起，随着科技的发展，国外有毒化学制剂和放射性物质对工作场所的影响日益普遍，也逐渐引起社会的重视。这些物质是否会对女性生育能力造成不利的影响，进而危及到她们的胎儿，引起了社会的广泛重视。为了回应这一新问题，美国雇主纷纷制定胎儿保护措施，以禁止有可能怀孕和已怀孕妇女在有毒环境下工作。由于这些措施给2 000万妇女就业带来影响，因此也引发了就业歧视诉讼。与其他一般劳动者在职业过程中的经历相比，怀孕女性是一个特殊群体，除她们本身在怀孕期间由于生理机能变化，较易在工作场所发生意外或感染职业病，或需要某些特别照顾外，她们未出生的胎儿也可能会受到工作场所某些危险化学或放射性物质的影响，而造成在出生及成长过程中的损害。在美国，根据传统侵权法及契约法理论，雇主可能因女性受雇者的子女在工作场所遭到出生前伤害（prenatal harm），而负担损害赔偿责任。为预防其可能产生的损害赔偿责任，雇主可采用胎儿保护措施。①

我国改革开放以来，在经济效益优先目标指引下，有害产业增多，职业病伤害及索赔的案例不断出现，但这并未引起各界对这一问题的高度关注。2012年《女职工劳动保护特别规定》采用孕期保护方式，只是禁止怀孕妇女从事某些有毒有害的工作。2011年《中华人民共和国社会保险法》在工伤保险里也没规定任何涉及怀孕妇女及胎儿的保护问题。2011年《中华人民共和国职业病防治法》虽然规定不得安排孕期、哺乳期的女职工从事对本人和胎儿、婴儿有危害的作业，但是现行立法均未规定对女性因工作造成胎儿损害的法律责任。

本章共选择了3个案例，其中两个案例是西北工业大学妇女发展与权益研究中心受理的法律援助案。在这3个案例中，一个案例是女护士怀孕期因工作触电引起胎儿受损，导致胎儿弱智的案例，该案于20年后提出诉讼未果。

---

① 焦兴铠．论雇主采用“胎儿保护措施”所引之就业歧视争议：Johnson Controls一案之分析∥劳工法劳工权利之保障：美国劳工法论文集（一）．月旦出版社有限公司，1995．

另一个案例是关于孕妇中毒不愿流产的案例,还有一个案例就是著名的惠州女工镉中毒案件,该案所有的关注焦点都在中毒的女工身上,而忽视了她们未出生或已出生的携带镉毒的孩子及未来。

案例 14 工伤中的性别歧视:怀孕女工胎儿受损工伤救济不能

一、案情简介

封女士从护校毕业后,在一家冶金厂职工医院做护士。1983 年 9 月 14 日,封女生在值班期间进行医疗用具消毒时,因设备漏电而被电击休克。当时封女士已怀孕 7 个月,医生诊断宫内窘迫,胎心时有时无,经吸氧治疗后稍有好转,医嘱回家静养。当时,封女士担心会影响到胎儿,要求进行工伤认定,但单位没有理会。后来,封女士于当年 11 月 13 日生下一个男孩。尽管初为人母的封女士精心照料她的孩子,但她担心的事情还是发生了。在孩子 3 岁时,封女士发现孩子智力发育缓慢,起初她一直以为是个体差异的原因,直到孩子到了 6 岁,与同龄孩子在智力上的差别愈来愈明显时,她才意识到孩子可能弱智——果然,经医院检查,封女士孩子的智商为 57。封女士和丈夫并非近亲结婚,她一直想不明白孩子为何会弱智。后来的很多年,封女士一直带着孩子四处求医,在经济和精神上都承受着巨大的压力。直到 2002 年 11 月 21 日,报纸上的一篇关于因妈妈怀孕时的意外伤害导致小孩子弱智的文章,使封女士开始怀疑其子的弱智与当年怀孕时她遭受的电击有关。她走访了各大医院的产科专家,也查阅了大量的医学文章,发现宫内窘迫在绝大多数的情况下会导致胎儿的弱智。随后,封女士还和她的丈夫一起去做了全面的染色体基因检查,结果是一切正常。于是,事隔 20 年后,封女士再次向单位提出工伤认定的要求,但单位仍然拒绝给一个说法。封女士不得不直接向劳动行政主管部门提出了工伤认定申请,同时以孩子的名义提起民事赔偿诉讼请求,要求医院承担经济赔偿责任。法庭审理认为本案的焦点问题是,孩子的弱智是否与当年的电击有关。封女士是医院的职工,被电击伤时正在工作岗位上,而且被电击的原因是单位提供的工作用具不符合安全要求。如果当年的电击导致了孩子的弱智,医院作为母亲的工作单位,应对所造成的伤害进行民事赔偿。相反,如果孩子的弱智与电击无关,医院就没有任何法律上的义务来承担赔偿责任。为了弄清楚这一问题,封女士提出了法医鉴定孩子弱智与电击之间是否存在着因果关系的申请，且一并提交了孩子弱智的医学鉴定报告和父母双方染色体基因检查的报告。该申请经法院许可，先后委托了市、省、最高人民法院的法医鉴定机构鉴定，结果均给出因事隔久远，无法鉴定的答案。封女士因无法证明孩子的弱智与电击有关，最终输掉了民事诉讼。与此同时，工伤认定的请求也被劳动行政主管部门以超过工伤认定时效为由拒绝。封女士的维权之路就这样走入了死胡同。封女士对基层劳动行政主管部门做出的不予认定工伤的决定不服，即向西北工业大学妇女发展与权益研究中心申请法律援助，但在行政复议的过程中，也因年代久远，没有进入法律程序。[①]

二、当事人陈述

我当时用的那个电炉早就漏电。我们护士长曾给设备科提出过，但一直没有更换。我出事故后，我们护士长气得把电炉给扔了。我当时插上电，过了一会看没有反应，就过去看是怎么回事，手刚一碰到炉子，只觉全身一麻，就什么都不知道了。隔壁办公室的人听见动静，发现我晕倒了，急忙把我送到抢救室急救。医生诊断宫内窘迫，胎心时有时无，经吸氧治疗后稍有好转。我醒来后，也感觉胎儿不好，有一阵好像都不动了。我问大夫会不会影响胎儿，他说不会，让我回家静养。我在家休息了三四天，就又上班了。我触电后，一直担心孩子的健康问题，觉得单位应该承担或赔偿孩子的医疗费用，我去到厂安全科要求报工伤，当时只说让我先休息，其他的事以后再说，之后什么也没解决，这事就不了了之了。我现在还保留着当时我写的工伤申报申请书。

1983 年 11 月 13 日我生了个男孩，孩子长得挺漂亮的，一家人都很爱他。但就是感觉他比别的孩子智力发展慢，走路也比别的孩子晚，到了一岁多还不会叫爸爸妈妈。当时我以为是个体的差异，有的孩子发育比别的孩子慢，长大了就好了。后来上了幼儿园，情况就更糟了。光穿衣、吃饭这些事情我就得教好多遍他才能学会。有一次是冬天，大约晚上六点多，天已经黑了，还下着雪。我下班回家，远远看见一个黑影站在楼前面。我走进一看，是我儿子，帽子、大衣、手套都不见了，冻得哆哆嗦嗦的。我眼泪一下就下来了，问他：钥匙呢？他说：人家拿走了。问是谁拿走的，却又不知道。我抱着孩子在漫天大雪中大哭一场：谁这么狠心，来伤害我的孩子？为了照顾孩子，我经常请假。单位就让我待岗了。我只好在外面找一些工作干。到了 7 岁，孩子该上学了，可因为智力原因，没有学校愿意接收，因害怕影响学校的整体水平，都建议我将孩子送

① 本案为西北工业大学妇女发展与权益研究中心代理法律援助案。

到弱智学校去。我不愿意孩子去弱智学校,我希望他与正常孩子呆在一起。后来通过关系,我母亲原来上班的学校愿意接收他,条件是不进入正式名册,分数也不计入总成绩。这之后我开始接受孩子智力有问题这一现实,我把孩子带到医院,作了检查,孩子 IQ 为 57,弱智。真的面对这一现实后,我开始冷静地考虑如何能让孩子以后独立地面对生活。我不再像以前一样什么事都替他做,要求他生活自理。刚开始他不习惯,哭、闹,认为我不爱他了。我只好狠狠心,坚持着。虽然他每次做完一件事,我还得从头再做一遍,但他真的慢慢学会自己做了。为了更好地照顾他,我坚持不再生孩子,这也影响到了我与丈夫的关系,他认为我太在意孩子冷落了他。一个偶然的机会,我发现孩子喜欢弹电子琴。虽然当时没有正式工作,经济非常紧张,我还是借钱给他买了一台电子琴,并请了老师教他。孩子在这方面真的有天分。自从开始学弹琴,孩子能安静下来了,学做别的事情也快了一些。后来他参加了考级,还被邀请在残疾人音乐会上表演,IQ 增加为 63。孩子的每一点进步都使我非常高兴。孩子心地善良,看见小区的老人拎重东西什么的都会主动帮忙。小区了解我的困难后,就安排孩子在小区做一些杂活,每月发 300 元钱。孩子今后的生活有保障,我也安心多了。

2002 年 11 月 21 日,我看到有篇文章报道了广州的一个案例:李女士在怀孕期间,因病到医院打吊针。因护士的疏忽,没有做皮试就注射了青霉素,李女士当时就出现了青霉素过敏反应。多亏发现及时,李女士无大碍,但孩子出生后发现是弱智。几年过去了,在丈夫和家人的劝说下,李女士在忐忑中又孕育了一个孩子,直到这个女儿生下来并被证明是正常的,李女士一直悬着的心才落了地。第二个孩子很聪明,上学后学习一直名列前茅,这使得李女士又开始怀疑第一个孩子弱智的原因。他和丈夫进行了染色体的基因测试,也带着儿子走访了多家医院,怀疑的焦点渐渐聚焦在怀孕时的那一次青霉素过敏。李女士千方百计查找到了当时的病历,发现上面记载着在抢救他的过程中医生曾发现孩子出现过宫内窘迫的现象。而据专家介绍宫内窘迫在大多数的情况下会导致胎儿的弱智。李女士提起了民事赔偿诉讼,要求医院支付赔偿金 28 万元。此时,儿子已经 19 岁了。法院经审理后判决医院承担了赔偿金。我想到我当时也出现过宫内窘迫的现象,会不会是这个原因导致了我孩子的弱智呢?我和丈夫一起也去做了全面的染色体基因检查,结果是一切正常。于是我再次向工作单位提出了要求鉴定工伤,进行经济赔偿的要求,但医院一直坚持这不是工伤而且孩子的弱智与医院没关系,拒绝赔偿。

2003 年 3 月 10 日,我一纸诉状将单位告上法庭,要求判决赔偿导致儿子智障的各项损失22万元。法院受理了此案，庭审当中，认定了损害事实及孩子的损害结果，我当庭向法院要求做因果关系鉴定。2003年5月20日，法官说“省高院认为时间太长无法鉴定”。2003年6月7日，我再次提请法院委托最高人民法院做鉴定。法官说：“时间太长，法院也可能无法鉴定，如果你举证不能，你的损失会更大，考虑到你的具体困难，法院和厂里接触过，如果撤诉，厂里答应承担所有诉讼费，并按困难职工给予适当补助和照顾。”我只好认了。2003年7月10日，我再次到西安市劳动局要求工伤鉴定，得到的答复是，对于1996年以前的工伤，劳动局不予认定。当我让劳动局出具一个不予认定的书面意见时却遭到拒绝。

三、本案证据

(1)1983年9月14日触电后的医院抢救病历。封女士触电时救治医院的病历，单位称其丢失(当事人怀疑单位故意藏匿)，但承认封女士原来的病历复印件。病例复印件上清楚地记载着两次医生检查的结果：胎儿宫内窘迫，胎心时有时无。胎心不正常时间持续两天以上。

(2)奚某的智力伤残证明和病历。

(3)遗传报告。证明封女士夫妇二人无遗传性缺陷。有双方的染色体基因报告。

(4)证人证言。5份由律师取证的证人证言。有当事人一起工作的同事、医生和邻居，证明封女士当时的确触电的情况和其子的身体状况。

(5)医学研究论文上关于胎儿宫内窘迫和智力损害因果关系的论述：胎儿宫内窘迫可直接危及胎儿的健康和生命安全。它是胎儿围产期死亡及新生儿神经系统后遗症的常见表现，并造成智力残疾。研究表明，在宫内窘迫出生的胎儿中，重度脑损伤者占22.4%，轻度脑损伤者为26.5%，颅脑B超检查呈阳性者合计占48.9%。“宫内缺氧造成的脑损伤，是活产新生儿死亡及远期致残的一个重要因素。”[①]

四、各方立场

在本案的探讨中，为了寻找一个可行的救济方式，我们与本案有关方面有过一些沟通，概述各方意见如下。

① 朱丽荣，周从乐，刘玉洁，苗鸿才．新生儿缺氧性脑损伤与产科相关因素分析．中华妇产科杂志，1995．

权利主张者封女士认为："我因工受伤伤及胎儿，单位应承担由于伤害造成的一切后果。另外，我作为孩子的合法监护人，不管是走什么渠道，工伤认定还是民事诉讼，总要给儿子讨个公道。民事起诉虽然被驳回了，但我还是要上诉。"

用人单位认为："作为一家医院，对本单位职工封女士怀孕时因电炉漏电触电受伤一事，当时已做了救治处理，已尽到善后责任，触电并没有造成受伤职工身体和精神方面的伤残和劳动失能的后果。至于民事上对封之子智力残疾有无责任，因其智力现状与封某怀孕触电事件因果不明，工伤方面法律也没有规定单位有什么责任，故没有赔偿义务。"

劳动局行政部门认为："因法不溯及既往原则，我们对 1996 年 8 月劳动部发布的《企业职工工伤保险试行办法》以前的工伤不能做认定受理。即使可以受理，也有一个时效问题。"

法院认为："由于年代久远，当时又没有工伤事件记录，母亲虽能代理独生子主张权利，但无法提供本人上班触电与孩子弱智之间的绝对因果关系(一般在民事上因果关联度须有 50%以上的可能性)。虽然在本案中，法院委托了陕西省高级人民法院做法医鉴定，但因年代久远，无法鉴定。驳回封某代理其子的民事起诉。"

这一事件前后历时近 20 年，断断续续，行政救济不能，法律救济又多障碍，单位和工伤鉴定部门不能认定工伤，代理儿子的民事诉讼也被驳回。

五、本案分析

在受理案件的时候，中心律师就清楚，在现有的工伤法框架下，封女士及孩子的权利是很难得到保护的。就算不存在时效的问题，能够顺利进入工伤鉴定程序，现有的工伤鉴定体系也不会鉴定孩子的身体状况。我国历来的工伤鉴定法律法规，从最早的《社会保险条例》到《工伤保险暂行条例》再到现在的《工伤保险条例》，都明确规定工伤鉴定是针对劳动者劳动功能障碍程度和生活自理障碍程度两方面内容来进行的，工伤赔偿的实质是对劳动者因工伤丧失的劳动能力和生活自理能力的补偿，是以男性劳动者为立法"标准人"的，根本没有考虑女性劳动者在某一特殊时期会有另一个将来的独立个体在她的体内孕育，并在当时与她同为一个复合主体。男性本位的立法观导致了封女士的维权之路非常艰难。西北工业大学妇女发展与权益研究中心之所以明知不能胜诉还要援助封女士申请复议，是因为需要有人来研究性别与工伤的议题并提起社会的关注，否则这个问题永远会成为立法的盲点。申诉的过程让我们获得了话语权；媒体的介入让公众开始关注类似问题；中心召开的专项研讨会，广泛征询了专家学者的意见。希望借封女士的案子能推动立法的向前发展。整个援助过程，并不是西北工业大学妇女发展与权益研究中心单方面帮助封女士，封女士也用自己的信念和行动强有力地支持了中心的工作。在代理之前，律师把对案件的分析毫无保留地告知了封女士，并明确指出败诉的可能性非常大。如果继续诉讼下去，自己会付出很多，而最大的效应是引起了社会的关注，帮助到其他的女性。封女士选择了继续诉讼的道路，虽然最终败诉，但她的公益精神却让我们感动。

（一）救济不能的表面的程序原因

时效和举证不能是封女士以孩子为原告提起的民事诉讼的失败原因，西安市新城法院资深法官刘会利针对本案程序发表意见：

封女士申请法医鉴定的思路是正确的。作为一名法官，必须精通法律，但他不可能是所有学科的专家，因此涉及一些专业性很强的问题时，需要申请专门人士提供专业的鉴定报告。最高人民法院一直在规范这方面的工作，以使这些能影响到案件审理结果的鉴定报告更加真实、公平。封女士的思路虽然是正确的，但她在鉴定要求的提出和鉴定材料的提供上存在重大失误。

失误一：封女士要求鉴定孩子的弱智与电击之间的因果关系，这一要求脱离了现有的医学技术的现实。因为电击事件的发生时间距离鉴定日已近20年，现有的医学技术无法达到这一鉴定要求。封女士忽略了在电击与弱智这个关系链中间的另一个环节，那就是宫内窘迫。大量的医学书中都记载了这样一个事实：围产期的胎儿在宫内发生供氧不足，可导致死亡，或中枢神经损伤，及将来智力发育较弱，所以要及早发现及早诊断胎儿宫内缺氧，积极采取治疗措施。只要能证明电击后封女士发生过宫内缺氧的情形，就不能排除电击与孩子弱智的关系，那么也就能推断出医院在孩子弱智的问题上是无法完全免责的。要证明电击导致了宫内窘迫，有当时的病历为证。病例中详细地记载了封女士当时的身体状况和急救所用药品：可拉明、洛贝林、吸氧。可拉明、洛贝林均属于呼吸兴奋剂，用于抢救呼吸衰竭者。这些能证明当时的确发生了宫内窘迫。再证明宫内窘迫的后果是弱智，这一点有大量的医学研究结果为凭。因此，封女士在申请鉴定时应强调的是这样一种因果链：电击导致宫内窘迫，宫内窘迫导致弱智。这一个因果链是封女士现有的证据和医学的现有成果能证明的。

失误二：随同鉴定申请，仅提供了孩子弱智的医学鉴定报告和父母双方染色体基因检查的报告，更重要的证据——电击发生后的抢救病历，没有提供。

就像上面我们所分析的一样,抢救病历能直观地说明胎儿出现了宫内缺氧,能最终确定医院在整个伤害事件中的责任。

1991 年新的民事诉讼法颁布实施后,审判制度有了重大的改革,当事人告什么法院就在当事人诉讼请求的范围内进行审理。因此,当事人去法院告状,如何正确地提出自己的请求是很重要的,这些请求包括我们前面提到过的鉴定请求,还包括诉讼请求等。就像封女士,因为请求鉴定的内容有误,白白地输掉了官司。当然了,并不是说各种请求的提出法官完全无权参与,法官有权在中立的前提下指导双方进行诉讼。封女士的案件最终因举证不能而败诉,法官在鉴定阶段疏于指导也是原因之一。①

(二)性别盲点与性别歧视的发现

本案的审理过程反映了一种被忽略的以男性为代表的对怀孕妇女的非区别对待性歧视。

1. 工伤风险的性别盲点

传统工伤的概念表达了一种工作的失能风险,也就是因为工作才对工作者造成的身体伤害,尤其是意外工作事故的伤害,以区别职业病伤害。工伤保险和工伤赔偿是社会和雇主对工伤者风险的分担和失能救济,这一概念中的受害人只能涵盖普通单一主体,而没有考虑孕妇工伤伤害的复杂性。怀孕是只属于女性的特殊经验,忽略这一女性的普遍经验,将使工伤的实际风险在两性中的分担产生差异,怀孕作为一种真实的性别差异成为男女不平等的基础,强化了女性固有的不平等工作处境。审视现有工伤法和妇女法,均无关于怀孕妇女工伤的特殊确定,据笔者所及资料,也未能找到国外法律中相类似的规定。

1951 年《中华人民共和国劳动保险条例》及其实施细则,形成了中国大陆最初的工伤保险制度,1995 年《劳动法》将工伤保险作为五大保险之一。1996 年 8 月劳动部发布的《企业职工工伤保险试行办法》,第一次将工伤作为单独的制度实施,不仅规定了工伤保险的原则、工伤范围、工伤评残、工伤保险待遇,还规定了争议的处理和工伤基金的管理。工伤法的实施主要是行政执法途径,从程序上说,工伤后受伤人权益救济首先是工伤认定,包括以下几个方面:一是身份认定,受伤者必须是单位职工;二是相关性认定,因工受伤,地点和行为与本职工作相关联;三是伤害后果的鉴定,工伤必须有伤害的后果,尤其是长期的身体伤残不能恢复导致工作失能的后果。有关工伤法的立法精神

① 根据本案专题研讨会录音整理。

确立于20世纪50年代，当时新中国刚成立，从职业和性别参与上，妇女还未大面积走向工作岗位；从职业分布上，男性多从事高体力强度和高危险度的工作，更易发生工伤。那时以男性为标准立法符合当时的社会发展状况，但数十年后，一方面职业妇女人数众多，另一方面，虽有“四期”保护，我国职业女性在怀孕期少有不工作者，既然工作就有发生工伤的可能性，孕妇工伤除了本人可能受到伤害外，作为母体内的胎儿将伴随在母亲的工作中，也无法避免工作带来意外伤害的可能。

回到本案，如前所述，用人单位对封女士触电工伤的事实并无异议，但对工伤受伤人的认定发生分歧，从而也导致对工伤后果的分歧。作为一个卫生学校毕业又在医院工作的当事人，封女士触电时，本能地从母亲的角度担心腹中胎儿的健康，而最早对她施治的是自己工作单位——医院。医生在对母亲进行了检查后，马上也对胎儿进行了检查，说明大家的担心一致。但当封女士提出对胎儿的工伤赔偿时，却超出了工伤法调整的范围。因为无论从哪一方面说，工伤法律关系中受害人只能是职工，而排除职工以外其他人。但法律忽视了一个重要的事实——正是怀孕妇女的两位一体性，可能导致工伤伤害主体的复合性。母亲受伤，胎儿出生后虽然会成为独立的民事主体，但在母孕期具有与母亲合而为一的性质。胎儿作为一个活体，其法律上的生命权虽然不能得到承认，但其生命的存在却是一个不争的事实：不但存在，而且脆弱，极易受到伤害。几乎母亲受到的任何外来伤害都可能对胎儿造成影响，且有些影响甚至是终身的。对胎儿的伤害也是对母亲的伤害，封女士的经历说明了这种伤害的严重性。这一切皆是因为我们的当事人是一个女性，在现有医学条件下，只有女性才可能怀孕，只有女性才可能在怀孕时遭遇工伤中对胎儿的伤害，对胎儿的伤害反过来又成为对母亲的身心伤害。如果这一切得不到社会公力救济，就只有靠女性以私力，不公正地、独自承担工伤的风险。这不正说明工伤风险分配中的性别不公吗？这正是工伤立法中的性别盲点所致。

2. 工伤伤害持续化和合法化

本案显现了对工伤风险的性别不公正分配产生的一个持续化的伤害后果。

工伤保险和赔偿的立法目的，是为了让社会分担由于工伤造成的个人不幸和风险，让有过错责任者承担工伤损失，防止和减少工伤者持续性的不利状况——由工作伤害产生的劳动失能，并由此带来的生活和工作情况的恶化。本案当事人虽未丧失劳动和工作的能力，却在精神和体力上承担了过多的不利后果。

工伤成为本案当事人生命中的一个转折点，原本年轻漂亮又有能力的封女士以工伤事件为起点，在随后的20年里生活状况持续性不利和恶化，成为她无法逃避的灾难。她在求助中告诉我们：

“1983年11月13日，我在本院妇产科自然分娩生下了儿子……孩子两岁才刚刚开始蹒跚学步，3岁了连一句完整的话都说不出来，而且自己不会大小便……儿子因此而成为班上不计分的旁听学生，于是我带孩子到多家大医院治疗……17年求医的漫漫长路，我对孩子的智力恢复做出了超乎常人的努力，为了孩子能像正常人一样生活，为了孩子能够早日适应社会我付出了巨大的努力。”

“一个不正常(孩子智力)孩子加重了我的负担，要带孩子看病做治疗，我经常请事假，请病假，再加上不停申诉工伤及自己所受的不公平的待遇，医院领导对我很有成见，不但让我两次下岗，还因我同医院矛盾的迅速激化，被厂公安处金兰派出所非法拘禁了长达56小时(以扰乱公务为名)，孩子在家2天多没吃没喝没人管(与丈夫离婚)。”

从工伤开始，拖上病儿沉重的精神、体力与医疗负担，在没有多少社会资源的情况下，当事人顽强地到处讨公道找说法。在现有国情下，一个执意要说法的女性与单位的矛盾将是不可避免的，单位要想对付一个女工，是太容易不过的事，这样，又导致当事人工作权的丧失。两次下岗，是不是与封女士老去找单位的“麻烦”有关？这样求助是不是就变成了二次伤害？孩子的拖累加上与丈夫的离异(是不是与儿子的状况有关?)又是雪上加霜。法律上不能救济、用人单位的徇私(如果单位争取报工伤将会因报了工伤，单位职工140人的奖金就没有了[①]，实际上可能还有对领导政绩的影响是不能言说的)，丈夫家庭责任的逃避……这些情况加在一起，劳动部门、用人单位、离异丈夫形成了事实上共谋性伤害和责任免除，共同造成对她长达20年的伤害。这个本应由社会、单位、家庭共同负担的责任，就落在了一个弱女子身上。求医，讨说法成为封女士人生中的两件大事。她算了一笔账，仅孩子医疗的一项花费就多达22万元，这是她代儿子向法院民事起诉的标的。那么谁能计算，母亲的精神和身体的实际损失又是多少？她没有生活来源，她赖以生存的工作也在求助中失掉了。失去工作，使她失去了单位组织资源，之后可利用的社会资源就更少了。她从医务工作人员沦为下岗人员，从主流走向边缘，生存的风险更大，社会地位更低，在这期间她和孩子的生活状况可想而知。

① 封女士口述：医院在1984年还没有经济自主权，对单位的考核既可能影响领导的政绩，也可能影响职工的资金和福利。

因对这一工伤事件的不同认识，因损害赔偿“没有法律根据”，因触电与孩子弱智因果关系不清，证据不够确凿，所以这一切均成为社会、用人单位合法地逃避责任的借口，也是司法机关不能提供最终救济的理由。这些理由又是那样地“合法”，于是工伤对孕妇及胎儿的伤害就有了合法性。大家都是守法公民，大家都想依法办事，但无法可依，不是大家的责任，大家心安理得，没有人内疚，也没有人想对一个拖着傻儿子的中年女人负责。但我们是否想过，正是这种以男性为标准的合法性导致了对这个女性的伤害和再伤害。而这一切是任何一个男性在职业生涯中均不可能遭遇的。

3. 一个性别歧视的后果

《消除对妇女一切形式歧视公约》将“性别歧视”定义为“基于性别而做的任何区别、排斥和限制，其影响或目的均足以妨碍或否认妇女不论已婚未婚在男女平等的基础上认识、享有或行使在政治、经济、社会、文化、公民或任何其他方面的人权和基本自由”。

在国际妇女运动中，人们越来越多地发现，以中性面目出现的政策和法律实际上带给男人和女人的利益结果并不相同，要想实现男女平等的目标，决策时必须考虑性别均衡，即在男女权益定位和完善的过程中，为了保证不同性别相应的生存与发展空间，要采取必要的措施，克服历史与现实的缺陷，防止男人和女人在同一事件上的不同遭遇，更要防止同等对待带来的对一个性别的持续性不利后果。运用男性标准只会加强并保持以等级和性别为基础的社会体系，这种社会体系把女性置于“圈外和底层”。美国女性主义法学家凯瑟琳·麦金农曾提议，不应再用男性标准来判决歧视问题，应该调查研究的是“有关的法律政策或实践是否全面维持着由于性别身份而形成的低阶层贫困地位”。由此首先要求法律考虑制度化的性依附，而后着手消除这种性依附，这种途径与形式平等有实质的不同，后者甚至不承认性依附的存在。[①]

我们看到，工伤法对女性特征的忽略，致使工伤的伤害性扩大和继续。也许对妇女的歧视根本就不是立法的本意，但一个歧视性后果的出现又是在现有法律框架下的必然。加害者在维护自身行为合法性的同时，以消极不作为的方式，任由一个女人在工伤的重压下挣扎。本案的伤害源于封女士是一个女性，只有女性才可能怀孕，只有孕妇才可能在怀孕期间工作，才有可能成为工伤的受害者，才有可能伤及胎儿，因为法律性别盲视的缺陷，才使一个因工

① Catharine A Mackinnon. Feminism Unmodified Discourses on Life and Low. Harvard University Press ,1994:42.

受伤的女性得不到权利救济和补偿,进而造成一个女性的终身的灾难。这不是性别歧视,又是什么?这一性别盲点的产生对怀孕妇女性别歧视的结果不仅对于工伤,对于妇女怀孕期间的职业病对胎儿的伤害也具有重要的意义。对胎儿的伤害应成为工伤保险赔偿的重要内容。

从理论上说,“性别歧视”是一个多维度的概念,麦金农认为法律上的“歧视”概念,是用来救济某些社会群体区别概念的不当运用。

加拿大最高法院在1989年Brooks诉Canada Safeway(Brooks V. Canada Safeway Ltd.[①])一案中接受了女权主义的影响,提出一种新的歧视检验法,称为“不利条件”检验法,这一检验法假设一个人是一个长期处于不利地位的团体成员,如果有事实能证明对某一当事人基于个人或团体特性的区别对其他人是没有的,并且这种区别使其不利的状况或地位持续下去并进一步恶化,那就构成歧视,不论歧视者(组织或个人)是有意的还是无意的。不利地位是通过检验原告的社会、政治和法律地位的现实来确定的。

(三)孕妇工伤中母亲和胎儿权益整合

孕妇工伤中对母亲和对胎儿的伤害是既有共同性又有区别性的问题,有时可能导致利益的冲突,在优先性排序上,通常会出现母亲的自觉让渡。

1. 以“前胎儿”为主体的民事救济

在本案例的讨论中,有人认为,本案事故中胎儿的法益可用民事方法救济。《中华人民共和国民法通则》136条规定,人身受到伤害要求赔偿的,时效为1年。但137条同时规定,有特殊情况的,人民法院可以延长诉讼时效期间。《最高人民法院〈中华人民共和国民法通则〉若干问题的意见(试行)》第168条规定:“人身损害赔偿的诉讼时效期间,伤害明显的,从受伤害之日起算;伤害当时未曾发现,后经检查确诊并能证明是由侵害引起的,从伤势确诊之日起算。”孕妇工伤延及胎儿伤害的时效问题,应从孩子出生后知道伤害后果及与健康的相关性开始。

胎儿的赔偿曾有可借鉴的案例。如1952年,德国一个受到了梅毒感染的人,感染原因追至母亲在怀孕前的一次输血,该案起诉后,法院的判决指出:“胎儿有权在不受别人的疏忽造成伤害的情况下出生。”判决认定医院要赔偿胎儿出生后的健康损害。[②]

英国法律委员会在《关于未出生胎儿人身伤害问题的工作报告》中曾引用过拉蒙特案的判决词:如果认为一个胎儿在出生后没有任何因出生之前的伤

---

① Brooks V. Canada Safeway Ltd.,(1989)IS. C. R. 1219.

② [美]彼得斯坦,等. 西方社会法律的价值. 王献平,译. 北京:中国人民公安大学出版社 1990.

害提起诉讼的权利，那么就会使他遭受不可弥补的伤害。[①]

著名的美国"乙烯雌酚女儿"也是如此。乙烯雌酚是一种销量很大的高效雌激素，在1941—1971年的30年间，约有300万～600万美国妇女使用过它，预防晚期流产。乙烯雌酚曾以200多个商标名进行生产，并以多种剂型广泛应用于美国、加拿大和欧洲。直到1971年，"乙烯雌酚女儿"出现一种罕见的阴道癌并确认与乙烯雌酚有关，于是引起有关的诉讼和赔偿。1982年，加州辛德尔诉阿伯特化学厂案，就是这类典型案件。成年的辛德尔患了癌症，原因是母亲怀孕时曾服过乙烯雌酚。证据是她母亲就医用药的病历。但当时有11家厂商，因无法确认是哪家厂商生产的，11家药厂负共同连带责任。这一判例的原则是，未出生的胎儿遭受人身伤害时，可视其为人，可以为补救的目的而在其出生后就其出生前所遭受的损害提起诉讼。[②]

我国已有类似的案例，但没有国外那么长时间的跨度。这种民事救济的诉求主体是出生后的民事主体为其胎儿期的法益寻求健康损害救济。但在这类民事救济中，当时怀孕的母亲却不是当事人，除了证据的意义，诉讼中少有母亲的声音，更没有独立诉求的可能性。因为胎儿受伤害后母亲承担的精神压力及伤害没有被视为可计量的伤害。

2. 母亲在诉讼中权利的让渡

通过进一步的分析，可以发现，以上救济方法的着眼点是救济出生后的子女利益，所有的赔偿均未考虑作为怀孕母亲在伤害事件中伴随的身体和精神伤害，而以孩子（或已成人）在其出生前的法益损害为重要的事实，这里视母亲为一个无生命的胎儿生命的承载工具。将女性在生育中的作用工具化，是这类案件对女性的另一类伤害。胎儿利益高于母亲利益，或者在损害中母亲的利益为胎儿利益所吸收，区别二者的主次，在母子利益中权利向儿童倾斜，是各国法律的惯例及文化基础。反过来，这也内化为女性意识中的母性意识，母爱的无私加剧了这一倾向，使女性在这类案子的诉求中忘记自身利益，而一味为孩子讨公道，这一方面说明母爱的伟大，但另一方面，一味地追求和强调胎儿法益，会再次造成对女性利益的忽略，深化原本已经形成的歧视，进一步加深对女性工伤者的多重伤害。

本案的当事人也一样，自始至终，母亲考虑的都是孩子的利益，是为孩子

---

① ［美］彼得斯坦，等.西方社会法律的价值.王献平，译.北京：中国人民公安大学出版社 1990.

② 美国波士顿妇女健康写作小组.Boston Women s Health Book Collective：我们的身体，我们自己.刘伯红，等，译.北京：知识出版社，1998，Bryan A. Garner，Black's Law Dictionary. WEST GROUP，1999，P1029.

讨公道,完整地表现了母亲为儿子要说法的冲动和坚韧。在本案的民事起诉中,原告是儿子,因为儿子智力的原因,封女士才可能成为儿子的代理人,而在另一些案子里,可能根本不需要母亲的出面。

3.母子利益及诉求在权利救济中的整合

值得讨论的是,工伤索偿权是母亲的权益还是出生后孩子的权益?母亲在这之后派生的法律关系中是否只是一个代理人的角色?因此我们需要探讨一种整合性的救济策略。

(1)对母亲的伤害事实。触电是一种直接伤害,但却不一定造成对自身直接的伤害性后果。但工伤后的当事人的精神和工作损失,以及儿子的医疗负担,应该是对当事人的间接伤害。这种特殊伤害,应计入损失赔偿。

(2)对胎儿的伤害事实。这个不幸的孩子在母亲体内7个月时触电,当时一个直接的后果是“胎儿宫内窘迫”。1983年9月14日触电后的医院抢救病历上写着:当事人“怀孕7个月,触电,胎儿宫内窘迫,胎心时有时无”。三天后,9月16日医生复查时病历上仍然写着“胎心时有时无”。医学研究论文上关于因果关系的论述:胎儿宫内窘迫可直接危及胎儿的健康和生命安全,是胎儿围产期死亡及新生儿神经系统后遗症的常见原因。是否能造成智力残疾取决于胎儿宫内缺氧程度和时间,动物实验研究提示,完全缺氧12分钟,低氧2小时可引起中枢神经损伤及脑后遗症,致残率大约有45%。该案中伤者从14日触电到16日复查,一直是处于一种胎心不正常的状况,现有证据推断至少胎儿缺氧达48小时以上。损害的因果关系应该是显而易见的。胎儿的健康状况尤其是智力健康的状况至少在3年后才能有一个明确的诊断。法院以年代久远推诿是没有根据的。

(3)母子工伤伤害的共时性和同体性整合。一个可以提出讨论的思路是将怀孕的女性与她腹中的胎儿作为一个整体考虑,视这一特殊工伤受害者为一复合主体,将工作中对胎儿的伤害视为对母亲伤害的一部分。根据2002年6月29日《中华人民共和国安全生产法》第48条规定:“因生产安全事故受到损害的从业人员,除依法享有工伤保险外,依照有关民事法律尚有获得赔偿的权利,有权向本单位提出赔偿要求。”这样,我国工伤救济可循两条路径:一是工伤保险,二是民事诉讼,前者为行政救济,后者为司法救济。对后一种手段的使用,学界有两说:一为“补充说”,认为司法救济只是行政救济的补充手段,行政救济不仅同其他劳动权益一样,是诉前程序,而且只有当前者救济不足时才可启动。二为“兼得说”,即行政和司法救济可两条腿走路,同时进行。

笔者认为“兼得说”更有利于对工伤中母子的救济,理由是,首先怀孕后坚持工作是职业女性的特殊经历，但又具有一般性，绝大多数的中国职业女性孕期都坚守在工作岗位上，工伤事故发生时，母亲是工伤的直接受害者，胎儿是间接受害者。其次，胎儿的人格应为母亲吸收，我国法律规定，生命自婴儿出生始，所以其人格应为母亲吸收，作为母亲的一部分。胎儿和母亲一起工作，一起受伤，母亲身体的复原能力和胎儿有较大的距离，胎儿的伤害来自于母亲，母亲的伤害来自于工作，胎儿作为间接的受害“人”，却不是法律上的“人”，应附属于母亲的工伤一并考虑，如果割裂了母亲与胎儿的联系，从而割裂母亲与工伤的联系，将会使法定的工伤索偿权无论从行政渠道还是从民事渠道化为乌有。再次，在工伤保险中索赔主体应该是母亲，这样与母亲与工作单位的劳动关系相一致，对胎儿的伤害视为对母亲身体的部分伤害将能使权利得到较好的救济。除工伤保险外，在工伤赔偿民事诉讼中母亲应为第一起诉人，出生后的孩子可以作为共同原告参加诉讼。最后，赔偿的内容不仅是对前胎儿的身体伤害，也应包括对母亲的精神伤害和她为伤害付出的体力和精力。在证据上，应按工伤法由用人单位负举证责任。

(四)本案救济不能的制度性原因

本案当事人关于救济的诉求不是一下子就很清楚的，期间有一个意识觉悟的过程，但这一过程是伴随制度和制度处理案例的发展而发展的。在现有制度框架下，孕妇工伤权益救济不能是必然的。之所以如此，究其原因，有以下几方面。

1.“法律人”假设的男性标准

在我国，法律常以客观中性的面目出现，掩盖了法律的男权特征。但看起来中性的法律，实际的“性别”只能是男性，因为“法律人”假设中抽象的“中性人”不可能存在，现实中的人的常态非男即女。由于法律在长期的历史建构中，是以男性意识形态和经验为基础的，造成女性长期在法律上的失语状态，即使在有较多的女律师、女法官等等的今天，中国现代法也仍然没有改变父权制色彩和男性意识主导立法的路径依赖。男性几乎是女性的天然代表，当然地替女性表达着有关法律的诉求。表面上忽略性别的法律实际上可能忽略的是女性的法益。历史的经验证明，同样的法律规范，由于预设的原始权益配置不同，带给两性的将是不同的利益后果和格局。正是由于法律缺乏女性的觉察力，法律的目的、本质和概念受到男权意识的深刻影响，反映在法律上，就是性别偏见和“法律人”的不完全性，使法律在处理、解释甚或理解多数人的生活多样性时显得很笨拙。如果法律不能包容两性经验的多样性，不能反映可能与男性完全不同的女性经验，且对法律的固有偏见视而不见，法学理论的发展将会受到限制。

女性主义法律理论的目的之一就在于阐明程度不同的男性在法律上的偏见。以工伤法为例,法律在早期考虑工伤受害人时,以男性为标准是当时社会职业的一种反映,但发展到今天,单一男性的规范标准的适用性太窄,不能将妇女生活的特殊性和不同性考虑进去。

2. 法律以男性经验为基础

也许工伤法的起草者多为男性。让一个男人对女性怀孕的处境做出反应,即使凭想象,大概也是不可能的,虽然大多数男性可以是父亲,但怀孕不仅不在他所能体验的范围之内,还在于在工伤法中怀孕可能被认为是极个别的不具有一般意义的现象。法律在妇女没有广泛走向社会时以男性的经验为基础,本无可厚非。但法律几经修改,仍然无视妇女在职业层面广泛参与的现实,不能考虑人的经验的多样性和妇女经验的特殊性,以一种性别的经验强行地作为另一性别的经验基础,导致了其中一个性别的不利处境。

女性与男性相比,她们受平等对待的机会受到这样的限制,即妇女与男人必须是一样的。这种比较的标准严重限制了妇女的平等要求。诸如歧视怀孕、强奸、性骚扰、虐待妻子、卖淫和色情等问题被排除在平等所应考虑的范围之外,因为作为比较者的男人没有可比较的需要。没有相同状态的体验,所以也就没有提出抱怨的法律基础。换句话说就是"男人不需要的,妇女也甭想得到"。这样的结果致使由于没有把怀孕作为性别的组成部分,妇女的平等被限制在与男人具有同一性范围内①是一种间接的或隐性的法律性别歧视②。我国现行法律制度中缺乏对妇女经历的理解,正是长期以来法律中的男权意识和经验主导决定所致的。这是一种立法的缺陷,必须加以克服。

3. 法律文化中生育责任在两性间的不合理配置

法律制度背后是其赖以存在的政治、经济、文化基础,从某种意义上说,法律文化决定法律权益配置的倾向性。如果人类的再生产分为两块,一块是物质的再生产,另外一块是人类自身的再生产,那么妇女不但和男性一起承担了物质的再生产,还独立地承担人类再生产的负担,生育应视为女性的特殊贡献,但国家和社会却不能很好地给予补偿。在社会认知上,女人在为自己生孩

① [加]凯瑟琳,马奥尼. 作为人权的妇女权利:各种理论观点的分析及其实施战略//白桂梅. 国际人权与发展,中国和加拿大的视角. 北京:法律出版社,1998.

② 英国《1975年性别歧视法案》将性别歧视分为直接和间接两种形式:直接歧视是指以一具体特征如怀孕为理由的区别对待,根据英国法律,一人出于性别或婚姻状况为理由以劣于其对待属于另一性别或婚姻状况的人士的方式对待另一人士,即属直接歧视。间接歧视是指一貌似中立的条款标准实质上基于性别理由对某人造成不利影响,通常有正当理由的抗辩。对本案检视有借鉴意义。

子，社会不想补偿妇女，所以妇女生育保险迟迟难以全面推开。国家和社会并没有认识到对生育特殊补偿的正当性，特殊补偿的基础应该是基于妇女的特殊贡献。生育文化中女性的工具性价值使女性在法律上名为主体，实际沦为客体，在法律对怀孕妇女的保护中，很多立法的宗旨是更倾向于保护未来儿童的。这样不仅生育和计划生育的负担多由女性承担，职业中因怀孕遭遇伤害的风险也片面地分配给了最无力承担风险的弱者。这样，原本应由社会和用人单位及家庭承担的生育责任与风险，就成为私人家庭的风险，家庭中如果丈夫不与妻子分担，妻子就成为制度配置上的单方面负担。

4.关于法律及制度的缺陷

在本案讨论中，笔者发现关于妇女法及劳动法本身的制度性问题如下。

(1)女性意志法律表达不足。我国现行法是全体公民意志的表现，但妇女在行使公民权的意志表达上不足，以致妇女的经验和感受不能上升为法律。以工伤法而言，妇女怀孕发生工伤早有先例，但一般是单位给一点补偿了事，在法律的修改中，无论是《劳动法》，还是《妇女权益保障法》，或是《女职工保护条例》，均未考虑怀孕妇女工伤特殊保护。

(2)性别歧视的不可诉。法律上没有性别歧视的定义。性别歧视，尤其是就业中的性别歧视，多不可诉；就是起诉，也多是借名起诉。至今还未见有以性别歧视为名的诉讼。另外，在劳动权救济程序上有诉讼前置程序的设计，与男性相比，更易成为妇女用法律武器保障法定权利实现的障碍。

(3)妇女权利的隔离。这是一个还没有被充分认识的问题，在中国，男女平等和妇女权益保护已成为公民理念和国家意识形态的一部分，但问题在于宣言和口号并未能变成实际的利益，说不定喊的多了，不仅会使其成为一种空洞的不具多少实际的内容，反而会忽略女性权益的实际状况，甚至造成权利的隔离。通常人们在一个妇女圈子里谈妇女权利，男性也习以为常地为妇女画定一个圈子。在一般法中，尤其是低位阶法，立法时很少考虑女性的利益，一些在实践中应用最广的法律，并没有关于妇女权利的特殊规定，如《中华人民共和国工伤保险法》。这样就造成女性权利不仅容易被虚化，也容易被隔离。

(五)修法建议

鉴于本案的情况，更由于怀孕妇女工伤或职业病可能伤及胎儿的一般性[①]，建议对《劳动法》和《工伤保险条例》进行修改，具体建议如下：

---

① 通过对工会和劳动部门的走访，我们发现，在实践中，这类情况并不少，但多是与单位协商一下，随便赔一点钱，或是以困难补助的方式做一点经济补偿。

修改《劳动法》第七章,女职工和未成年人特殊保护,在第六十一条"不得安排女职工在怀孕期间从事国家规定的第三级体力劳动强度的劳动和孕期禁忌从事的劳动。对怀孕七个月以上的女职工,不得安排其延长工作时间和夜班劳动"后增加一款:女职工怀孕期间发生可能造成对胎儿人身损害的工伤和职业病按工伤,职业病损害处理。

修改《工伤保险条例》第三章工伤认定,"第十五条 职工有下列情形之一的,视同工伤:(一)在工作时间和工作岗位,突发疾病死亡或者在48小时之内经抢救无效死亡的;(二)在抢险救灾等维护国家利益、公共利益活动中受到伤害的;(三)职工原在军队服役,因战、因公负伤致残,已取得革命伤残军人证,到用人单位后旧伤复发的。"建议在第(三)款后增加第(四)款:女职工怀孕期间发生工伤和职业病经医学鉴定对胎儿造成人身损害的。

如果修法有困难,在目前情况下,劳动部可以文件形式将女职工怀孕期间发生工伤和职业病经医学鉴定对胎儿造成人身损害的工伤认定作为劳动部门工作鉴定的一个特殊内容。

本案所反映的问题不完全等同于国际法或外国法中的性别歧视,而是一种在平等掩盖下的非差别待遇,是一种常见的忽略,反映出性别歧视另一特点。纵观我国劳动及妇女相关法律规范,平等和特殊照顾并举,但却存在关于孕妇工伤的重大疏漏。它是导致表面平等,实际利益受损的事实。权利救济不能导致持续性的多重伤害的歧视性后果。这不是一个当事人的事,这一事件具有一般性,是大多职业妇女都必须面对的问题。对胎儿的伤害应成为工伤保险赔偿的重要的内容,这是在未来修法中必须解决的问题。

无论是相似状态[①]还是不利条件,区别对待和分类对待固然可能造成歧视,但法律中的性别盲点和特殊性的忽略也能带来一个歧视性的后果,这是一种消极的不作为的歧视,"不利条件歧视"关注的是起点,"同等状态检验法"关注的是分类,而本案让我们关注的是过程和结果。也正是法律的这一盲点,才使妇女在职业中难以克服由生理带来的障碍,这一障碍强化了妇女在职业竞争中的劣势,从而进一步导致女性社会职业权利具有脆弱性和易受侵犯性。对歧视的检验应建立在法律制定和实施的全过程,尤其是对结果的考察上。如果一个法律由于不能考虑某一群体的特殊性,而带给一个群体经常性、持续性的不利后果,就应该认定其为歧视,如果是基于性别,就是性别歧视。不管

① 传统上以亚里士多德的"相似状态检视法"(也作同等状态)作为性别歧视的检验标准,即同类的同等对待,不同类的不同等对待。背后的指导理论是差异论。

法律有规定还是没有规定，义务主体都应该承担法律上的纠偏责任。这不仅对于性别，对于年龄和身份的歧视也是如此。

打破法律上的男性标准，是反性别歧视立法的重要任务。男性标准本来是一种歧视，以男性标准作为衡量歧视的尺度，更不能获得性别平等。不论我们追求的妇女解救方法是同一性还是差异性，运用男性标准只会加强并保持以等级和性别为基础的社会体系，这种社会体系把女性置于“圈外和底层”。

有关法律与性别的讨论，尤其是来自于司法实践的案例讨论将在方法上开拓我们的视野，发现女性的经验和声音，有利于本土性别歧视理论的建构，我们希望更多的研究者和妇女组织关注和参与这一进程，从而使妇女权益的推进在研究和司法推动修法两条进路上同行。

案例15 广东惠州超霸电池厂和先进电池厂女工镉中毒案

一、案情简介

2004年5月，香港金山集团公司旗下的广东惠州超霸电池厂和先进电池厂部分员工相继被检测出血镉、尿镉增高。至当年8月3日，广东省职业病防治院共检测了两家企业1 021名职工，其中177人因体内镉含量超标被列为“观察对象”，其中只有2人被确诊为镉中毒职业病，得到法定的补偿，其余的“观察对象”没有任何补偿。从2004年12月到2005年4月，300多名受到镉污染危害的女工相继向惠州市惠城区人民法院提交起诉书，要求被告企业先行支付未来镉中毒可能病发时所需的医疗费和交通费，并予以赔偿精神损害抚慰金，共计25万元。针对这一事件，厂家表示了较积极的应对态度，宣布与政府已达成四条协议，今后不论多少年，哪怕是30年，镉超标和镉中毒的工人们的权益都会得到保护，包括不解雇体内镉超标员工。法院方面认为法律只对已经发生的损失有追究损害赔偿的义务，对未来可能发生的损失追究没有法律依据，于是她们的起诉书被一一驳回。原告不服，又上诉到惠州市中级人民法院，依然被驳回。之后有部分“观察对象”或辞职或被解雇，企业并没履行承诺的“保护义务”。因为目前医学还没有很好的镉排毒办法，离职者成为潜在的镉中毒发作者，甚至很难找再找到工作。2006年8月18日，在一批上诉人又被惠州市中级人民法院驳回上诉后，又有146名女工向广东省惠州市惠城区法院提起诉讼，分别状告当地两家电池厂，重庆立太律师事务所的两位律师作为原告代理人,代表其中 65 名镉中毒民工向一家电池厂提出了总共 1 635万元的医疗和精神赔偿要求。这是女工们在两年内第三次走到法庭要说法。原告在诉状中称,在原告被查出体内镉超标后,只得到了少量补偿后便被解除劳动关系,违反了《中华人民共和国职业病防治》的相关规定,对方承诺一年后安排原告等人进行健康检查及承担相关的费用(包括生活费),都未履行。由于得不到及时的治疗,抵抗力下降,有的员工已经出现不同程度病症,被其他企业拒收,一直失业,生活艰难。因此,原告提出进行镉复查,并要求赔偿误工费、复查费及恢复劳动关系等。

广东惠州市惠城区法院开庭审理镉超标女工诉超霸电池厂案。在 2006 年 11 月的庭审中,法院认为惠州超霸电池厂所有原告经检查均未达到镉中毒程度,尚不构成职业病,也不属于工伤,更未达到致人体严重损害的程度,依法不属于给予精神损害赔偿的范围,对原告关于精神损害赔偿的要求不予支持。2007 年,历时两年多的"金山集团公司工人镉增高"诉讼案最终达成调解协议。金山集团公司表示将每年为 145 名相关员工进行镉复查并负担相应费用。金山集团公司成立总额 1 000 万港元的基金,向内地数百受影响的在职及离职员工提供一次性补助,数额为 3 000 元或 8 000 元不等。

鉴于案件的影响,惠州市政府召开媒体见面会通报事件处理结果,惠州市卫生监管部门已依法对企业做出警告、罚款、责令企业永久停止镍镉电池生产的行政处罚决定。企业安排工人进行了职业健康检查,对 8 名诊断为职业性慢性轻度镉中毒者进行住院治疗,并支付营养费,对列为观察对象的工人每年安排一次镉复查,依据和参照有关法律法规给予工人经济补偿。但公安部门向公众公布的调查结果,证明传说中的 2 名镉中毒死者与"镉增高"无关,因为其职业中并无镉接触史。至此,案子基本结束。[①] 之后因协议要增加赔偿额度,要求重新协商问题,工人与厂方发生冲突,也有女工到香港金山集团公司总部继续请愿。[②] 可能随着镉超标"观察对象"不断向镉中毒者转变,案件的后续影响绵延不断。

二、本案分析

这是一起引起广泛社会影响的案件,值得分析的方面很多,但整个案件在起诉和审理过程中并没有纳入性别视角却是笔者关注的主要问题。

---

① 周睿.民工镉中毒案在广东惠州开庭 65 民工索赔 1 635 万元.人民网,2005-3-20.

② 惠州超霸镉中毒女工维权遭暴打至重伤.网易博客,2010-8-16.

（一）职业伤害的法律责任主体

事发企业惠州超霸电池厂和惠州先进电池厂，二者均为香港金山集团公司下属的独资公司，主要生产镍氢电池和镍镉电池。当地卫生部门的调查结果表明，这两家电池厂部分作业场所安全不达标，导致大批职工受伤害的氧化镉、镍化合物等主要存在于镍镉电池的生产过程中。《中华人民共和国职业病防治法》第十七条规定：新建、扩建、改建建设项目和技术改造、技术引进项目（以下统称建设项目）可能产生职业病危害的，建设单位在可行性论证阶段应当向安全生产监督管理部门提交职业病危害预评价报告。安全生产监督管理部门应当自收到职业病危害预评价报告之日起 30 日内，做出审核决定并书面通知建设单位。未提交预评价报告或者预评价报告未经安全生产监督管理部门审核同意的，有关部门不得批准该建设项目。职业病危害预评价报告应当对建设项目可能产生的职业病危害因素及其对工作场所和劳动者健康的影响做出评价，确定危害类别和职业病防护措施。

本案被告电池厂导致大量员工镉超标引起较大社会反响后，惠州市卫生监管部门已依法对企业做出警告、罚款、责令企业永久停止镍镉电池生产的行政处罚决定，但是却没有追究当初建厂审批和政府监管的责任。而且对已经造成的损失法律无能为力，也是采用行政方法要求企业对镉超标工人负起责任，这种事后处理的方法当然有一定的效果，但是并不符合职业伤害以预防为主的原则。如果说有责任主体，至少当地建厂审批部门要承担一定的责任。据说日本在很多年前就停止了镍镉电池在国内的生产，我们国家为什么要引进这样的生产企业？之后在江苏无锡的松下电池厂也产生了同样的问题，不能不引起人们的深思。

（二）被告赔偿责任的难点：镉超标或镉增高“观察对象”的损失有多大

本案的主要争议点是作为被告的电池厂，对已经造成的职工体内血、尿超标事实要不要负法律责任，负什么样的法律责任。另外，谁是检测的权威机构，检测结果是否真实也都存在争议。工人当然要求企业负全责，但关键的问题是人体镉超标之后会发生什么，谁也不知道，个体可能是也有较大的差异。因此赔偿额度成为最大的问题，在达成协议之后会发展成暴力冲突，也是因为原告发现同类的事件中别的地方的赔偿比自己高。这次纠纷惊动了惠州市政府，市政府曾多次召开新闻发布会，其间，有记者问时任惠州市副市长许光：“如果真有工人排镉需要很长时间，会管他 30 年吗？”许光副市长表示：“会，不管是多少年限，我们政府将督促企业要永远地把它搞下去。”电池厂的法人许永新也表示："法律的责任我们是全部承担的。"[①]但是负的责任能否让工人满意却是另一个问题。被观察者女工刘红妹曾告诉记者："当时我们再倒回那个工厂去上班，我们真的非常害怕，以为数百人会马上死亡。因为医生说没有药。"大部分女工最后选择和电池厂解除合同，她们得到了 3 000 元、8 000 元、20 000元不等的一次性补偿金。从惊慌中缓过神来的女工们，很快意识到，仓促解除合同是一个非常不明智的决定。2005 年 65 名女工第一次联合起来向法院要求恢复劳动关系，但法院没有立案。[②] 本案中的原告之所以反反复复不断变更法律诉求，对伤害的预期不稳以及法律也没有标准是一个重要的原因，于是只能是讨价还价，而背后的问题和制度的未来建构需要进一步讨论。

(三)关于"预先赔偿"

在 2004 年 8 月 3 日，广东省职业病防治院共检测了两家企业 1 021 名职工，其中 177 人镉超标，被诊断为观察对象，另有 2 人镉中毒，确诊为职业病。也就是说职业病的发病率不到 2‰，但镉超标者却比 17%还要多。寻求权利救济的主要是这些"观察对象"，企业也应降低工作场所空气中镉的浓度，减少作业工人的接触时间，将镉对人体的损害降到最低。[③] 如果不作为，企业当然应该承担责任。

法院认为：这些原告大都被诊断为"镉作业观察对象"，未达到职业病标准，根据相关规定，未构成工伤，因此不能按照工伤标准获得赔偿。原告要求被告赔偿将来可能发生的医疗费和交通费，但原告起诉时未能提供医疗部门和鉴定机构对该医疗费必然会发生的意见，因此要求"预先赔偿"没有依据。法院的不顾实际情况的法条主义审判方式使得向司法讨公道的当事人屡屡败诉，既不利于争议的公平解决，也增大了事态的严重性。延至 2007 年达成的调解协议，一方面表明了法律本身存在的缺陷，同时也对司法提出了挑战。但是在实践中，司法救济的力度仍然不够，行政出面解决问题的情况经常发生。这一问题值得深思。

新闻发布会上，惠州市公安局副局长蔡××表示，媒体报道曾在惠州超霸电池厂、先进电池厂工作过的女工中有两人死亡，据公安部门调查，这两人的死亡都不能认定为镉中毒致死。两人进厂后分别从事办公室行政和保安工

---

① 广东镉中毒女工生下全身乌黑婴儿. 重庆晨报，2006－12－12. http://news. sina. com. cn/c/2006－12－12/025510740153s. shtml.

② 同①.

③ 韩磊，仲立新，张恒东. 江苏省某镍镉电池生产企业镉作业工人尿镉水平调查. 中国职业医学，2012(4).

作，无镉作业接触史，前者到惠州市人民医院住院治疗，诊断为原发性肝癌、右肺转移癌、呼吸循环衰竭，于去年8月死亡；另一名女工到惠州市中心人民医院住院治疗，诊断为病毒性脑膜炎并继发性癫痫、脑肿胀、脑疝、妊高征、肺部感染等，于2005年3月9日死亡。但是一项江苏镉电池的研究表明，尿镉超标工人所在岗位空气中镉及其化合物短时间接触浓度（STEL）与时间加权平均浓度（TWA）均不是超过国家标准限值。不同工龄镉作业工人尿镉水平比较，差异有统计学意义。因此不能仅以是否与镉的工作岗位有直接的接触来判断死者死亡是否与镉有关。

对另一位四川女工付××之死，之前的媒体报导：2006年1月，打工妹付××死在了自己的四川老家。19岁那年，付××来到了惠州先进电池厂，当了一名女工。2004年5月份，她的双腿肿了起来。当地医院说是急性肾炎。付××请假回到了四川老家，检查结果是肾功能不全，慢性肾早衰。付××慢慢变得行走困难，还出现骨质疏松的症状，排泄不出去的毒素开始侵蚀她的皮肤和其他器官。惠州市卫生局副局长喻××解释，卫生部门组织调查小组赴四川省泸州市对其死亡情况进行调查，并邀请广东省职防院专家进行了分析，结果显示，死者在无镉作业车间工作，在泸州市医学院附属医院住院治疗诊断为慢性肾功能不全，随后市疾控中心对其采集尿样送省职防院进行检查，结果显示尿镉正常，尿β2-微球蛋白未达到慢性轻度镉中毒诊断标准。[①]但是家属仍有异议，各种不同的说法也导致了协商和赔偿的难度。

（四）本案忽略的性别问题：镉超标“观察对象”及她们的胎儿或婴儿

笔者关注的是本案中涉及的女工现在和未来的生育和对胎儿或婴儿的影响[②]。据报道，这起镉伤害职业纠纷案的当事人之一周××也是惠州的电池厂的女工，2004年就在工友相继发现患病的时候，她正好怀有四五个月的身孕。女儿柔柔一落地，周××就吃惊地发现孩子跟其他婴儿完全不一样，柔柔的皮肤呈现一种类似淤青的黑色，全身乌黑，脸部还有血管瘤。周××带着孩子去了很多家医院，但医生都不知道这个小女孩身上到底发生了什么事情。两岁的柔柔现在就已经不喜欢别人看她，不喜欢别人讨论漂亮不漂亮的话题。周××与发病的女工来自乡村，她们都来到惠州的电池厂里打工。由于她们所在的工厂都生产一种镍镉电池，所以在她们工作的这些年里，她们一直都与

① 胡服.广东惠州镉中毒案和解 死亡女工与镉增高无关.南方新闻网，2007-2-1. http://news.sina.com.cn/c/l/2007-02-01/090811138802s.shtml.

② 广东镉中毒女工生下全身乌黑婴儿.重庆晨报，2006-12-12，http://news.sina.com.cn/c/2006-12-12/025510740153s.shtml.

一种粉红色的粉末——镉粉——接触，但女工们并不知道镉粉是一种对人体非常有害的物质。女工们在工作中不仅常年直接呼吸进镉粉，而且连吃饭喝水都是在封闭的车间里进行。镉是一种重金属，它通过呼吸道和食道进入人体后，主要伤害的就是肾器官和骨头——这种伤害是永久性的。医学目前并没有研究表明镉中毒女工与生育胎儿的关系，这一问题也没有进入诉讼视野。

在 2006 年 8 月的广州惠州的镉中毒案的审理中，一则报导称：32 岁的广东人姚×怀抱着 5 岁大的儿子坐在法庭的前列。去年 8 月，经过检查，她儿子身上的镉严重超标，她说，这次来是为儿子讨公道的。就在姚×离开超霸电池厂前，她已经在这里工作了整整 8 年。[①]

这两个当事人是不是冰山一角，后面还有没有陆续的镉中毒婴儿出生，其后发效应我们还不得而知。中山大学妇女与性别研究中心教授鲁×是这一案件的部分当事人的代理律师，已敏感地认识到了这一点。她认为：目前的相关法律对“工伤”保险的界定和赔偿，主要是工伤引起的肢体残疾等方面；职业病，尤其是重金属中毒，如镉超标等长期危害身体，有可能影响女工健康，甚至她们生育的子女也会受到影响，而这却未被纳入法律或当事人的索偿范畴。现行“工伤”立法范畴对职业病造成的身体伤害，未能予以重视和给予赔偿确认，这是现行法律的疏漏，也是本案的盲点。

案例 16　我不想流产——中毒胎儿未卜的命运

一、案情简介

某家化工厂长期违规排放二钾氨，周围的环境里总有一种刺鼻的味道，但没有引起任何人、任何机构的关注。该厂旁边是某公司，公司员工上班期间全在厂区内的宿舍住宿，公司实行严格的门禁制度。公司的员工宿舍距离化工厂的厂房约 70 米。原来的厂房离宿舍距离远一些，在 2006 年三四月，化工厂在自己的厂区内面向公司宿舍位置的空地上又加盖了两个车间。只要化工厂车间开工，在靠近宿舍的位置就能闻见刺鼻的气味。该厂的泄漏事件发生在 2006 年 10 月 8 日凌晨，最早发现泄漏的员工是早起上厕所的女工，当时气味特别刺鼻，非常人所能忍受，遂叫醒其他人，大家集体逃离到厂门外。约半小

① 周睿. 民工镉中毒案在广东惠州开庭 65 民工索赔 1 635 万元. 人民网，2005－3－20.

时后，110 出警，将人送到医院，因无人承担医药费，医院一直拒绝给病人用药。直到第二天政府介入，医院才开始给大家进行治疗。怀疑可能的原因是工厂排放气体量过大，且天气阴霾，空气湿度大，没能及时扩散到空气里。这次事件导致宿舍区内居住的 17 人中毒，其中有 3 名怀孕女工。我们对 3 名孕妇进行了跟踪访谈。事故后，她们最关心的问题就是是否会影响到胎儿今后的健康。医院因无相关的病例实验结果支持，无法给出怀孕女工准确的答案，只是建议怀孕月份小的流产。化工厂在政府的压力下，也只同意多给她们一些赔偿，如果同意流产，所有医药费报销，拒绝其他承诺。得到这个答复后过了大概 10 天，我们失去了与这些女工的联系。估计她们已经答应了化工厂的条件，不愿意再纠缠在这个事件中。她们的心情是可以理解的，如果没有很好的办法平复伤害的话，遗忘也不失为一个好办法。从始至终，她们没有人提到要追究单位的工伤赔偿责任，认为这是化工厂非法排出废气造成的，与自己的用人单位无关。加之政府的劳动行政主管部门介入调查处理，也没有提到工伤，她们就更认为没有可能按工伤处理，自然不会提及。但依据现有的工伤条例的规定，就算进入了工伤认定程序，其结果也不会保护到胎儿。

二、当事人陈述

受害者陈述：

我们公司是一个集团公司，总公司在市里是做房地产的，去年才在开发区办了这个厂。我们两个原来都在总公司，后来厂子成立了就把我们安排到这里。我们都不愿意来，离家太远，一个星期到周五晚上才能回家，星期天晚上又得做公司交通车回厂里，如果想星期一自己回，不到 6:00 就得起来。但我们也没办法，不来就会被公司开除，现在工作也不好找，只好将就了。我们跟单位从来就没有签订过合同。她是单位附近的人，她爱人是单位的厨师，她是今年才来上班的。我们公司管得严，因为这是新开发区，都是企业，晚上人少，治安不好，单位不准我们随便外出。

原来化工厂只在白天排放废气，车间这边闻不到，宿舍能闻到。我们还私下议论过，不知道对身体有没有什么影响。但大家也就私下说说，没人去找，去过问，再说也不知道找谁。

8 号的那天，雾大，有早起的人一开门闻见气味特别刺鼻，忙叫醒了其他人。我们逃到了厂门外。有的人反应大，恶心、头疼、呕吐。后来 110 来了，才把我们送医院。到了医院，没有人付钱，就把我们放到那。后来政府出面，化工厂来人交了钱，才给我们打上了点滴。过了几天，病轻的陆陆续续回去了。

我们几个怀孕的不走，他们必须给一个说法，万一孩子有什么问题怎么办。事出了以后，化工厂就停产了。他们派了个司机，把我们3人拉到妇幼保健院检查，但大夫说没有相关病理试验，确定不了会不会对孩子有伤害，只是建议月份较小的流产，因为胎儿正在发育期。检查完后又把我们拉回了工厂。我们不下车，要求化工厂的领导来解决问题。司机一看这情况，扔下我们就走了。一直等到晚上10点多，天气又冷，我们有身孕，又没有吃饭，只好妥协了。司机陪我们吃了饭，就把我们送回家了。

我们最近一直在家养着，真是提心吊胆，生怕孩子生下来有问题。但流产吧，都这么大了，也舍不得。再说我俩年龄都挺大了，以前不敢要孩子，现在再不要，害怕以后怀不上了。她年轻，但她公公婆婆是农村人，不准她流产。

前几天听说政府出面调解，让化工厂给我们赔钱。你们能关心这件事我们挺感激的，但政府在处理，他们不希望别的人介入，报纸也只报道了一次就停了。有什么我们会咨询你们，先看看政府咋处理吧。

我们不打算再回去上班了，本来就准备干到快生了就辞职的。我们知道有生育待遇这事，但我们单位是民营企业，以前也没人享受过这个待遇，他们不会认的。

三、维权观察

相关律师陈述：

通过报纸知道了这则消息后，我们敏感地意识到这个问题值得关注，就通过开发区的一个朋友联系这3位孕妇，后来发现，我们没有贸然地跑去是很正确的。16日下午，我们驱车近1小时才到了开发区，与当地的朋友联系后，本以为可以直接去厂里接当事人，却被告知厂里现在看得特别严，陌生人根本进不去。朋友让我们在他家等候，他联系了厂里一个工友，由这个工友通知当事人。过了一会儿，电话来了，说只有一位孕妇在厂里，另两个已回家休养，让我们到离厂500米远的拐角的一个商店等，她马上出来。感觉跟做地下工作一样。

我们等到了这位孕妇。在得知我们的来意后，她表示是否与我们交谈需要和她丈夫沟通一下。她打了个电话，征求了丈夫的意见，给我们讲述了经过，贯穿始终的是对孩子健康的担心和对政府的信任。我们与她探讨工伤的问题，她觉得与工伤无关，与自己的用人单位也无关，是隔壁化工厂的事。她提到现在化工厂还停产着，政府正在协调，化工厂是当地的利税大户。我们关心此事她表示感激，但谢绝我们更进一步的代理工作，说政府正在处理，害怕我们介入反而把事情搞僵了。我们希望知道另外两位孕妇的联系方式，她说不知道。我们能够理解，她可能不方便告诉我们。

在我们刚踏上回程不一会儿的时间，她打来一个电话，表示歉意，说她有的地方没有告诉我们实情，回家给爱人说了以后，爱人埋怨她不信任我们，她打来电话更正。原来化工厂早已复工，只是他们公司还没有上班。除他们3个孕妇和少数几个病情非常严重的人之外，其余的人已拿到了赔偿，就是医药费全承担，另支付800元钱。

我们能理解她的顾虑，个人的力量毕竟是弱小的，她还希望借助单位和政府的力量来维权。她已与另外两个当事人联系过，征得她们的同意后，将电话告知了我们。回到市里，我们约见了另外两名当事人。她们同样拒绝了我们现在的代理要求，但同意如果孩子生下来有问题就与我们联系。

过了几天，她们打来电话，告知最后的处理结果：可以比别的人多得到3 000元的补偿，如果同意流产，一切费用化工厂支付。但如果不流产，责任自负。工厂正常开工了，3位孕妇其中两位辞职，另一位继续上班。后来我们就和她们失去了联系，她们的手机处于无法接通的状态。

四、本案分析

(一)这次伤害是否属于工伤

怀孕中毒女性虽然不是工厂工人，但是是公司职员。按照国家关于工伤的规定，认定工伤要符合以下几点：在工作时间、工作地点、因工作原因而导致的伤害。事件虽发生在凌晨，但用人单位实行很严格的门禁制度，从周一到周六，非特殊原因不得离开厂区，晚上统一住宿。那么，这段时间员工是完全由用人单位控制的，应比照工作时间看待，用人单位有保护员工安全的义务。法律规定劳动者在上下班的必经之路遭遇机动车辆伤害，以工伤论，就是这种立法精神的体现。同此道理，虽非工作车间，但劳动者并无自由选择的权利，只能被动地由用人单位安置在此，因此，用人单位必须为劳动者提供安全的工作环境。这次的伤害虽与本职工作没有直接的关系，但不是该厂的员工，无法入住该宿舍，如果是该厂的员工，必须居于该宿舍。并非所有的提供住宿的用人单位对员工发生于其间的伤害都要承担工伤的责任，本案例中的用人单位承担工伤责任的前提是有严格的门禁制度，限制员工在下班后的自由活动，控制了员工在正常上班时间之外的时间。权利义务是对等的，其享有控制员工除假日之外所有时间的权利，自然应承担对这段时间的任何伤害以工伤论处的义务。至于此伤害是由第三人导致的，并不能豁免用人单位的义务，劳动者完全可以先行向用人单位求偿，用人单位因其赔偿而享有追偿权，可以向第三人追索其应当承担的部分。

(二)关于不流产责任自负的处理决定

就致害单位的态度而言，这个案件和封女士的案件仿佛是不同的，封女士一直在主张她的知情权，认为就是因为单位当时没有如实告知宫内窘迫会导致胎儿弱智，使自己丧失了选择权。而该案中，致害单位从未阻止女性获知相关信息。但我们深入思考后发现，两个致害单位的做法虽然不同，但希望达到的效果是一样的，隐瞒是为了不承担责任，让你知情也是为了不承担责任。我们所谓的科学，这时与用人单位结盟，侵犯了妇女的权利。因为宫内窘迫从科学数据上来讲只是增大了胎儿弱智的可能性，并非百分百会导致弱智，所以致害单位可以以此为借口不负责任。中毒是否影响到胎儿并无确切的科学数据来说明，这种或然性要让女性来抉择：堕胎，单位承担责任的可能性就彻底消失了；不堕胎，责任自负，因为我已预见了后果。在致害单位冠冕堂皇的理由下，致害单位放任的行为侵犯了女性的生育权。致害单位行为的不良后果，由无辜的女性来承担了，公平何在？

人类历史上曾有过对智障者做绝育手术的争论。20 世纪 60 年代，澳大利亚政府以弱智儿童生育的后代可能弱智为由，秘密地将一部分自认为的弱智孩子实行了绝育术。秘密档案曝光后，世界哗然，认为是践踏人类的行为。据英国《每日电讯报》报道，英国保护法庭(the Court of Protection) 2011 年 2 月 15 日审理了是否对一名有认知缺陷的女性在施行剖腹产的同时进行强制绝育。根据英国《2005 年精神健全法令》(the Mental Capacity Act 2005)，保护法庭可以代替那些医学上被认为缺乏心智能力的人员做出决定。这些人群会被要求接受外科手术、人流、强制避孕、甚至终结生命。报道称，如果法庭同意，那么这名女子将在定于 16 日进行的剖腹产手术中同时被切除输卵管，以防止她再次怀孕。残疾人权益保护人士称这种措施“激进而错误”。仅仅因为缺乏认知上的能力，就违背病人意志施行绝育是极端的做法。这严重侵犯了病人基本的人权，除非有明确的医疗上的证据。[①]

中毒有可能导致胎儿弱智，用流产的方式就剥夺他(她)们的出生权，这一问题在我国还没有引起关注。科学以优生的名誉进行胎儿的健康筛查，是不是符合正义？父母有没有选择生一个健康婴儿的权利？这些需要进一步的论证。

---

① [英]每日电讯报.英法庭将审理是否对智障妇女强制绝育引发争议.中国新闻网，2011.

致害单位要求怀孕中毒女性流产，主要是怕责任经母腹的孕育扩大，导致不可预测的赔偿结果。但其并没有穷尽科学的现有极限对怀孕妇女进行保护和赔偿。致害单位应该切实履行自己的义务，给中毒女性提供科学的检测手段，密切关注胎儿的发育状况。现在的科学技术已经能够给尚在母腹的胎儿实施心脏手术，也应该可以检测到中毒胎儿的异样。这个费用是高昂的，但是它是致害单位应尽的责任。如果穷尽了医学的极限仍然无法避免胎儿弱智，那么是否流产的选择权是女性的，致害单位也无权代行抉择。

在目前法律框架下，孕育中的胎儿不可能得到任何与工伤有关的赔偿。

经常接触铅、镉、汞等重金属的女工，妊娠流产和死胎的危险性大大增加。其中，铅与胎儿的智力有关，许多报道都证明了孕妇铅中毒可以影响胎儿大脑发育，出生后孩子智力低下；甲基汞可引起胎儿中枢神经系统的先天疾病；镉可影响生殖细胞的活性。最新研究发现，镍、锰、锂等金属对胚胎发育也有一定影响；还发现怀孕后接触二硫化碳、二甲苯、苯、汽油等有机物的妇女流产发生率明显增高，其中二硫化碳、汽油还会促进妊娠中毒症的发生。据国外资料报道，从事氯乙烯加工和生产的妇女所生婴儿先天性痴呆率很高。

第六章　性骚扰是不是性别歧视

性骚扰一词最早是由美国女法学家凯瑟琳·麦金农提出来的。1974 年，美国的一位女职员为了逃避上司的骚扰，不得不辞去工作而成为失业者。由于她是因“个人原因”辞职，按当时的规定她无权享受失业救济，她感到不公，请麦金农为她办理这个案件。麦金农对这位女职员的遭遇感到气愤，她第一次使用性骚扰这一名词，并指出性骚扰是一种建立在性别上的歧视。她认为工作的敌对环境也是性骚扰因素。性骚扰，尤其是上级对下级的骚扰也是一种权力控制。1986 年，美国最高法院认可了“性骚扰”的提法。之后，反骚扰成为国际妇女运动的一个主题，各国多通过国内立法的方式禁止性骚扰，我国 2005 年《妇女权益保障法》将禁止性骚扰写入了法律，但是归入人身权利部分，回避了职业中的上下级之间的权力控制关系。2012 年《女职工劳动保护特别规定》将禁止性骚扰纳入劳动权利，但是从国家立法层面，并没有定义性骚扰。一般认为性骚扰是不受欢迎的与性相关的或带有性意味的行为。其后果是影响了女性的平等就业权。在我国，对性骚扰的认知经历了一个从无名到有名的过程，下面的几个案例反映了这一过程。案例 17 是全国首例性骚扰案，案例 18 是发生在重庆的著名性骚扰案，但是被骚扰者遭到了骚扰者的反诬，两审均被驳回，显示出此类案子的复杂性。

案例 17　无名的诉讼——首例性骚扰案件的发现

一、案情简介

童女士是西安市某国有企业的一名员工，在办公室从事内勤工作，因工作缘故经常出入该企业总经理的办公室。1994 年，该总经理约童女士到某大酒店遭到拒绝，此后他又多次以将童女士调到好的工作部门为诱饵，在办公室里对童动手动脚。在一再被童女士拒绝并斥责后，总经理仍不死心并多次在各种场合对童女士进行骚扰，有几次是在被其他员工发现后才停止的。此事在单位给童女士带来了极大影响。因为目的没有达到，总经理便在工作中处处刁难童女士，“后来竟停止了她发送文件的工作，让她去送报纸、开电梯，并克扣她的福利和奖金。童女士身体不大好，为此她曾多次受气昏倒，被迫请假回家休息了几个月。”[①]童女士曾向西安某律师事务所咨询并请律师代表与总经理进行交涉，请他以后不要再骚扰童女士，然而这位总经理坚称没有对童女士怎么样，拒绝律师代表提出的要求。童女士忍无可忍，终于鼓起勇气，于 2001 年 4 月向西安市莲湖区人民法院提起诉讼，要求总经理公开赔礼道歉并赔偿精神损失。法院于 6 月以原告诉被告“赔礼道歉纠纷”为案由受理了这起“不寻常”的案件。此事经媒体公开后，在全国引起了轰动。媒体竞相报道了这起“无名”的诉讼，并将其追认为“中国首例性骚扰案”。然而，让童女士没有想到的是，她起诉后面临的“麻烦”“更大”了。先是单位以假条“有问题”为由不让她上班，并要求她撤回诉状；与此同时，童女士的丈夫单位收到莫名其妙的匿名信，称童女士买假离婚证骗取住房，要求单位纪检部门调查童女士夫妇的住房情况；甚至连童女士的母亲单位也接到电话，要求她做童女士的“思想工作”“不要再向法院起诉”。2001 年 10 月 26 日，西安市莲湖区人民法院开庭不公开审理了此案，庭审后审判长宣布休庭，过了近两个月才公布了审判结果。法院判决童女士起诉其总经理对她进行性骚扰“证据不足”，驳回了她的诉讼请求。童女士不服一审判决，向西安市中级人民法院提起上诉，但随后便因各方压力及对胜诉没有信心而撤诉。这起从“无名的诉讼”到“全国首例性骚扰案”在法院虽已结案，但由此引发的议论和思考仅仅是一个开始，童女士作为中国本土第一个敢于从法律上向“性骚扰”说“不”的人值得敬佩，反映出女性权利意识的不断觉醒。此案引发的社会各界尤其是妇女界和法律界的关注和思考对推动性别平等和中国法治进程具有重要意义。[②]

二、当事人陈述

我是某书店的职工，在办公室担任内勤工作。被告（××）是书店的总经理，是我的领导，因工作关系，我经常出入他的办公室。早在 1994 年，被告就曾经约我去某酒店，被我拒绝。从那时起，他又多次用帮我调到好的工作部门为诱饵，在办公室内对我动手动脚。在我拒绝并斥责他后，他仍不死心，多次在不同场合对我进行骚扰。有几次被本店职工发现后方休，此事在单位造成

① 中国首例性骚扰案“全程回放”. 人民网，2002－1－1. http://www.people.com.cn/GB/shehui/44/20020101/640225.html.

② 本案例资料根据原告律师马某提供律师事务所卷宗整理。

了极坏的影响。从此,被告看到其目的无法达到,便又怀恨在心,处处在工作上刁难我,无故克扣我的福利和奖金等,以致我多次受气昏倒。为了避免再受其害,我只得向人民法院起诉,并请人民法院查清事实,依法裁处。

原告告诉律师,早在1994年,总经理×××就多次对她动手动脚进行骚扰,同时以将她调到好的工作部门为诱饵。在遭到她严厉斥责后,总经理并无收敛,反而变本加厉地在不同场合对她进行骚扰,并要求和她一起去酒店开房。至1997年,总经理的动作就更多了。童女士有好几次被总经理"邀请"至西安市东方大酒店和东方时空夜总会去"谈工作"。到了那里,总经理同样对她动手动脚,甚至强行抱她,几次都是她挣脱后跑回去的。在她的奋力抗争下,总经理的性骚扰行为有所收敛。但是,她在单位里的麻烦也随之开始。总经理常常以各种理由在工作中刁难她,后来停止了她原来的工作,让她去送报纸、开电梯,同时对她的福利和奖金进行克扣。童女士身体本来就不好,因为此事她又多次受气昏倒,被迫请假回家休息。在回家休养期间,童女士越想越气。她找到西安市九州同律师事务所进行咨询,并委托律师马某代表她向总经理交涉,进行非诉讼调解,要求他不再骚扰童女士,并停止工作上的刁难。但是这位经理坚持说,他并没有对童女士怎么样,拒绝律师代表童女士提出的要求。童女士忍无可忍,终于鼓起勇气,于2001年4月向莲湖区法院递交诉状,指控她的总经理对她进行骚扰,要求赔礼道歉。因过去没有先例,对于此案能否立案,法院可谓费尽思量,经过了长时间的考虑,最终在2001年6月以"赔礼道歉纠纷"为案由受理了这起不寻常的案件。

原告诉讼请求:要求被告公开赔礼道歉,赔偿精神损失费3万元,判令被告承担诉讼费用。

三、法院判决

(一)本案证据

本案中原告提供了10个证据,包括1个直接证据、9个间接证据。直接证据是一位证人在提供的书面证据中说,1997年单位过年放假前一天,他到总经理办公室找总经理办事。当他走到门外时,突然听到里面有动静。他听到童女士在办公室里急促地说"你干吗?不要这样!"等话语。另外9个间接证据分为两类:一类是一些亲戚、朋友、同事从各种途径听说总经理曾对童女士有过骚扰行为的证言;另一类是童女士曾向其请求调换工作的企业上级主管领导,他们虽然不了解童女士要求换岗位的真实原因,但能够证明调换工作请求的事实。

被告方也提供了一些证据，包括下列三类：一是企业上级主管领导只接受童女士要求调换工作的申请，而对童女士提出此种请求的原因并不知情的证明；二是原、被告所在单位提供的一组书证，包括童女士的病假条、单位职工代表大会对被告作为领导干部评价为"优"测评材料；三是企业一些部门负责人的"证词"，证明童女士工作不认真，为童女士提供直接证据的证人工作不严谨，且原告证人指证的时间被告不在西安。

(二)判决结果

法院根据上述证据做出的判决："原告方证人证明从被告办公室传出原告说话声而并无被告声音，也未亲眼所见原、被告同在一处，其他证人证言均证明只是听说被告对原告有骚扰行为，并非亲眼所见"，因此认为"原告未能提供充分、直接的证据来证明被告对其存有骚扰和其他报复行为"，对其诉讼请求不予支持。判决书如下：①

西安市莲湖区人民法院

民事判决书

(2001)莲民初字第×号

原告童××，女，1966年2月24日生，回族，西安市人，陕西省某书店职员，住西安市莲湖区×××路××号。

委托代理人马×，陕西某律师事务所律师。

被告戴××，男，1957年7月15日生，汉族，吉林省××县人，原陕西省××书店总经理，陕西省××××局音像处干部，住西安市××街××公寓××号。

委托代理人秦×，陕西××律师事务所律师。

原告童××诉被告戴××赔礼道歉纠纷案，本案受理后，依法组成合议庭，不公开开庭进行了审理，原、被告及其委托代理人均到庭参加诉讼，本案现已审理终结。

原告诉称，被告在其单位任总经理期间，多次以给自己调整工作为诱饵在被告办公室对其动手动脚，并在不同场合骚扰她，遭拒绝及斥责后，被告便克扣其奖金等，在工作中处处刁难，故诉至法院要求被告赔礼道歉并赔偿精神损失费。

被告辩称，原告所述都不能成立。其与原告既无直接的工作关系，也无任意给谁调整工作的权限，更不管由职员所在部门掌管的发放奖金等事项，原告

① 判决书来自代理律师案卷。

的其他对其诬蔑的说辞更是莫须有。

经审理查明，被告在任陕西省××书店总经理时，原告系该单位办公室内勤，原、被告双方虽有工作上的上下级关系，但在实际工作中，原、被告双方一般不发生工作上的直接接触；奖金、工资、工作岗位的调整也非总经理直接管理。原告方证人王××证言证明从被告办公室传出原告说话声而未有被告声音，也未亲眼所见原、被告同在一处，其他证人证言均证明只是听说被告对原告有骚扰行为，并未亲眼所见。

以上有证人证言、庭审笔录等在卷为证。

本院认为，原、被告虽在同一单位工作，有时也有接触，但原告未向法院提供充分证据来证明被告对其存有骚扰和其他报复行为。因此，原告要求被告赔礼道歉和赔偿精神损失费之诉讼请求依法不予支持。故根据《中华人民共和国民法通则》第五条、第一百零一条、第一百二十条之规定，兹判决如下：

驳回原告童××要求被告戴××赔礼道歉、赔偿精神损失费的诉讼请求。

案件受理费 1 300 元，由原告负担。

如不服本判决，可在判决书送达之日起 15 日内，向本院递交上诉状，并按对方当事人的人数提出副本，上诉于西安市中级人民法院。

四、本案分析

2001 年，性骚扰对于人们来说还是一个陌生的概念，直到 2005 年《妇女权益保障法》修订，性骚扰才被写进了法律，成为一个法律上的“名”，但是当时性骚扰被放在妇女人身权利部分，直到 2012 年重修《女职工劳动保护特别规定》才将之放进劳动权利去考量，作为妇女工作环境权的一个部分，关注到了工作中性骚扰的权力关系。

而在当时，律师和法官在法律资源相对不足的情况下能够提起诉讼并立案，实在是一个了不起的创举，对之后的性骚扰案件的处理和之后的立法都具有不可替代的意义。

(一)证据不足是争议点

马×是陕西××律师事务所的律师，也是本案的代理律师。他认为代理本案难度较大，主要是法律盲点和证据问题。因为当时法律还没有关于性骚扰的明确规定，他想通过民事诉讼的渠道要求总经理对侵犯童女士人格尊严的行为赔礼道歉并赔偿损失。虽然一开始案由受到质疑但法院终究还是立案了。立案后的难题就是证据。“在审理过程中，我们的证据共有 10 份，有核心的证据、有外围相关的一些证据，还有就是在诉讼过程中的一些情况反映及收到的一些匿名的、诬陷的信。”[①]虽然这些证据不够直接但却很有力，并与事件有直接关联性，而法院“重直接证据，轻间接证据；重物证，轻证人证言”，且由于本案的特殊性，尽管法官“也知道这些证据能够形成证据链，基本上能证明事实”，但他“没有这样一个勇气去突破它”[②]，本案法官在没有要求证人出庭的情况下就做出了证据不够充分、驳回诉讼请求的判决。

“从诉讼的角度讲，‘性骚扰’案的确很难取到确凿的证据。一方面，‘性骚扰’本身是一种主观敏感的问题，另一方面，办公室里只有两人在场，是否‘性骚扰’无人能说清。即使性骚扰受害者能偷偷录音录像，但是这种证据的获取也会因为取证程序不合法而无法被法院认定。”[③]

（二）法律依据不足是主要的问题

当时有民法专家认为，现行民法对于“性骚扰”侵害公民人身权益的规定的确不够具体、不易操作。他说，在目前情况下要打赢这类官司，只能是“收集更多的证据”。如果将众多的证据收集在一起进行分析后，其结果又能说明“被告违背原告意愿，对原告进行性方面的侵害”的事实，这样证据才算充分。[④]

（三）法院立案和判决都困难

时任西安市中级人民法院研究室主任闵合平法官认为，本案缺乏证据，法院只能驳回童女士的诉讼请求。他认为，这个案子是全国首例性骚扰案件，中央电视台报道时，其他地方尚无此类判例。从当时的法律看，尚无相应规定，“法律有盲点，没法立案”，法院最后是以“原告诉被告赔礼道歉纠纷”为案由立案的。闵法官也认为本案中最大的难点是证据问题，因为性骚扰案件往往“是在一对一的情况下发生的”，当事人根本“不好取证”。而对于本案中童女士提供的一个最重要的直接证据，闵法官则认为这仅仅是“提供了一个信号就是‘不要这样’”。而“‘不要这样’的事情很多，或者是送礼品呀或者等等什么原因都可以”。因为“证人没有在现场目睹”，“就是没有一个特别的证据来证明”，法院只能做出这样的判决。[⑤]

---

① 郭慧敏. 社会性别与劳动权益. 西安：西北工业大学出版社，2005.

② 同①.

③ 中国首例性骚扰案“全程回放”. 人民网，2002－1－1. http://www.people.com.cn/GB/shehui/44/20020101/640225.html. 2004年5月8日访问。

④ 同①.

⑤ 同①.

(四)推动立法是关键

本案提出的问题主要是,应该对性骚扰进行明确界定,规范什么样的行为以及该行为达到何种程度方构成性骚扰,区分道德调整和法律调整的界限,以便于一线法官在审判实践中操作。

我们需要探讨,为什么性骚扰问题在法律中是一个盲点问题,法律依据又是因何而来。由于遭遇性骚扰的更多的是女性,现行法律中是否发出了她们的声音,通过怎样的途径才能将女性的意志在法律中表达和体现;对于性骚扰中的“不受欢迎”一词,需要进一步探究“这是谁的主观感受”,当我们衡量一种行为是否可以接受时,我们适用男性标准还是女性标准,因为两种标准会导致对同一事物截然不同的认识;应该对法律如何干预性骚扰以及是否应该就性骚扰事件的发生追究企业的责任问题进行研究。

五、问题发现

本案是一起典型的职场性骚扰案例。童女士起诉其总经理时,法律中尚无“性骚扰”一词,本案中的童女士无疑是敢于“第一个吃螃蟹的”勇敢者。在本案中,下述两方面问题值得我们思考。

(一)如何界定性骚扰

“性骚扰”作为一个“舶来”的概念,最早是从英文“sexual harassment”一词翻译过来的,该词在西方国家具有特定的法律含义。它包含着严格的上下级关系和权力关系,最早被限定在“工作场所”中。例如:1980 年美国“平等就业机会委员会”(equal employment opportunity commission, EEOC)公布的《性别歧视指南》中规定,凡任何不受欢迎(unwelcome)的性接近、性要求,或其他具有性意味的言语或身体行为,发生于下列任一种情况都称为性骚扰。

第一,迫使对方接受与性有关的行为,以作为受雇或就学的明显或隐蔽的要求及条件;

第二,对方接受有关行为与否,将成为影响个人升迁或学业成绩的先决条件;

第三,行为具有以下目的或导致以下后果:不合理地干扰个人工作或学业,制造一个令人不安、不友善或令人反感的工作或学习环境。[①]

虽然《性别歧视指南》对美国的法院来说只是一个参考性的文件,并不具备法律约束力,但是它是美国官方首次明确使用并界定“性骚扰”一词的文件。

① 美国平等就业机会委员会.性别歧视指南.1604.11(a).

性骚扰一词在美国已“不仅仅是一种涉及人性中的野‘性’的发作、异性或同性之间的‘浪漫’或‘调情’的行为”而且是“一种‘滥用权威’迫人违心就范的表现，这种‘权威’可以来自于职位、社会地位及威望、职务等级、名份、金钱等等”，它“更多反映的是一种人的商业化了的社会现象，而不是人的生理现象”[①]。根据美国的法律，性骚扰是指“不受欢迎的色情举动”，使员工处于“敌意工作环境”，这种举动可以是身体动作，也可以是口头或文字传递的或视觉感受等。它强调“不受欢迎”和“敌意”均属于被骚扰者的个人主观体验，为了防止滥用这一程序，美国法律采用的“客观的标准”是令“常人”感到不舒服或敌意。“为了有效地遏制性骚扰，美国法律规定，实施性骚扰的人的主观故意并不重要。尽管是‘真心’求爱，无心伤害对方，但是，只要让对方感到不舒服，便构成性骚扰。”[②]

谭兢嫦、信春鹰主编的《英汉妇女与法律词汇释义》中对性骚扰进行了下述解释：“当一个人对女性提出不受欢迎的性需要，或想获取性方面的好处，或对其做出不受欢迎的性行径，并预期对方会感到受冒犯、侮辱或惊吓的话，他就已经构成了对女性的性骚扰，它是性别歧视的一种形式。包括语言、身体接触以及暴露性器官等，也是性伤害的一种形式和性暴力延续的一部分。性骚扰在生理、心理和感情上都会给对方造成极大的伤害。”[③]这是较早出现在我国大陆出版物中对性骚扰的定义。

在我国香港和台湾，已经有性骚扰的法理定义。1995 年香港立法局通过的《性别歧视条例》，明确将性骚扰定义为：“一方向另一方做出不受欢迎、与性有关的言语或举动，包括不情愿的身体接触、性贿赂、提出与性相关的行为作为给予某种利益的条件；不涉及身体接触的言语、图文展示、眼神及姿势等。性骚扰亦指带有性别歧视的偏见和言论。”在台湾，台北市政府于 2000 年拟定的《台北市政府性骚扰事件处理要点》，对性骚扰有明确的规定：①与性有关之不适当、令人不悦或有冒犯性质的言语、身体碰触或性要求，或以猥亵言语、举动或其他方法，调戏异性者；②以性行为或与性有关之行为为交换报偿之要约；③以威胁或惩罚手段要求性行为或与性有关之行为；④强暴及性侵害；⑤展示具性意识或性诱惑之图片或文字；⑥其他与性有关之骚扰行为。

在我国大陆，“性骚扰”一词已被写入 2005 年《妇女权益保障法》和 2012 年《女职工劳动保护特别规定》。但是，只有 2006 年《陕西妇女权益保障法实

① 王恒涛. 性骚扰立法研究. 环球法律评论，2006(4).
② 同①.
③ 蒋梅. 性骚扰立法的比较研究——兼论中国反性骚扰法之设计. 环球法律评论，2006(4).

施办法》对性骚扰做了定义,而全国还没有一个统一的定义。尽管界定“性骚扰”是其成为法律概念的基本前提,但“性骚扰”依然缺乏法理定义,即便是在学术界,仍然存在对“性骚扰”内涵的争议。在争议中,“广义性骚扰”说占据一定的地位,该主张认为“性骚扰”是一种不受欢迎或不被接受的注意力,或带有性意识的接触。换句话说,若某一方用各种方法去接近或尝试接近另一方,而另一方没有兴趣、不喜欢、不愿意或不想要这些带有性意识的接近,便可以说是性骚扰”,并沿袭西方学界的观点将性骚扰依情节轻重划分为5个等级:性别骚扰(gender harassment)①、性挑逗(seductive behavior)②、性贿赂(sexual bribery)③、性要挟(sexual coercion)④以及性侵害(sexual assault)⑤。

如果按照上述观点,本案中的童女士遭遇的是典型的性骚扰。本案被告用各种方法尝试接近童女士,而童女士则无兴趣、不喜欢、不愿意。被告的骚扰行为已经涉及5个性骚扰情节中的至少4个:本案被告对童女士的行为包含了在权力控制关系下,被告试图对女性——童女士——的恣意支配行为,表现出明显的性别歧视(性别骚扰);被告在办公室动手动脚,在肢体上试图占童女士的便宜,而童女士则以言行表达自己的不愿意(性挑逗);被告以为童女士调动工作为诱饵,以试图使童女士接受他的骚扰行为(性贿赂);上述被告对童女士的“动手动脚”行为对童女士已具有强迫性和威胁性(性要挟)。

但是,如果按照学者们的“广义性骚扰”概念的理解,在法律上通过侵权法(即人格权保护)的途径寻求法律救济会碰到这样的问题:《中华人民共和国民法通则》中没有对人格权做详细列举,如果对被侵害的权利性质不能明确界定,则难以找到针对这种侵害的法律救济渠道和方式。对此,有学者建议应采用“狭义性骚扰”的法律概念(指性骚扰行为是基于性别的骚扰性行为,是性别歧视行为的表现形式之一。以下不受欢迎的性言行构成性骚扰:①把承受此类言行作为人员录用或升迁等用人举措的暗含或明示条件;②此类言行意在干扰员工的工作绩效或产生了类似效果;③此类言行使得人员的工作环境和条件发生实质性改变,使之变得让人感到压抑、对立或反感。⑥),将其纳入

① 包括强化“女性是次等性别”的一切言行,以及传达贬低、侮辱、诋毁或性别歧视观念的一般性性别歧视语言或行为。如骂女人是“鸡”、是“婊子”等。

② 包含一切不受欢迎、不合宜或带有攻击性的口头或肢体上的“吃豆腐”行为。

③ 许以未来好处的承诺(如雇佣、升迁、加分、及格)的方式,要求性行为或与性相关的活动。

④ 包括一切威胁性及强迫性的性服务及性行为,亦即以威胁惩罚的方式,要求性行为或与性相关的活动。

⑤ 包括强暴及任何具有伤害性或虐待性的性暴力及性行为。

⑥ 王恒涛.性骚扰立法研究.环球法律评论,2006(4).

《劳动法》《中华人民共和国教育法》和《中华人民共和国合同法》等部门法中进行规制，而将“广义性骚扰”中的性侵权行为纳入《中华人民共和国民法》《中华人民共和国刑法》《妇女权益保障法》和《中华人民共和国治安管理处罚法》等中进行调整。①

(二)怎样看待本案中“证据不充分”的问题

对本案原告童女士来说，能否胜诉的关键是证据是否有力，而证据收集正是本案的难点。在童女士被上司骚扰的过程中，并没有留下法院认同的那种非常“明显”或“有力”的证据，童女士也没有较强的搜集证据的意识，证据的收集是在她向法院提起诉讼后才开始的。

1. 性骚扰案件搜集证据的难点

本案中原告方搜集证据的难点之一：性骚扰在地点上的隐秘性和行为上的特殊性导致少有直接目击证人。性骚扰一般发生在较为隐秘的场合，像本案中骚扰者通常会找借口另约地方，宾馆、会所等，即便在单位，也常常发生在一般人难以进入的总经理办公室等场所，极少有第三人能够亲眼目睹。而且，大多数性骚扰表现为不受欢迎的言行，很少能留下明显“痕迹”。本案中总经理对童女士的骚扰则更多属于性别骚扰、性挑逗、性贿赂和性要挟 4 个级别，还没有上升到性侵害，难以留下人证物证。

本案中原告方搜集证据的难点之二：性骚扰更多发生在具有上下级隶属关系或其他具有从属或制约关系的两性之间，骚扰者和被骚扰者间的强势和弱势关系的特点，性骚扰行为在地点上和行为表现上的这种特殊性，使得当事人的取证非常艰难。在本案中，当律师陪同童女士到单位寻找人证时，绝大多数人不愿意回应此事。童女士对此表示非常理解，因为她起诉的对象是单位的现任领导，而这位领导对职工有着直接的权力控制关系，即便有人了解这位上司骚扰童女士的情况，也会因不敢得罪上司而难以为童女士作证。本案中童女士唯一的“直接证据”还是被告因工作原因调离原单位时，由一位即将退休的职工提供的。虽然法院最终没有对此证据采信，但是即使是这样的证据，如果没有出现上司“调离”的情况，恐怕也是难以获得的。

2. 本案中原、被告取证难易“形成反差”

与童女士取证遭遇重重困难形成明显反差的是，被告方似乎有“充分”的证据“证明”没有对童女士进行性骚扰，“单位”为他提供了尽可能充足的证明，甚至连被告某个时段不在西安的“证据”都可以提供；他领导的企业一些部门负责人

① 王恒涛. 性骚扰立法研究. 环球法律评论，2006(4).

自然会为他提供有利的"证词",贬低甚至诬蔑童女士及其证人;被告甚至还有权力和势力利用社会舆论对原告、原告方证人及原告亲朋好友施加压力和影响。

从上述原、被告双方证人的身份也可看出本案当事人间的"弱强"对比。被告的证人是多位单位各部门的负责人,书证则是职代会的评议表和单位的工作调查报告。与此相对应,原告的证人多是自己的亲朋好友,唯一的直接证人是单位的同事,但又被被告的证人——办公室主任——证明为"工作不严谨"。被告的证人可以凭借职务的优势,"客观"地来"评价"原告及其证人在工作中的表现,而原告的证人却只能就事论事谈及自己的"道听途说"。正是上述原因致使童女士难以取证。

3. 原告的10个证据对被骚扰事实具有证明力

一些法学界的人士,包括部分律师、法官认为,法律是靠证据说话的,能否构成性骚扰同样需要证据来证明。他们认为,《中华人民共和国民事诉讼法》的举证规则是"谁主张、谁举证",由于本案的原告方不能提供充分的证据,就必须承担败诉的后果。法律上要的是"法律真实",是由真实的事实作为证据,而不是法官简单地认为被告是色狼,在没有证据的情况下认定被告实施了性骚扰。他们还指出,虽然性骚扰中的受害者绝大多数为女性,但作为法官不能"同情用事",必须"恪守法律",凭证据判案。

(三)本案反映的主要问题

上述观点看似客观、公正,但如果仔细分析则存在下述诸多问题。

(1)它过分强调"充分的证据"和"真实的事实",而忽略了环境证据,就是情况证据,其常指与案件背景和特殊情形有关的证据。环境证据在证明效力上属于间接证据,须结合与案件有关的其他证据材料进行综合判断。在本案中,我们是否应该思考这样一个问题,即被告与童女士之间存在着权力支配与受控制以及主导和从属的利害关系,在这样的关系中,作为总经理下属的女员工童女士,为什么置自己的工作利益甚至个人声誉而不顾要起诉他的上司?国家法官学院审判研究中心主任、最高人民法院《关于民事诉讼证据的若干规定》的起草、审定人之一毕玉谦先生曾指出,一些女性拿起法律武器状告上司、老板、同事性骚扰,却一再遭遇败诉的结局,他认为"这是一种不正常的现象"[①]。像这样的案件,法官如果片面注重对所谓"事实"的查明,或"仅仅要求由原告对此事实负担举证责任",而未对原、被告之间的特殊职业关系状态加以关注,或对环境证据不重视,"显然是有失公允的"。毕玉谦先生建议在此类

① 毕玉谦. 性骚扰司法审判中的五大误区. http://genders.sysu.edu.cn/. 2008-5-8.

案件中，应当参照最高法院《关于民事诉讼证据的若干规定》第 6 条、第 7 条的规定由被告负举证责任。

(2)在本案中，对于童女士取证出现障碍的“众所周知”的原因，法官能否采用事实推定和经验法则(经验法则，属于不证自明的事实范畴。在证据法上，经验法则既可作为法官做出事实推定的依据，又可成为法官采用司法认知免除当事人相应证明责任的前提)。在前面所述的法官视角中，他们对童女士也是充满“同情”的，同情的原因是众所周知的：童女士无法获取“充分”“直接”的证据是可以预见的，因为性骚扰往往在其他人不在场时发生，还因为她起诉的是单位的“顶头上司”，即便有人了解情况，又能有几个人愿意为告老板的人作证呢？毕玉谦先生认为，对性骚扰案件中一些符合常理的事情“无须当事人举证，法官自应予以认知”，并提出可以适用《关于民事诉讼证据的若干规定》中的相关规定进行“免证”，对于涉及个人隐私的证据材料，当事人可以申请法院进行调查收集。他同时指出，在一些涉及人身权纠纷的案件中，可以采取国家干预的原则，“据情不受当事人所提供证据的限制而依职权主动收集调查有关证据”。这才能体现“将人身权利的保护置于特殊和优先地位的价值理念”①，体现对人权的关注和社会文明的进步。

(3)本案中法院的判决反映出法官对于间接证据效力的忽视。上述众所周知的原因，童女士只收集到 1 个直接证据，而 9 个间接证据基本不为法院采信。在性骚扰诉讼中，原告难以提出直接证据是非常普遍的事情。在证据法的意义上，“在一些特定情形之下，间接证据与直接证据的证明价值并无优劣之分，具有一定数量间接证据的结合而形成证据锁链，其证明力足以优于某些直接证据的证明力。”②

案例 18　反诬——性骚扰中的报复性伤害

一、案情简介

文某系重庆巴南区某中心小学的教师，在 1999 年进入该中心小学后，便遭到了该校校长胡某的“骚扰”。胡某利用校长身份，以谈话、商量工作等名

① 毕玉谦.性骚扰司法审判中的五大误区.http://genders.sysu.edu.cn/.2008-5-8.

② 同①.

义，在校长办公室或在其他场所单独约谈文某，以行为和语言对文某进行性骚扰，长达5年时间。同时，胡某通过发手机短信，以黄色、下流、淫秽的言辞，对文某进行挑逗、引诱、示爱，不间断地进行骚扰。随着骚扰的加剧，此事被文某的丈夫发现，文某丈夫向胡某提出“委婉”“客气”的请求，“请他以后别再发这样的信息给文某”，却换来胡某更加嚣张的气焰：胡某除了抵赖骚扰事实，还直接打电话到文某婆家，对文某的人品进行歪曲侮辱，由此引发了婆家人对文某的不良看法，致使文某与丈夫关系紧张直至丈夫起诉与其离婚。其间，文某曾想过多种办法试图制止事情的进一步发展，如：向有关人士求助，与身边同样遭受过胡某性骚扰的教师商量对策，向胡某的妻子提出制止其丈夫行为的请求……但一切均无济于事。忍无可忍的文某经过激烈的思想斗争后终于鼓足勇气，以手机中尚存的胡某发来的19条短信为据向巴南区教委反映、投诉胡某的行为。然而，让文某没有想到的是，她的投诉换来的是莫名拖延、相互推诿、恶毒反诬！区教委的调查不疼不痒，没有针对胡某对文某骚扰问题下明确结论。在此情况下，2005年8月8日，文某遂以人格被侵犯为由向巴南区人民法院提起诉讼。重庆某律师事务所律师彭林和北京大学法学院妇女法律研究与服务中心副主任徐××律师代理了此案。法院在对待双方当事人取证问题上持截然不同的态度，胡某取证顺畅、文某取证受阻。11月18日，巴南区法院以文某诉胡某其他人身权纠纷开庭审理此案。2006年2月7日，巴南区法院再次开庭并做出判决：“驳回原告文某的诉讼请求。本案受理费410元，其他诉讼费用100元，合计510元，由原告文某负担。”文某不服一审判决，上诉至中级人民法院。2006年6月20日，法院对此案二审开庭，判决驳回文某的诉讼请求，维持一审判决。①

二、当事人陈述

原告诉称：上司胡某对其性骚扰达5年之久，在长达5年的时间里忍受了胡某从语言到行为的性骚扰。她虽然想改变这种情况，但是胡某是他的顶头上司，这种权力控制关系关乎她的工作乃至前途；此外，文某担心事情说出去后，自己可能会被周围的人泼污水，成为众矢之的而难以抬头。她因此痛苦并患上抑郁症。她最初对胡某的“回击”还是在胡某所发的骚扰短信被丈夫发现后，文某在丈夫的支持下由丈夫帮忙以委婉的方式“请”胡某“以后别再发这样

① 根据多篇报刊新闻编辑，主要有《文某在职业场所遭受性骚扰案》(北京大学法学院妇女法律研究与服务中心代理案件。材料来源于该中心网站“典型案例”)

的信息"开始的。始料未及的是，胡某以"抵赖""质问"的方式进行的"反诬"，首先伤害的就是文某原本良好的夫妻关系。在胡某的"反击"中，本是性骚扰受害者的文某再次被骚扰者的"反诬"恶意伤害，赔上的还有婚姻。文某最需要的人——丈夫——也在胡某的"反诬"中离她而去，不能在她最需要的时候给予她哪怕是些许安慰和支持。

原告表示，她无法抗拒胡某的纠缠与骚扰。在原告遭受性骚扰期间，尽管她"不断拒绝、竭力回避"，但胡某却不断"纠缠、骚扰"[①]。因为胡某是文某的领导，他们之间存在权力控制关系，文某没有办法轻易摆脱胡某。文某想过要"调离这个学校"，甚至"不要这个工作"了，但这个关乎一个人收入乃至生活的决定，对一名普普通通的小学教师来说谈何容易？文某也时常担心，一旦她被胡某性骚扰这个"秘密"被人知道，她可能会成为"众矢之的"，被人"泼污水"，甚至"难以在这里工作和生活"。"人在不同的阶段对事情有着不同的认识。刚开始，我年纪小，又经历着恋爱、成家等事情，顾虑多；加上学校待遇不错，怕失去这份工作，我不敢声张。"她在痛苦中挣扎，还患上了焦虑、失眠、害怕、担忧等精神忧郁方面的疾病。

在事情曝光及文某起诉后，文某受到的伤害不仅没有减少，反而遭遇报复性伤害。按照文某的叙说："后来，我选择结婚生子，仍不能摆脱他；我努力工作，也不能让胡校长满意；敷衍他，也还是不能让他停止性骚扰。再坚持下去，我肯定会崩溃的。现在起诉他是为了维护自己的尊严，也是没有出路的出路。""我们双方都是有家庭的，被告已严重干扰了我的正常生活，并严重影响到了我们的夫妻感情，使我患上神经衰弱，精神几近崩溃。"[②]起诉胡某让文某面临巨大的精神压力。首先是来自其公公婆婆的压力。他们要文某撤回起诉，否则将导致离婚的后果。"告状对他也有影响"，"一些人甚至说一个巴掌拍不响……很难听。"[③]来自家庭的压力让她伤心。其次是"得罪"胡某这位领导带来的压力。胡某有权有势，不仅有领导替他说话还威胁文某说，"只要你还在这，我捏也要把你捏死。"[④]而且有亲信和亲属帮他收购并销毁曝光性骚扰事件的报纸，甚至在法院门口殴打文某的父母。"胡校长一家现在恨透我了"，来自权力的压力让她更加无助。再次是来自于同事们的压力。在单位

① 《文某在职业场所遭受性骚扰案》：北京大学法学院妇女法律研究与服务中心代理案件，材料来源于该中心网站"典型案例"。

② 重庆女教师状告校长性骚扰黄色短信成证据. 重庆晚报. 2005－8－9.

③ 文某在职业场所遭受性骚扰案. http://www.woman－legalaid.org.cn/read.php? kind＝dxal&file＝20060913113208.

④ 同③.

里，一些被文某视为"同盟"的女教师怪她把事情公开，"把大家都牵扯进来了"，她们用隔离的办法将文某孤立起来，让她感到窒息。

三、本案分析

（一）性骚扰中的权力控制：诉讼与反诬

在整个事件中，胡某一直处于非常强势的地位。胡某在接到文某丈夫的电话后，不仅对发骚扰信息的事实"理直气壮"地进行否认，反而打电话对文某"厉声质问"；在学校以不点名的方式"影射文某"，利用校长职权置文某于巨大压力之下；在重庆《时代信息》报披露性骚扰事件后，胡某竟然雇人将所有报纸收购并焚烧；当媒体进行采访时，胡某的亲信采取围攻拍摄人员、搬走机器、撕碎录像带等方式进行阻挠；文某起诉后，胡某在向法院提出取证申请不到一日便取回了文某回复给他的80余条短信，而文某却无法取得相应证据。

（二）离异既是被伤害的结果，也是另一种伤害

丈夫在发现胡某发给妻子的手机短信之初是相信文某的，但这种"信任"却在胡某的"反诬"和父母对文某的怀疑中而逐渐消失。因为从信息内容看得出妻子对胡某毫无好感，没有什么不清白的地方，是胡某单方面的淫秽信息骚扰。而在胡某直接打电话到文某的婆家对发信息事实进行抵赖并进行"质问"后，文某婆家对文某的不满使文某丈夫的态度产生了较大影响。在中国，婚姻向来不是两个人的事情，它牵扯的是两家人甚至两个家族的关系，文某夫妻关系紧张由此而来。

（三）领导认为小题大做：属于开玩笑，不是性骚扰

文某曾向区教委领导反映问题，但被认为是神经过敏小题大做，并不认为胡某对文某进行了性骚扰，即便是最后对事情"不疼不痒"的结论也是迫于媒体的压力做出的。在文某经过激烈的思想斗争，在家人的支持下和另一名曾被胡某骚扰的同事一起向学校上级主管部门——巴南区教委——反映了情况后，区教委并没有积极对事情进行调查和答复。文某及其父母前后13次找教委的书记、主任催问结果，均无任何回应。最后一次去教委时，教委主任给出的答复竟然是，这是说不清楚的事情，这样的信息正常，是属于开玩笑，不是性骚扰。[①] 接着，区教委领导便推说有事不再露面。在事情被媒体披露后，教委

① 《文某在职业场所遭受性骚扰案》，http://www.woman－legalaid.org.cn/read.php?kind=dxal&file=20060913113208.

领导接受某媒体采访时竟称："摸摸屁股，发发短信，是性骚扰？不好说。"[①]

(四)性骚扰诉讼难："专家"预言"这个案子赢不了"

本案中某位"专家"关于文某"肯定输"的"预言"也叫人寻味。一位参加重庆电视台《拍案说法》访谈节目的"专家"对文某说，案件只有19条短信，"不足为凭，你肯定输"，建议文某撤诉，这样不仅可以"保全你自己的名声"，还可以给"上面领导一个面子"，"这也算你赢了"，并声称，如果文某将官司打下去，"你输了，你的面子不好看"，并且威胁说："重庆各大法院都有我的学生，他们都知道这个案件赢不了。"

(五)同事认为一个巴掌拍不响，她也不是好东西

而文某单位的其他受骚扰者除一人外均选择沉默。在文某向区教委投诉前，单位很多教师对胡某的"诸多不良行为"有"种种看法"，文某了解到有许多女教师都遭受过胡某的性骚扰。而当文某向有关部门投诉时，只有一位女教师站出来和她一起反映情况。当区教委就文某反映的性骚扰问题调研时，其他受骚扰者均否认遭遇性骚扰。文某就胡某性骚扰问题起诉后，在单位里遭到了冷遇，"周围没有一个人理她"，他们"用隔离办法把她孤立起来"，使文女士"感到自己像一个罪人"，这种压力使文女士感到前所未有的窒息。

四、争论焦点

在本案中，原、被告双方争议的焦点主要有下述3个方面。

(1)文某和胡某分别向法院提供的短信(文某提供的胡某发来的19条短信以及胡某在法院支持下取回的80余条文某的短信回复)是否可以作为证据采信。

胡某提出文某手机上保存的19条短信不是他发给文某的，是文某自己编辑而成的。对于这一点，法院认为胡某没有足够证据加以证明，因此对胡某的辩解理由没有采纳。而对于文某提出的胡某向法院提交的80余条信息来源不合法的问题，法院认为，根据《中华人民共和国民事诉讼法》第65条规定，人民法院有权向有关单位和个人调查取证，有关单位和个人不得拒绝。最高人民法院《关于民事诉讼证据的若干规定》第十七条第一款(三)项规定，当事人及其诉讼代理人可以申请人民法院收集确因客观原因不能自行收集的其他材料。因此，法院认为胡某是在举证期限内向法院申请调取文某发给他的短信，没有侵犯国家、集体和他人的合法权益，证据来源符合法律规定，故认为文某

---

① 《文某在职业场所遭受性骚扰案》，http://www.woman－legalaid.org.cn/read.php?kind=dxal&file=20060913113208.

提出异议的80余条信息其内容真实、来源合法，与本案待证事实具有关联性，“予以采信”。

(2)胡某向文某发送的手机短信其行为是否构成对文某的性骚扰。

法院认为，性骚扰是一种以侵犯他人人格尊严权为特征的民事侵权行为，它以不受欢迎的与性有关的语言、信息、行为、环境等方式侵犯他人的人格权。骚扰者在主观上忽视女性尊严的存在，违背对方意愿，侵犯了对方的生活安宁，引起对方的不快和反感，侵犯了对方保持自己与性有关的精神状态愉悦的权利。

法院对双方短信内容所做的分析：胡某提供的短信证据显示，文某对胡某的信息进行了回复，从回复内容看，文某对胡某所发信息没有表现出反感、拒绝和不欢迎①，而并非文某所说的“严词拒绝”，相反是认可的，是将胡某当作朋友看待的②；而文某提供的专家意见书只是依据文某单方面的陈述，没有相应证据支持，不能认定为胡某行为构成性骚扰的依据。法院因此认定胡某向文某发送短信的行为“不构成对原告的性骚扰”。

(3)文某患神经衰弱及其丈夫提出离婚是否与胡某的行为有因果关系。

法院对文某的证人证词所做的认定是，文某的两名证人虽然当庭陈述曾听文某说过遭受胡某性骚扰的事情，称文某对胡某的行为非常反感，并且精神受到伤害，但是上述证言与文某所发信息所表达的意思“不一致”。文某向法院提供的病历和其丈夫的离婚起诉书，均不能说明文某的病因和其丈夫提出离婚的原因是因为胡某的“性骚扰”行为所致。法院因此认定文某提供的证据及证言“不能证明原告患病和其丈夫提出离婚与被告的行为有因果关系”③。

---

① “被告于2005年6月12日23时35分发给原告的‘我需要你’的信息，原告即于23时38分回复被告‘老兄呀，我那次写申请不就形式上过一下而已下期你还是会在办公室对面瞧见我的，哈哈哈’，又于次日早晨7时33分给被告发信息，‘言简意赅，你的需要让我很满足’；被告于2005年6月17日10时43分给原告发送信息‘不能使你动情是俺今生最大的悲哀’，原告于10时43分、10时46分分别回复被告，‘醉过了塞，和你又说不到动情之处，我昨晚是和一位女友喝酒，她的生日，你以为我不分场合那不稳麦’‘女人的悲哀难道你也有吗’；被告于10时50分给原告发送‘别介意开个玩笑，因为我知道自己姓甚名谁，怎么高攀呢’，原告于10时57分回复被告‘我还不敢妄想，你说反了’；被告于2005年6月20日23时42分给原告发送信息‘好吧，好想吻吻你！好吗’，原告于23时45分回复被告‘应该有空，给我信息好吗’。”见《文某在职业场所遭受性骚扰案》。

② “2005年6月18日21时51分原告分别给被告发送短信‘我今晚真难过，我想得到我记忆中的每个朋友的关心’‘以为朋友解愁，可宴席后，曲终人散，还是剩我收拾寂寞，我不想回去，又没人陪，一个人在电脑前真的会发疯’；2005年6月21日20时44分、20时56分原告分别给被告发送信息：‘我想你最清楚问题出在哪个身上，我们都是聪明人，麻烦老兄叫虞主任把章给我盖了，为调动我是一直努力的，帮了我，我们还是朋友，你说呢’‘我反复看你以往发给我的信息，我真的还以为我们之间可以做朋友，如真的因此不能调走，我确实不知自己还会不会有理智，这次和上次交申请不一样了’。”本案例为北京大学法学院妇女法律研究与服务中心代理案件。材料来源于该中心网站“典型案例”。

③ 《文某在职业场所遭受性骚扰案》，http://www.woman－legalaid.org.cn/read.php?kind＝dxal&file＝20060913113208.

五、判决结果

法院认为，当事人对自己提出的诉讼请求所依据的事实或者反驳对方所依据的事实有责任提供证据加以证明。原告虽向法院提供了被告向自己发送短信的证据，但被告也向法院提供了原告对上述短信没有反感和拒绝的证据；原告所提供的证据不能证明被告对原告进行了短信性骚扰，导致原告患神经衰弱及夫妻感情受影响缺乏事实证据；原告提出被告在长达 5 年的时间借工作之名，以语言和行为对其进行性骚扰，但未就该事实向法院提供证据。因此原告应当承担举证不能的后果。故原告要求被告赔礼道歉，并赔偿精神损害赔偿金 10 000 元的诉讼请求，本院不予支持。

2006 年 2 月 7 日，巴南区法院开庭宣判，根据其认定的事实，依据《中华人民共和国民法通则》第 101 条“公民、法人享有名誉权，公民的人格尊严受法律保护，禁止用侮辱、诽谤等方式损害公民、法人的名誉”之规定，做出了如下判决：

“驳回原告文某的诉讼请求。本案受理费 410 元，其他诉讼费用 100 元，合计 510 元，由原告文某负担。”

文某不服一审判决，向中级人民法院提出上诉。二审开庭判决的结果是，驳回文某的诉讼请求，维持一审判决。

六、问题发现

通过对本案各方面情况的梳理，我们认为本案中值得观察的问题很多，从区教委的态度到专家的观点，从被告取证一路顺畅到文某取证处处受阻……很多地方疑点重重，被告胡某在法庭较量中占了上风，但这似乎不能说明是法律的胜利，法律没有对文某给予与胡某同样的保护，让人感觉法律的“权威”一直让位于权力和传统的性别观念。在本案中，我们对以下两个问题尤为关注。

（一）文某求助之路如此艰难的缘由

文某本是胡某性骚扰的受害者，可是在她选择向有关部门求助和寻求法律帮助后，她受伤害程度日益加深。我们尝试做这样的假设：如果胡某的骚扰短信没有被文某的丈夫察觉，如果文某对来自于胡某的性骚扰选择沉默，也许文某只需要承受内心的煎熬，只要事情不被别人知道，一切似乎可以“相安无事”。而事实是，在胡某的骚扰短信被“他人”发现后，胡某不仅毫无愧意，反而以权力和性别的优势将“污水”泼向受害者文某。当文某不愿沉默，发出“呐喊”的声音寻求“解脱”时，来自骚扰者的报复性“反诬”以及由此引发的来自家庭和社会的性别偏见带来的伤害往往比性骚扰威力更大，更让文某痛苦。太多的误解和指责都指向了文某——这位性骚扰的女性受害者污秽满身，欲辩不能。我们认为，出现上述现象的主要原因如下。

1. 胡某较多的权力资源及其对文某的权力控制关系导致文某求助受阻

文某被骚扰及求助受阻都与胡某的权力以及权力资源网关系密切。换句话说，胡某与文某之间的骚扰和被骚扰关系本质上是一种“权力”关系。胡某是“有权”的校长，而文某只是“无权”的教师，胡某在职场上占支配、统治的地位，而文某则居于服从、付出的地位，这种权力关系在胡某和文某的男女关系中演变为一种不平等的性关系：占有、压迫和屈从、驯服。正所谓“性骚扰，不过是这种不平等关系的一种反映，一种模式，一种表现”①。

文某之所以忍受胡某长达5年的性骚扰，原因多半是屈从于胡某作为校长对其拥有权力的控制关系。胡某的这种权力还给他带来了在权力控制范围——学校——之外的更多权力资源，正是这种资源，形成了一把对胡某性骚扰行为的保护伞，使得文某向区教委的投诉迟迟没有答复，即便是最后的答复，也完全是站在骚扰者的立场上，认为胡某所发短信是“开玩笑”的“正常”信息，“不是性骚扰”，完全不顾及受骚扰者的主观感受，使受害者再次受伤。

在文某就胡某性骚扰问题向巴南区法院提起诉讼后，在取证等问题上，胡某的权力显然给他带来了更广阔的社会资源。因为胡某向法院提出取证申请后可以在一日之内取回全部短信证据，这里且不讨论原告提出的胡某在取证问题上的违法行为②，仅胡某能够如此快速取来“证据”一事，就不能不说其得

① 赵合俊. 性骚扰：性别、阶级、经济的相互交织. http://women.sohu.com/20041120/n223091210.shtml.

② 原告方认为：“被告取证程序违法。《中华人民共和国电信条例》（简称《电信条例》）第66条规定：‘电信用户依法使用电信的自由和通信秘密受法律保护。除因国家安全或者追查刑事犯罪的需要，由公安机关、国家安全机关或者人民检察院依照法律的程序对电信内容进行检查外，任何组织或者个人不得擅自向他人以任何理由对电信内容进行检查。电信业务经营者及其工作人员不得擅自向他人提供电信用户使用电信网络所传输信息的内容。’《电信条例》是电信管理的专项法规，具有专属性、针对性、排他性的特点，这足以说明法律对用户的信息安全保护是极其严格的，对信息管理、信息保护、信息安全设置了很高的门槛，不是哪一个自认为有权的人可以随便通过私人渠道进行检查，更不允许任何单位、任何个人以任何违法手段提取。根据《电信条例》的规定，人民法院也被排除在外。不以合法程序，不依法提取的证据，即便得到法院的支持，一样不可以入证，不可以作为合法证据使用。《电信条例》的规定与宪法、民事诉讼法的规定完全一致，没有互相冲突的地方。经过向信息部门、公安部门查证证实，×××庭长对文某所说的江苏信息公司因泄漏信息，被告上法庭而败诉的案件，他们未曾听说；如果有此案件，应当让×××庭长当庭出示该判例，作为不能取证的判例根据；而且，如果真有此案，对于需要取证的双方当事人来说，同样适用，不能说，只适用文某而不适用胡某。除了程序上违法以外，被告提供的是清单式短信，从技术上讲，清单式证据是可以制作、可以编辑、可以篡改的，不符合法定证据的要求。且经原告确认，清单中的短信内容，与她原来发送的内容完全不同，内容与原信息发生变化。因此，被告胡某提供的短信，不管是其自己采集，还是法院强令通信公司提供，从程序、实体上看，均不具有证据资格。”见《文某在职业场所遭受性骚扰案》。

益于他的权力资源，这种资源已经客观上形成了一张胡某的保护网。而文某及其律师的取证申请却被法院一再拖延，在一个多月里，他们连续催促20余次，法院却始终没有启动取证程序，文某想尽种种办法均无法提取胡某发给她的骚扰短信，致使她始终没有获得相应证据。巴南区法院在对待文某取证申请上“不作为”的“恶意行为”，造成了对文某不公正的司法环境，是典型的司法性别歧视。权力资源的不对等造成了双方当事人获得的证据资源不对称。而法院在庭审中又将这种不对等的资源作为“证据”进行“事实”认定。我们不难看到，在这张巨大的权力网中，“强者”更强，“弱者”更弱。权力控制关系已逾越了学校，司法明显让位于权力，权力控制关系影响了司法公正，司法歧视在更大的范围给文某带来更大伤害。

2.社会对性骚扰案中男女两性的差别对待，使文某在求助中不断受伤

我们从本例性骚扰案中看到，社会对男女两性在本事件中的认识存在较大差异，突出表现为对男性“包容”“放纵”，对女性“误解”“责难”，导致女性受害者被骚扰者反诬而处于更加无助、尴尬的境地。

区教委领导对文某所反映胡某性骚扰问题持轻描淡写的态度，反映出一些拥有权力的人（主要是男性），在性骚扰问题上对男性骚扰者的“宽容”甚至“包庇”。他们认为这不过是“开玩笑”和“说不清楚的事情”，从他们的这种传统的男权立场出发，他们理所当然地认为骚扰短信是“正常”信息。而对于文某，他们可以在一个多月的时间里不做回应，最后甚至推说有事拒绝见面。这种行为反映出区教委领导的意识深处存在这样的观念：男人出轨不算什么，红颜女性乃是祸水。他们有一种先入为主的传统的性别观念：一个遭遇性骚扰的女性必然是自己不自重，是她们勾引了男性。也许正是因为这样，文某反映的情况不仅没有得到区教委领导的理解，相反向自己所在学校的上级主管部门求助使她更加受伤。

在性骚扰问题曝光后，从文某、胡某双方家庭对待事情的态度也可以对传统的性别偏见略窥一斑。胡某骚扰了文某，竟然还理直气壮地打电话到文某的婆家“厉声质问”，除了胡某对文某的权力控制关系，更重要的是胡某意识中固有的性别歧视，在他心目中，权力是至上的，男性是尊贵的，一个有权力的男性对女性的这种行为是“正常”的。他也非常清楚他对文某的“厉声质问”对女性意味着什么，他以一种先入为主的方式将文某首先淹没在难以承受的传统性别意识对女性的偏见中。性骚扰事件的发生，并没有妨碍胡某拥有幸福的家庭，妻子、孩子一如既往地支持他；而文某的遭遇与胡某截然不同，她被胡某骚扰，丈夫和婆家人或出于压力，或因为“一个巴掌拍不响”的意识纷纷指责文

某，丈夫最终离文某而去。本案中胡某"反诬"对文某的伤害从工作领域进一步扩展到文某的家庭，而文某丈夫与她的离婚又成为众人诋毁文某的借口。人言可畏、众口铄金、积毁销骨，文某在流言蜚语中不断受伤难以摆脱。女性遭遇了性骚扰，往往还将以"赔上家庭"为代价。

对文某的性别偏见在一些所谓的"专业人士"那里同样存在。本案中法学"专家"对文某的"规劝"充分说明了这一点。作为一名法律专业人士，面对在性骚扰中痛苦挣扎的女性以期通过法律寻求救济和公平的做法，他不仅没有谴责骚扰者胡某，更没有为了法律对性骚扰问题的立法和司法解决办法进行思考，反而认为将这样的问题诉诸法律是文某的过错。这位专家在电视节目中公然劝文某撤诉，声称这样"还可以保全名声"，会使文某面子"不好看"的言词是典型的传统男权习惯思维的结果，他所预言的如果官司打下去，文某"肯定输"，反映出在他的意识深处，根深蒂固的对女性的歧视。

法院审理本案时，认为文某对胡某的短信进行了回复，没有"严词拒绝"，是将胡某看作朋友的表现，"并未表现出对被告所发送信息的反感、拒绝和不欢迎"，因此不能认定胡某的行为构成对文某的性骚扰。法院完全没有站在文某的立场上考虑她作为女性下属受害者的感受。一个在职场中为生计奔忙的年轻女性，面对一个在当地教育系统有权、有势的人物，即便她内心愤怒反抗，但她如何能够轻易向她的上司，表现她的反感和厌恶呢？法官的性别偏见让一个希望用法律为自己讨回尊严的女性不仅丢失了尊严，还不断被恶毒地污化。在寻求和期盼"公正"的过程中，文某遭受了更严重的伤害。

巴南区法院对待文某的取证申请采取了十分消极的态度，在司法过程中通过不作为的方式造成对文某的不公正对待，是典型的司法和性别歧视。按照巴南区法院的说法，人民法院应当且有权按照《中华人民共和国民事诉讼法》的相关规定支持当事人调查取证，那么同理，巴南区法院也应当支持文某取证。然而，该法院帮助被告胡某取得了证据后，却以恶意的拖延，不实的借口延误文某取证，不顾文某三番五次跑法院，20余次的取证请求，最终造成文某不能取证和证据流失，而这些证据恰恰是本案中能否认定胡某的行为是否构成对文某性骚扰的最重要的依据。法院支持男性当事人获取了对女性当事人不利的证据，而对女性当事人获取对自己有利的证据持消极态度，以及法官又以这种对女性当事人不利的证据作为认定"事实"之"依据"的做法，很大程度地反映出本案法官在性骚扰问题上的性别偏见，这种偏见让试图通过法律寻求帮助的女性更加受伤。

上述各类人群对于男性骚扰者普遍持有的"宽容""放纵"态度和对女性受

害者的“责难”“诬蔑”看法，其根源是存在于人们意识中的传统的性别要求和性别歧视。在本案中，只有文某的父母、本地代理律师彭林、北京大学法学院妇女法律研究与服务中心代理律师徐维华、部分媒体等少数人群始终给予文某关心，给她带去了慰藉和支持。正是这些力量支撑着文某渡过了那些不堪重负的日子。

(二)文某求助法律缘何遭遇困境

文某敢于打破“沉默”，试图寻求法律救济，但本案从立案开始便遭遇法律的“冷遇”，致使文某历经重重困境，伤害步步加深。它反映出我国在性骚扰问题上存在立法空白，法律缺失必然导致司法无力。

1.“性骚扰”缺乏法律定义

2005 年 8 月 8 日文某向巴南区法院起诉时，虽然“性骚扰”作为一个概念已经为人们所熟悉，但我国法律中尚无关于性骚扰的相关规定。提起诉讼时，文某的律师建议以“人格权被侵害”为由申请立案，而法院则认为应以“健康权被侵害”起诉，在律师的说服下，法院才同意文某的案由请求。后来法院又将案由变更为“其他人身权纠纷”。在文某提起诉讼 20 天后，全国人大第十七次常委会会议通过了《妇女权益保障法》修正案，2005 年 12 月 1 日正式生效的《妇女权益保障法》修正案将“性骚扰”写入了法律，明确禁止对女性的性骚扰。这“在男女不平等的历史传统下性骚扰主要受害者群体为女性的现实环境中”[①]有着积极的意义，但是它更多只是一种宣示性的规定，并没有涉及性骚扰的界定、构成以及责任承担——这些是性骚扰写入法律的基本前提，性骚扰至今仍然缺乏法理定义。审理文某案件时，尽管性骚扰已经“入法”，但《妇女权益保障法》中的相关内容规定在司法实践中实用性很小。

2.我国在性骚扰问题上存在立法空白

时至今日，我国仍没有反性骚扰的专门性立法，在我国立法中，明确规定了性骚扰行为的仅有《妇女权益保障法》第四十条：禁止对妇女实施性骚扰。受害妇女有权向单位和有关机关投诉。即便如此，其禁止性骚扰的原则性规定也十分简约，当发生性骚扰时，可资利用的法律看似很多，包括刑法、民法、行政法等，如《中华人民共和国宪法》第三十八条中关于人格尊严及保护的原则性规定：中华人民共和国公民的人格尊严不受侵犯。禁止用任何方法对公民进行侮辱、诽谤和诬告陷害。《中华人民共和国民法通则》第一百零一条关于公民名誉权的规定：公民、法人享有名誉权，公民的人格尊严受法律保护，禁

① 高燕竹，张宝新. 性骚扰法律规制的主要问题. 法学家，2006(4).

止用侮辱、诽谤等方式损害公民、法人名誉。《最高人民法院关于确定民事侵权精神损害赔偿责任若干问题的解释》第一条确立的精神损害赔偿原则：自然人因下列人格权利遭受非法侵害，向人民法院起诉请求赔偿精神损害的，人民法院应当依法予以受理，包括(一)生命权、健康权、身体权；(二)姓名权、肖像权、名誉权、荣誉权；(三)人格尊严权、人身自由权。《中华人民共和国刑法》第二百三十七条规定的强制猥亵妇女或者侮辱妇女罪以暴力、胁迫或者其他方法强制猥亵妇女或者侮辱妇女的，处五年以下有期徒刑或者拘役。《中华人民共和国治安管理处罚法》第四十二条规定了关于侵犯人身权利的行为和处罚：有下列行为之一的，处五日以下拘留或者五百元以下罚款；情节较重的，处五日以上十日以下拘留，可以并处五百元以下罚款：……(五)多次发送淫秽、侮辱、恐吓或者其他信息，干扰他人正常生活的。但上述法律均没有明确禁止性骚扰，也没有列举性骚扰的具体情形，没有明确哪些行为构成性骚扰，无法使受骚扰者的权利真正得到保障。文某诉讼案的败诉，与法律依据不足有很大关系。性骚扰的概念已经日益为人们所熟悉，与性骚扰相关的诉讼也不断增加，然而法律中存在的空白，不仅使性骚扰受害者在求助法律之门的路上迷失，难以得到应有救济，还可能因法律的缺失使伤害进一步加深。这一切亟须我们在立法规制上进行深入研究。

性骚扰中的反诬，是一个说不清道不明的问题，台湾也曾发生过类似的事。1994年，一名酒店公关小姐李×向当时开播不久的某新闻网记者指控台湾某著名男主持人胡×对她强暴、性虐待，并声称握有沾了该男主持人精液的卫生纸团。当时李×声称，她坐该男主持人的台时，该男主持人提到他主持的某电视节目缺助理主持人，要她拿个人资料供他参考；她陪胡×出场后，回到自己家中，却被胡×强暴、性虐待。1994年11月10日，因证据不足(李×所称“被该男主持人扯破的衣服”已被丢弃，沾有血迹的内裤也被漂白，“卫生纸团”也已经不存在)，无法证明该男主持人有强奸行为，该男主持人获判不起诉处分。

台湾有学者指出，反性骚扰中有一种复杂的权力抗衡。由妇女发起的反性骚扰运动可能只是唤起了被骚扰或可能潜在被骚扰的主体，同时也建构了骚扰者和潜在骚扰者的主体，形成针对性骚扰议题的两种“主体说法”。“父权制”在利用其强势抢夺诠释权，进行对性骚扰之定义，同时对被骚扰主体做负面诠释，以扩大骚扰主体的正当性。在反性骚扰方面，妇女运动正是一场和父权社会争夺诠释性骚扰权的角力战。[①]

① 王苹.反性骚扰运动的骚动主体//何春蕤.性别研究的新视野.元尊文化企业股份有限公司,1997.

第七章　权利救济

有关女性劳动权利的救济实际上是一个复杂的问题。尽管法律规定有调解、仲裁和诉讼多种渠道选择，但是对于有关性别歧视的案子，还是存在诸多障碍。本章选择的几个案例，有一定的代表性。案例 19 是一个关于争取生育期待遇的案子，官司虽然胜诉了，但是在后来的单位裁员中，当事人却丢了工作。案例 20 和案例 21 都是关于维权策略和技巧选择的，希望对处于权利受损的当事人有一定的启示。

案例 19　法律保护什么？打赢官司丢了工作

这是一起劳动仲裁关于生育待遇的案例，法律规定好像没有问题，当事人虽然忙于带孩子，但当事人李女士及其父亲不乏斗争精神，尤其是李父，为了讨个公道，先为女儿的生育报销，再为女儿的劳动合同。在法律上，我们的女当事人胜利了，但形式的胜利背后却是后来丢掉工作的更大损失。有人说，为小权丢大权，何必?! 这让我们思考，仅仅有形式的平等可能是不够的，但事实的平等如何实现，法律能担当实质平等的重任吗？

法律以及援助律师对保障女性生育权的雄心勃勃，被企业转个圈就消解了，打赢了官司却最终丢了工作，这类案例已屡见不鲜。打官司挑战了工人与用工单位的既定权力关系，在目前的权力格局中，挑战了企业，也就是挑战了老板，打官司注定会打坏关系。而打坏的关系又恰恰是赖以生存的劳动关系。生育费用与劳动关系是小权利和大权利的问题，这就把女工推上了一个权利悖论，一方面工人要不要合法维权，另一方面，为什么最终生育成为解除劳动关系的终极原因。这起案子反映的问题是，一个没有问题的法律，一个同样没有问题的仲裁判决，如何就导致了一个怀孕歧视的结果？法律、劳动仲裁机构和企业，谁的权利更多？女工借助法律取得胜利，最终又败在企业手里。

一、案情简介

李某1999年高中毕业后,应聘到一家日资的服装加工厂上班,干车工,工资计件发放。3年后,因单位不给报销生育费并拒绝支付产假工资,李某向劳动争议仲裁委员会提出申请,要求单位报销相关费用。本案胜诉后,用人单位随即以劳动合同履行期届满为由,解除了与李某的劳动合同关系。李某提出了第二次劳动争议仲裁申请,要求将劳动合同顺延至哺乳期结束。因为于法有据,李某又拿到了胜诉判决。李某的案件,胜诉是必然的,但两次诉讼,长达近两年的时间,彻底扰乱了李某及其家人的生活。李某非常困惑:法律是不是保护劳动者利益的,为什么生育待遇得到了保护,却失去了工作。

二、代理人(当事人的父亲)陈述

我女儿所在的工厂是一家中日合资企业,生产服装。工厂里除管理人员大多为男性外,工作线上全部是女工。工厂采用流水作业,劳动强度大,几乎没有休息和休假,碰上有急活了,还会连续加班。厂里与她们的合同是一年一签,但签了后也没有把合同原件给她们。没有公布过任何的劳动管理制度,除了请假一天扣30元钱外,其他的制度大家都不清楚。也没有参加任何社会保险。我女儿是左撇子,干活又快又好,一直是车间里出活最多的。怀孕后她还每天正常上班,每天坐那干那么多个小时,回家就喊腰疼。我想去跟厂里说换个工种,女儿不同意,说单位不会同意。请假吧,一天就要扣30,我家经济这么紧张,也没有办法,只能多注意着。

2002年8月15号那天晚上11点过了,女儿突然破了水,我们赶紧叫车往最近的医院送。当时离预产期还有20多天呢!医院一看当时的情况,马上通知医生来做手术。你都不知我那晚是如何熬过来的。后来女儿、孩子都好,才想起来要给单位请假。第二天一大早我就去了她们单位,给女儿请了假。女儿产假期间,没有一个领导来看过,我当时就挺心寒的。不来就不来吧,也计较不起。

等出了院,我去报销住院费和领工资时就出了问题。单位说按照内部规定只报销300元,因为没有办请假手续,还扣发了女儿当月的工资。我与她们发生了争执,国家有政策生育费用要实报实销的,怎么能300元包干呢?这政策是违法的。我是当兵出身,对政策法律是了解的。还有我女儿的工资,产假期间工资应照发的,他们没有权利扣。因为女儿还在月子里,身体没恢复,小孩的体质也不好,还在医院治疗,我就开始一个人跑这事。多次跟单位谈他们都不理，最后连门也不让我进了。我又去工会、去妇联，还去了劳动监察部门，但单位都顶着不给办。最后，我去了劳动争议仲裁委员会，把工厂给告了，要求他们支付工资和报销医药费。

劳动仲裁开庭时，工厂没有再提生育费用内部规定300元包干和没及时请假这两点理由。说没有报销生育费是因为没有在定点医院看病。同意支付工资，但工资以基本工资300元来确定。我们不同意工厂的说法。首先，工厂从没说过定点医院的事，我们根本就不知道，而且国家的医疗保险都已经取消了定点医院，工厂有什么权利擅自指定定点医院，他的指定有什么法律效力？我女儿当时情况紧急，不及时去医院就会有生命危险。在这种情况下，不可能舍近求远，置生命于不顾去什么定点医院，是命重要还是规定重要？以基本工资300元来确定产假期间工资不符合法律规定。李某产前每月工资平均在1 200元左右，且300元远低于西安市最低工资标准。

仲裁我们胜诉了，要他们支付医药费和工资。我以为这事就结束了，可他们却不好好给钱，我又跑了好多趟，最后没办法，由法院去执行的。等到这些事完了，产假也过了快半年了。因为身体一直恢复得不好，也忙着打官司，工作的事我们就没提。单位倒好，法院前脚要完钱，后脚他们就通知说我女儿合同已满，要终止合同，让我们把档案拿走。我不同意，国家规定哺乳期间不得解除劳动合同，已经到期的劳动合同也要顺延到哺乳期满。他们根本不理，将一个档案袋扔给我就走了。我只好拿回家，发现档案袋没有密封，打开一看，只有几页，档案根本不全。我这次再没有找厂里理论，直接申请了仲裁。我知道我会赢的，因为法律有明文规定。我就是想不通为什么厂方会这样置法律于不顾，甚至连起码的人性都没有了。我们养个女儿容易吗？女儿的身体是这个样子，又碰见剖腹产，厂里居然能这样处事。官司是赢了，可我这么大年龄了，成天东奔西跑的，家里还有病人要照顾，我也吃不消。法律都是好法律，就是让单位给念歪了。我们当事人要维权实在是太难了。不但要懂法律，还要有时间，花金钱，才能讨到权利。不停和单位打官司，也使得女儿单位的其他女工知道了法律的规定。我倒没希望她们感激我，但有的人和单位一个鼻孔出气，碰见我女儿了或者私底下还说“你爸也挺难燃的（陕西土话，不好对付之意）”，我就挺生气。这些人怎么自己的权利不知道维护，还看不惯别人。

我就又一次提起仲裁，主张与单位的劳动合同顺延至哺乳期结束为止，要求单位在此期间安排合适的工作，如不能安排工作，须支付生活费用。单位答辩称合同已到期，双方之间已没有任何权利义务的约束；且流水线上的工作根本不能停顿，我女儿的工作已由他人代替，没有办法安排；不工作还要付工资，不符合社会主义按劳分配的原则，不同意支付。仲裁委员会裁决我们胜诉，单位要付工资一直到哺乳期满为止。

三、当事人陈述

我进厂时，厂子也才刚开张没有多久，招收的生产线上的员工都是年轻人，大多是当地农村的，大家也不知道要去了解这些。没人问，厂里也没给说过。我当时想，只要好好工作，厂里不会亏待我的。在我之前也有几个人生孩子，她们都是自己回家生的。有的后来又回来上班了，有的就没再来。也没听说报什么费用，我也没关心那么多。我怀孕后，厂里也没有特殊照顾过，一直上班到生的当天。

我一辈子最感激的人就是我爸。小时候为了给我看病，我爸到处去找医生，只要听人说哪个医生能看这病就带我去，为这借了不少钱，直到前几年才还清。后来我怀了孕，我爸又把我接回家照顾。我是做车工的，每天得坐着干8个小时，回家后腰疼。我爸就想去和单位协商换一个工种，我没同意。我们单位的情况我了解，根本没有什么王法，厂长说了算。敢提什么条件厂里就会让你走人。厂长经常说："是不是不想干了？可以走啊，等着干的人多的是！"

再后来生完孩子，单位扣工资、不给报药费，我爸真生气了。他是个老党员，认为共产党的天下不能有这种事。他一直在国营企业，不太明白外资（企业）的事。他去我们单位和头儿说了几次，说得不太好。我就想回去上班大概也不会有好日子过了。我们的合同是一年一签，我的这次合同马上到期，有可能就续签不成了。反正都这样了，我就支持我爸去找单位谈。没想到谈不成，就打起了官司，打完一个官司又一个官司。孩子都快一岁了，我的事还没完。这事把我爸也累坏了，成天在外面跑。他不让我去，让我在家好好照顾孩子。后来钱是拿到了，单位又通知我提档案。虽然早有预感，但还是挺伤心的。干了这么多年就这样给踢出来了。现在的工作又不好找，我怎么办？

更让我寒心的是单位原来的那班姐妹，以前大家都相处得不错，可我跟单位一闹开，她们就变了脸，向着单位说话。背地里说我难缠，不好打交道。我就不明白了，她们的权利也被侵犯了，我这样对她们有好处，为什么还这样对待我。人心真是难测！

我当时还不知道单位这样做是违法的。还是我爸，去他们单位的劳资（管理部门）上问了有关政策，在律师的帮助下替我提起仲裁的。

我打第二个官司时，单位拿到起诉书后很惊讶，他们并不知道法律的规定，以为合同到期就完了。以前没有人提出过这种要求。我要是一开始就不和单位提条件，还能继续回去上班。现在走到这一步，说那些话也就没什么用了。

走到这一步我并不后悔，以后再工作就会多一个心眼了，至少合同会认真看了。

判决后，单位并没有主动执行裁决。我爸又申请了强制执行。真是太累了，老百姓要办点事还真难。单位仗着财大气粗，根本不把我们放在眼里。生孩子，这槛算是过去了，以后咋办呢？现在工作这么难找，年龄一大，再拖个孩子，更不好找。哎，走一步算一步吧。①

四、仲裁委裁决

要求生育费一案，仲裁委裁决如下：被申请人所述申请人没有在指定医院就医，因此不支付全额医疗费用一说，本委认为不符合事实和法律。首先，被申请人应将定点医院的名称公示。申请人当庭否认知道这个事实，而被申请人当庭未能提供有力证据证明自己的主张。其次，申请人当时情况特殊，在危急情况下，就近就医是法律许可的选择。被申请人当庭同意支付产假期间工资，以300元计算，其依据是合同中有明确约定。本委必须肯定被申请人同意支付产假工资的态度是积极的，但以每月300元计算本委认为缺乏法律依据。申请人当庭提供了最近几个月自己的工资卡明细，明细显示申请人每月的工资平均在1 200元左右，而非被申请人所称300元。且被申请人主张的每月300元低于当地最低工资标准。依据《劳动法》第六十二条、《女职工劳动保护规定》第八条、《工资支付暂行规定》第三条之规定，现裁决如下：①支付医疗费用××元；②支付产假期间工资，以上年度平均工资××元计；③申请仲裁费用由被申请人承担。

撤销解除劳动合同一案，仲裁委裁决如下：本委认为，被申请人的答辩违背我国法律精神，依法不予支持。依据《女职工劳动保护规定》第四条、《劳动法》第四十二条、《关于贯彻〈劳动法〉若干意见》第三十四条之规定，被申请人不得在申请人怀孕、哺乳期间解除劳动合同，即使劳动合同到期也要相应地顺延到哺乳期结束。裁决如下：①撤销被申请人做出的解除劳动合同的决定，恢复双方的劳动合同关系；②被申请人即日起给申请人安排适当的工作，如无法安排，则从申请人产假届满之日起按每月××元支付工资至哺乳期满为止。

① 根据当事人谈话内容整理。

五、本案分析

(一)非本案诉求的加班工资

李某共提起了两次仲裁申请,主要是围绕生育权利的。第一次是主张生育费用和产假工资,第二次是哺乳期的工作权。但有一个重要的权利,李某没有主张,那就是休息休假权。依据《劳动法》第四十三条“用人单位不得违反本法规定延长劳动者的工作时间”,第四十四条“有下列情形之一的,用人单位应当按照下列标准支付高于劳动者正常工作时间工资的工资报酬;安排劳动者延长工作时间的,支付不低于工资的150%的工资报酬;休息日安排劳动者工作又不能安排补休的,支付不低于工资的200%的工资报酬。法定休假日安排劳动者工作的,支付不低于工资的300%的工资报酬”之规定,用人单位应支付这几年来李某的加班工资。她放弃这部分请求,主要考虑到这部分的证据比较难以取得。她无法证明这么多年自己一直有加班加点的情况存在。单位的加班加点是违法进行的,根本没有相关的申报手续,也没有行政机关查处过这个问题,也不可能有任何的证人证言。工友们为了自保,在她诉讼的问题上都保持缄默。另外,这么多年的加班加点如何计算加班费的金额,她也很为难,计算金额大了,仲裁费用高,如果法院再不支持,得到的赔偿可能还付不了仲裁费。加班工资没成为本案的诉求,李某实际上已让渡了自己的权利。

(二)产假工资支付合法性的局限

用人单位支付产假工资时,提出以合同中约定的300元为标准,它依据的法律是《工资支付暂行条例》第三条“本规定所称工资是指用人单位依据劳动合同的规定,以各种形式支付给劳动者的工资报酬”。但因其数额明显低于最低工资标准,同时劳动者对自己的工资数额有明确的证据证明,仲裁委没有支持。这种在合同中约定明显低于实际的工资标准,用以逃避国家法律的规定,少给劳动者支付报酬的做法,是被很多用人单位使用的,劳动者签订合同时一定要注意这个问题。劳动者享受生育待遇、带薪休假待遇、工伤待遇、非因工治疗期间待遇时,都需要以工资为基数来计算具体数额。诉请产假待遇,保证产假期间的不被解雇均是时间上的短期保护,而不是因生育而进行的工作权平等的长期保护。这种与“四期”相连的短期保护行为,最终导致打赢官司丢工作的结局。

(三)举证责任

在举证责任的分担问题上,基本原则是“谁主张,谁举证”,这一原则是与民事领域当事人意思自治原则相适应的。如果当事人对自己的主张不能提出强有力的证据予以支持,必然承担败诉的结果。但在一些特殊类型的案件中,一方当事人拥有比另一方当事人更有力的资源,比方专业背景方面的或者是有控制关系的,此时如果仍僵化地采取“谁主张,谁举证”的基本原则,势必只能实现形式平等而导致实质不平等。为了在真正意义上实现实质平等,必须对弱势的一方给予特殊的帮助。

在劳动争议案件中,用人单位对劳动者拥有管理权,可能对劳动者实行完全的控制,从招收录用,到合同签订、培训、提升、休息休假、加薪,直至最后的解除劳动合同关系,用人单位处于绝对的优势地位。就像案例中一样,虽然签了合同,但劳动者既没有合同文本,更不知道具体内容。虽有规章制度,但由用人单位自行制定,劳动者并不知道详细内容,到违规的时候才会被告知。劳动者经常加班加点,却无任何补偿,甚至无法提出加班加点的证据。李某放弃一些权利就是考虑到举证责任无法完成、举证成本自己无法承担。劳动争议诉讼应当设置举证责任倒置的规则,减少当事人的举证成本,让当事人能诉讼、敢诉讼。

但现有的法律法规并未如此设置,只是部分增加了用人单位的义务而已。《劳动争议调解仲裁法》第六条规定“发生劳动争议,当事人对自己提出的主张,有责任提供证据。与争议事项有关的证据属于用人单位掌握管理的,用人单位应当提供;用人单位不提供的,应当承担不利后果”就体现了这种精神。但这一精神显然与举证责任倒置原则有一段距离。劳动者首先必须证明有关证据由用人单位掌握,用人单位才负有举证的义务。只是将劳动者的举证责任从必须明确证明用人单位的具体行为减小为只需证明这个行为的证据在用人单位处,如果劳动者无法证明证据由用人单位保管,用人单位不承担任何举证义务。在现实中,劳动者实际上有可能无法完成这个义务。比如该案中,李某的单位经常加班加点,但从未依法在有关部门就这一行为备案,同时也拒绝提供证人证言,李某如何证明这个证据在用人单位处?因此,她只好放弃。但就这一点小小的改动,依然是立法在保护劳动者利益方面的进步,劳动者要善加利用。

(四)安排工作的诉求

李某第二次申请仲裁时,仲裁请求之一项就是要求单位在此期间安排合适的工作,如不能安排工作,须支付生活费用。西北工业大学妇女发展与权益研究中心在以前也代理过要求恢复劳动关系的案件,因为没有经验,主张权利时只提到"恢复劳动关系",但往往在取得胜诉裁定后,法院无法执行:岗位安排是单位的内部事宜,除非能了解单位的岗位设置,否则法院很难在没有用人单位配合的情况下给劳动者指派一个工作岗位。中心研讨了该问题,并通过网络向劳动领域专家求教,在法律的现有框架下,提出了要么安排工作,要么支付生活费的请求,让裁决能够在现实中得到执行,切实保障劳动者权益。

(五)加强国家对生育保障的监管

李某虽然赢了官司,却最终失去了工作,她很困惑:法律到底是保护了她,还是没有保护她?从目前看,她得到了生育期间的待遇,并且在整个哺乳期可以按平均工资的70%领取生活费,一般人会认为不上班还拿钱是很好的。但李某却在为未来担忧,几年后她还能再次踏上职场吗?要回答这个问题,我们必须反思法律。

我们国家最早的妇女权利的保护制度是1953年政务院的《中华人民共和国劳动保险条例》,在这部法规第十六条中明确规定对妇女生育期的待遇由资方负责。随着社会主义改造运动的发展,大部分企业实行了国有化,妇女的生育待遇也就从资方保障无形中转变为国家保障。随着经济体制改革步伐的加快,私营企业逐渐增多,国有大中型企业也开始了股份制改革,国家只是在企业中持股,不再是唯一股东,除关系到国计民生的行业外,国家开始退出经济市场,原来的国家保障制度开始出现了一些真空地带。当国家保障无法实现,而企业又不愿意承担这部分成本的时候,生育待遇演变成职业风险,并由女性自己承担。

不同的女性承担的这一风险是不同的。最初受到这一风险伤害的是广大的从事非技术工作的女性,她们工作的可替代性强,单位很快就可以找见其他的替代劳动力。李某的单位公开说,不干了就走,想干的人多着呢,表明单位是非常清楚自己的优势地位的。随着20世纪70年代生育高峰期出生的劳动力踏入职场,近几年经济又在一个高速发展后进入一个放缓的周期,社会能提供的工作岗位减少了,受到生育风险冲击的人群有向更高层移动的趋势。处于高层的女性与一般女性面临生育风险时的担忧是不同的。底层女性害怕失去工作,而很多"白领"甚至"金领"不敢生育,她们害怕的是职业身份下沉。

在这种变革时期,法律是否还应当坚持对女性的保护呢?有学者提出,保护论首要的问题就是谁在保护谁,谁是保护的主体,谁是被保护的客体。保护的主体是国家吗?国家已经明显无力承担这一保护义务了。企业?现实中企业根本不愿意承担这一义务，要不怎么会有李某的诉讼和不敢生育的担忧呢。那么是不是就成了男性保护女性？为什么在生理上自然与女性有所区分的男性有权来保护女性，这一论点在客观上就已经将女性视为无能力或是能力不全，本身就是对女性的否定，是加深了男女的结构性不平等。在市场体制的局限下，因生育劳动及其价值还没有与其他劳动的价值得到等同的、公正的计算，当某一个单位仅仅考虑它自身的局部效益时，就有可能无视甚至践踏女性公平就业的原则，千方百计地将女性因生育劳动可能造成的成本推脱掉、转嫁掉。这一情况再次说明，社会公正的贯彻必定与效益原则会发生冲突，因而绝不能对市场抱盲目乐观、全盘肯定的态度。若以为仅仅依靠市场体制的建立健全，就可自动带来社会的公正与平等，是毫无根据的幻想。实际上，结果可能恰恰相反。所以将一切推向市场、或者按照市场的方式处理一切事务，不仅是一种对社会和人的全面发展极不负责任的态度，还将危及大众对正义、法律及政府的信任，且直接致使社会公正遭到扭曲与损害。

特别需要指出的是，市场往往注重的只是当下的、一时的效益，并不可能对一个人的长期的价值进行全方位的、整体性的评估，甚至极有可能因为狭隘与短视，而否定、扼杀掉人的全部价值。因此，加强国家的监管是非常必要的。通过国家行政监督，来维护劳动者的利益，对劳动者而言是成本最小的维权方式。依据国家相关法律的规定，劳动监察部门进行劳动监察的途径是多样的，除了接受劳动者的投诉外，还可以职权直接监督。对劳动者主动检举或是投诉的，监察部门可以对劳动者的隐私进行保护，使劳动者不被打击报复。劳动监察部门开展工作时，也拥有极大的主动权，全部的调查工作可以自主展开，有权调阅用人单位的账簿，调查职工等，发现问题后可直接进行行政处罚，如责令整改，甚至吊销营业执照等。因此，加强了国家监管会极大地鼓舞劳动者维权的信心。

(六)法律援助的策略

1.借用体制内资源，最大限度地保护劳动者权益

李父两次诉讼都是在已经聘请了律师的情况下，又四处咨询、上访，与劳动权利和女性相关的部门他几乎都跑了个遍：妇联、工会、法律援助中心等等。李某的案件适用的法律非常明晰，胜诉是没有悬念的，李父之所以还不辞辛劳地四处走访，就其心理来讲，是更相信体制内资源的力量。这种心态的产生是有其深刻历史背景的。

首先是新中国成立初长期占主导地位的计划经济模式。在这种经济模式中，一切由政府计划主导。对个人而言，小到结婚、离婚、柴米油盐这种个人私

事，大到工作环境、政治仕途这等关系人生的大事，都被政府计划所控制。社会人是自利的，他们在这种情况下慢慢发展出依赖行政的、相信行政的思维。每个人都在现有的生存空间中进行理性的选择，这是无可厚非的。记得东德和西德合并后，西德人最无法理解的一点就是东德人遇事爱向政府投诉，鲜有求助于司法系统的。这可能也是计划经济的遗产。

其次是与新中国成立后长期的法律缺失有关。新中国成立后，废除了国民党政府的六法全书，并将旧司法人员裁撤。虽在新中国成立之初就制定了宪法，但长期以来没有调整民事、刑事、行政的实体及程序法，很多法律关系由国家政策指导，行政机关取代了司法机关的作用，协调纠纷。直到“文革”结束后，才于1979年颁布了第一部《中华人民共和国刑法》，1985年《中华人民共和国民法通则》颁布实施，民事和刑事法律关系才有了法律调整。长时间的行政指令代替法律，在公众的心中强化了行政权力。

西北工业大学妇女发展与权益研究中心的法律援助工作一开始就面临着处理好法律援助和适当借用体制内资源的关系的问题。如果中心单纯提供法律援助，局面很难打开，毕竟只是一个高校的研究中心，光是案源的问题就很难解决，更遑论很好地为女性维权了。我们必须借助一些社会资源，但这种资源的利用必须以不影响到司法机关独立审理为限，同时中心也将这种理念赋予女性，告诉她们维权时借助的社会资源控制在不影响司法独立的范畴内，是正当的技巧，但一旦超过这个限制，可能会只获得眼前的利益，但长远来讲却会因为对法制的破坏导致权利被侵犯的恶性循环，所以不能采取饮鸩止渴的短视方式。中心开展法律援助的战术性目标是帮助权益受到侵犯的女性，而长远的战略性目标却是希望为中国的法制建设出一份力。中国正处在巨大变革的过程中，如果我们能投入期间，对我们个人来讲那将是非常荣耀的一件事。

2. 建立维权氛围，有助于当事人更好地维权

在最初权利被侵犯的时候，李某和她的父亲的态度截然不同。他的父亲一开始就旗帜鲜明地要求自己的权利，而李某却是在父亲的推动下，从反对到消极对待再到最后的积极支持。两个人对待同一问题的反差如此大，与他们自身所处环境中的维权氛围有关。

李父就职于国有大工厂，是部队转业军人，是在计划经济条件下持国家指标参加工作的。在当时的历史背景下，国企工人是有着相当优越感的，在劳动保障、福利待遇方面是有绝对保障的。即使社会发生变革，此种在计划经济条件下长期培养起来的优越感和优越性仍未消失。在这种绝对的保障下，他们

的维权意识相当强。而李某则不同，她参加工作时已然是市场经济，用人单位是日资私营公司，根本无所谓规章制度和劳动保护。员工大多来自附近的农村，对于工作并无很长远的预期，很多人在生育后离开单位就证明了这一点。不但用人单位没有承担劳动者法律所规定义务的意愿，就是劳动者自己对权利也是漠视的。

詹姆斯·斯科特就曾明确指出，社会不安源于愤怒和对社会不公正的感知，而不仅仅是客观的经济环境。[①] 父亲的生活阅历使他将女儿与自己工厂的女性相比较，从而感觉到不公平，同样是生育，女儿为何被剥夺了所有的权利？女儿也在进行对比，她比较的是与自己一起工作的女工。没有女工要求过特殊照顾，大部分女工生育后没有再返回工厂，也没听说厂里支付了任何医疗等费用，她是没有不公平感的，因此她才会开始反对继之选择放任的态度，对维权并不积极。

因此，培养良好的维权氛围，通过周围的环境潜移默化地施加压力，强化用人单位的守法意识，对当事人而言是最经济的维权方式。一直以来，西北工业大学妇女发展与权益研究中心在诉讼或调解工作之外，也非常注重法制宣传及维权小组工作的开展。中心成立之初，就与当地比较有影响的《华商报》合作，开展了为期一个月的劳动法律热线月活动，随后又两次与工会基层维权干部联合举办培训活动。这些活动都旨在建立良好的社会氛围，更好地维护劳动者权益。

六、律师手记

这个案件是笔者在陕西省法律援助中心咨询的过程中遇到的。考虑到中心援助以女性劳动权利为主题的性质，中心与妇联、工会、高校建立了广泛的联系网络。在这个网络中，各方资源共享，各自开展活动，仅当关注点交汇到一起时共同协作。这样的工作架构既保证了网络的张力，又保证在具体个案上合作的紧密性。正因如此，中心的很多志愿者同时也会参与到工会或者妇联的援助工作中。就是在这个背景下，在一次咨询活动中，笔者碰到了李某的父亲。

记得是在一个下午，李父走了进来，说的却是女儿因怀孕生子受到不公平待遇的事，可怜天下父母心，在我们的法律援助中，父母替成年女儿做法律咨

① 裴宜理. 他们今天所经历的一切没有先例——〈中国工人阶级状况〉书序. http://www.aisixiang.com/data/19535.html，2013 年 8 月 5 日访问。

询甚至代理出庭的很多,快成妇女维权的特色了。李父前来咨询的时候,已经委托律师向劳动争议仲裁委员会提起了仲裁申请。这是一个非常典型的侵犯女性生育权的案件,中心决定派笔者跟踪指导该案件。

开庭那天,笔者早早来到仲裁庭。李父和律师已经先来了,正在整理案卷资料。用人单位的代理人是单位的劳资人员,与李父是认识的。他们进来的时候,能明显地感觉到李父的敌意。用人单位提到的定点医院、基本工资等问题,根本不值一驳。可能是知道理亏吧,更可能是抱着"事不关己",只是完成一份工作的心态,用人单位的代理人并未进行第二轮的辩论。仲裁很快就结束了。没过多久,李父与笔者联系,说裁决书已经发了,他全面胜诉。听声音,他非常高兴。

可才没过多久,笔者接到了李父的电话,说他与单位联系了多次,单位总是以各种借口不履行裁决,问应该怎么办?李父遇到的问题是在诉讼中当事人会遇见的普遍性问题:败诉方主动履行判决、裁定的可能性非常小。笔者建议他尽快申请强制执行。李父很无奈,他以为胜诉了,事情就结束了,没想到还要面对法院。笔者能理解他心情。

大约半年后,笔者再一次接到李父的电话,感觉他在电话里的声音已经是愤怒了。单位通知他去一趟,到了后让他取走女儿的档案,因为劳动合同期限已到。李父提出法律规定在哺乳期不得解除合同。李父一说,单位管劳资的人笑了,说社会主义是不劳动者不得食,你不干活,还想我们养你?你是给单位生孩子还是给你们家生孩子?李父一听这话,气得直哆嗦,二话没说,拿上档案就回家了,路上就决定要去告他们,没想到回家一看,档案还不全。李父这次熟门熟路,在原来律师的帮助下再次提起仲裁。

鉴于中心的资源有限,且李父的这次仲裁与第一次仲裁在程序上、实体上并未有大的区别,中心没有再指派律师指导诉讼。后来从李父的来电中得知,该案也已胜诉,裁决也是通过法院强制执行的。李父还提到,因为这个案件,她在女儿的单位和他们社区都出名了,大家对他褒贬不一,但大多数人认为他不好打交道。对这一点,他也很困惑。

第二年的2月,中心接到中央电视台《半边天》栏目的一个电话,编导在电话中说,他们准备在"3·8"做一期女性维权的节目,看中心能否提供一些素材。经过筛选,中心推荐了李某的案件和在调研过程中发现的宝鸡一大型工厂强制女性休两年育儿假的案例。陪同记者采访的时候,笔者才第一次见到了李某。李某并不像笔者想象中的那样腼腆,在镜头前也是侃侃而谈。从她的表现看,她是有能力自行处理自己的问题的。或许,李父一直给我们的理由——她走不开,是事实。但李父自以为她处理不了,却是臆断了。电视台后来没有采用李某的资料,但这次拍摄却给李某及其父亲带来了一个意想不到的结果。拍摄间歇,笔者与前来看热闹的邻居聊天,他们不无羡慕地说,没想到还上电视了。看来他们以前因李父维权而对其产生的误解在消融。电视台的介入肯定了李父行为的正当性,也让这些邻居开始审视自己对权利的态度。或许,以后他们的权利被侵犯时,他们也会奋起维权。

案例20 “流产”的罢工:非诉讼维权的协商技巧

一、案情介绍

一个偶然的机会,笔者认识了杨女士的丈夫。得知笔者的职业后,他提到了发生在妻子身上的事情。这件事情一直困扰着他的妻子,想就此搁下,老觉得心有不甘,继续追究下去,却又觉得有心无力,希望笔者能在法律上予以协助。杨女士2000年通过了一高校附小的公开招聘当上了学前班的一名老师,后被调配到该高校附属的幼儿园,成了一名主班老师(班主任),承担对孩子的教学任务,之前从未签订过劳动合同,也没有买过社会保险。2007年11月,《劳动合同法》生效在即,学校要求与全体员工签订劳动合同,但条件是工龄归零,不管已在学校工作多长时间,工龄一律从2008年1月1日起算。杨女士不愿意,本指望《劳动合同法》实施后,以前被侵犯了的权利能得到回复,没想到单位提出这个要求。凭杨女士的工作能力,再找一个同样条件的工作不是不可能,但考虑到重新应聘的单位在工作条件和薪金待遇方面与现在的单位差不多,不仅存在重新适应和重新被认知的问题,而且原来的工龄也是放弃了。再者,杨女士已在该单位工作8年了,按照法律规定满10年可以签订无固定期限劳动合同,她等着单位在那时给她一个说法。犹豫再三,杨女士最后选择与现在的单位谈判。经过谈判,单位提高了杨女士的底薪并承诺办理社会保险,杨女士同意签约。这次事件,虽然老师们没有能够团结起来共同面对,但私下的交流让大家彼此之间有了更多的了解,同时也增强了法律知识。3月,因为物价一直缓慢增长,老师们为了提高工资开始团结起来与学校谈判,并于5月12日罢工,此次罢工因地震而告终。“杨女士们”的权利之争还在进行中。西北工业大学妇女发展与权益研究中心在此过程中一直给予她们法律帮助。老师们在谈判中团结分化、分化团结的过程,老师们在谈判的过程中采用的柔性进退的方法、换位思考的态度以及负责任的罢工手段等，是维权谈判中值得推介的经验。

二、当事人陈述

我们没有合同，来去很自由，提前通知一声就可以离开。老师主动离开的比较多，一是工作责任大，操心多，另一个原因就是待遇低。这个职业流动性非常大。好多人甚至都改行了。现在新来的老师里好多是附近郊县的中专毕业生，他们能进城已经很满意了。教师的素质也愈来愈差了。我在这个单位干了8年，算是老员工了。同我一样工龄的还有3个，其他都是新来的年轻人。幼儿园的工作量很大，也很烦琐。平时加班是很正常的，说是每天5:30下班，但都是等家长把孩子接完了才能离开，一般也就到6:00了。遇到有公开课或各类比赛就会占用很多业余时间，并且没有报酬。家访是学校要求的教学内容之一，也只能在下班时间完成。我也曾给学校提过工时安排的问题，因为还想在这上班，也没敢太正式地提，园长一敷衍，也就没解决。大概是2004年，嫌工资太低，我去外面应聘了一家学校。园里知道后，为了留我，给我涨过一次工资。没结婚的时候还没觉得什么，一结婚有孩子，就感觉非常不便，没办法照顾孩子和家。

2005年，我第一次怀孕，那个时候离放假也没几天了。我还带了一个舞蹈班，成天蹦蹦跳跳的，感觉挺累，就向园里提出不带舞蹈班了。园长说没几天就放假了，再坚持坚持。我一想也是，就继续上课。结果孩子没保住，园长也来看我了，但费用方面没有任何表示。我当时觉得是自己的问题，身体不行，也就没有与幼儿园追究。

2006年，我再次怀孕。因为有前一次的教训，就向幼儿园主动提出回家休息，园长答应了。我就不再上班，回家休养。

我们幼儿园的惯例就是生孩子回家，生完小孩后再联系，双方都愿意就再上班。我也不知道还有生育假一说。以前对这方面了解也不多，我实习的时候知道幼儿园会对怀孕特殊照顾一下，但生产费用到现在为止还没有认的。这方面正式工和临时工有差别，正式工待遇好，我觉得应该享受平等待遇。虽然对这个心理也不平衡，但也没办法，大家都这样。

我在我们单位还是算业务能力强的，家长的评价也挺好，我班上的孩子还到电视台表演过节目。孩子3个月大时，园长打来电话，说缺老师，希望我能回去上班。我说孩子小，离家太远，没办法照顾。园长还提出让我在学校附近租一间房，房费单位认一部分。考虑到老人孩子生活不方便，我就没有同意。

到7个月时，又到开学的时间了，园长又打来电话，说可以认4个月的产假，按工资底薪计算，可没提生育费用。我们的底薪挺低的，当时好像才260元。一放假我们就只能拿底薪。家里也能离开了，总得上班吧，我就答应了。到了2007年年底，园里就开始找每个老师分别谈话，提出签订劳动合同，但以前的工龄不连续计算。签合同这事对大家影响还是挺大的。当时已接近放寒假了，谈话后，人心惶惶。单位刚开始态度挺强硬的，表示不签合同就没工作了。我是坚决不同意单位这种做法的，就给148打电话咨询，还自己上网查了好多资料，还和你们中心联系了。我就据理力争，同时也做好了离开的准备，到其他几家单位应聘了。每次和我们园长谈话，都是先说我为单位做了多大贡献，园长就说单位效益不好，她有多为难。说到后面就是她也哭我也哭，都挺伤心的。严格来讲，我们园长也不是坏人，她也有她的难处。后来园长同意把我的底薪涨到600元，我就签了合同。我是我们单位最后一个签合同的。签的时候还写了一份证明，意思是我的工龄不连续，中间离开过。本来他们写好了一个叫我抄，我说要回家和家里人商量一下，实际上问了律师，律师说如果必须写，就写因为休产假，这样的话工龄是否连续就不由园里说了算，法律有规定的。结果照律师说的写了，园里不同意。我就又改又涂，给混过去了。别人是什么条件我不知道。

我以前和学校其他人也不太联系，认识的人不多，一下班就回家了。这次因为牵扯到大家利益，见面都会聊一聊。单位一个别谈话，大家就各管各了。这也不能怪大家，各人条件不一样。我们班上的保育员是第一个签的，我就觉得她那天下午怪怪的，直到快下班了，在厕所她给我说："我感觉我把自己出卖了。"我问她咋回事，她说园长叫她去办公室把合同签了，我问签的什么内容，她说不知道，签的时候没让看，只是把最后签名部分翻给她，她就签了。合同副本也没给她。

这次事后，也没有人离开。但大家了解了法律，也开始关心法律，关心自己的利益。新学年开学后，物价一直涨，我们提出加薪①。我们的工资都是单独领取的。每次发工资我们都会与园长谈薪水的问题。这几天园长最痛苦了，她说她都怕领工资这几天。但每次谈也没什么结果，就是她哭我也哭，每次都说会考虑，也不知什么时候考虑好。5月12日地震那天，我们十几个代课老师又与校方谈判，谈崩了，我们就集体罢工了。但也没敢离学校太远，毕竟小孩还在园里，万一有什么事，保育员照应不过来。没想到下午就地震了，

① 这次谈判在老师和学校之间进行，保育员、财务、后勤等教辅人员没有参加。

我们赶快回到学校,照顾学生。那次罢工就算结束了。我与园长现在的关系很微妙,感觉她现在更尊重我了,有些事会征求我的意见,但与园长的私人关系还是受阻碍了,除了工作的事情不谈外话了,另外对我的工作要求也更苛刻了。我根本不敢出错,一旦出错,肯定比别人处罚重。

通过电视、报纸和网络,我自己对相关法律知识已经了解,我也清楚自己的权益有哪些,但我还是不清楚纸面上的权利如何拿到,如果太坎坷,心理承受不了,过程太复杂,时间太漫长,就算达到目的,付出也很大。了解法律给了我什么权益很容易,但单位是一个团体,而我是一个人,单位可以随便找一个人来跑这个事,但个人就不行,我的问题对单位来说只是一个事务问题,但对自己来说就是一个生存的问题,总的来说,单位还是强势。学校的后勤集团老总甚至都亲自找过我,给我施加压力。我们园长是个感性的人,每次我去找她的时候,都是两个人一块哭,我哭她也哭。走诉讼途径,就没有办法再去面对(还要在幼儿园继续工作的现实),我还是觉得让园长从内心接受最好,用更和谐的方法处理,不能闹崩。我在那工作已经近十年了,我的青春都耗在那儿了,但我想等我工作够十年后,肯定还要有个说法。我感觉总要有点秋菊精神吧,单位要给个说法。现在知道了有些东西自己不去争取,人家不会给你。最起码幼儿园也开始想着解决问题。其实这事园长也不好弄,涉及的面太大,现在也是在绞尽脑汁地平衡。我知道有一个幼儿园因为签劳动合同的事,直接就解散了,那个园长就说"做不到"。我们的幼儿园有两百个小孩,我们也计算过,还是有利润的,一般的劳动保障还是能做到的。但如果单位根本做不到,争取也就没有意义了。但单位能解决,却不解决,就必须去争取。

三、本案分析

在本案中,有一些值得推广的经验。

(一)劳动者与用人单位之间既有矛盾冲突的一面,也有和谐共生的一面

杨女士是我们中心所接触过的在争取权利问题上考虑非常理性的一位,她在考虑自己权益的时候非常难得地也在兼顾用人单位的利益。我们的很多当事人,在权利意识复苏后,强调的是法律赋予"我"的权利,而很少在权利发生冲突时去考虑用人单位的利益,但杨女士关注到了权利的和谐性。如果单方面地强调用人单位的权利,或者单方面地强调劳动者的权利,都会将双方推向对立面。实际上,在用人单位和劳动者的相互关系中,除了矛盾的一面,还有互相依存的一面。就像杨女士最后所说:"我们的幼儿园有两百个小孩,我们也计算过,还是有利润的,一般的劳动保障还是能做到的。但如果单位根本

做不到，争取也就没有意义了。但单位能解决，却不解决，就必须去争取。”我们主张客观地看待劳动关系，既不夸大在劳动合同关系中劳动者与用人单位和谐一致性，也不粉饰它的矛盾对立性。只有清醒地认识到劳动关系的两面性，针对不同的方面采取不同的举措，才能更好地维护劳动者权利。遇事就诉讼，或者一味妥协，都不是上佳的选择。杨女士在审慎地考虑了自己的处境，评价了单位的态度后，决定继续留在原单位上班，也因此尽量谋求和谐的处理方式，这是明智的选择。在杨女士争取权利的过程中，既有妥协的一面，也有坚持的一面。考虑到单位的实际收益情况，杨女士容忍单位逐渐地满足法律所要求的劳动保障措施，给了单位一个缓冲期；同时，当单位尚未认真执行法律规定时，不断争取，没有放弃，趁每次领工资与园长面对面的机会，一次一次地主张自己的权利。园长的改变是渐进的，至少现在她已经意识到尊重杨女士的想法：“我与园长现在的关系很微妙，感觉她现在更尊重我了，有些事会征求我的意见，但与园长的私人关系还是受阻碍了，除了工作的事情不谈外话了，另外对我的工作要求也更苛刻了。”

（二）始终坚持职业道德

2008 年 5 月 12 日，因为与单位的谈判没能达成一致意见，老师们拒绝工作。但考虑到孩子们仍在学校，老师们并没有各自离开，而是待在离学校很近的地方。不幸的事件发生了，当天四川发生了里氏 8 级地震。但万幸的是，老师们立即赶回学校，承担起一个教师的责任。老师们的行动导致了自己罢工目的的“流产”，但她们无愧于教师的称号。相信校方会有所感悟。在与用人单位发生纠纷的情况下，采取一些非常态的行为是可以理解的，但这种行为不能与自身的职业道德相违背。

（三）团结的力量

最初谈判签合同时，校方采取了各个击破的办法，约请每一个老师、保育员分别谈判，他怕的就是老师们联合起来。因为“各人条件不一样”，在短时间内老师们没能将各自不同的意见整合成所有人都能接受的条件，导致老师们各顾各，分别签了合同。最早签订合同的是名保育员。保育员一般从事的是辅助性工作，专业技术性不强，容易被替代，议价能力差。这一最薄弱的环节被单位攻破。虽然是各自为政，但到底有了交流的机会，“我以前和学校其他人也不太联系，认识的人不多，一下班就回家了。这次因为牵扯到大家利益，见面都会聊一聊”，这些聊天，直接导致了后来的对工资待遇的谈判以及 5 月 12 日的罢工。相信这是一个良好的开端。

(四)对法律的充分了解

在维护自身的权利的问题上,杨女士并不是全无意识的,之所以在此以前未与单位发生过大的冲突,是因为并不很清楚地了解自己的权利所在。她曾经提起过工作时间和加班工资的问题,“也没敢太正式地提,园长一敷衍,也就没解决”。关于生育期间待遇的问题,因为从来不知道,也就无从主张。这次之所以冲突尖锐,是因为经过多方途径“就给 148 打电话咨询,还自己上网查了好多资料,还和你们中心联系了”,了解了自己的权利,因此敢于据理力争。如果没有《劳动合同法》实施之前媒体大力的宣传,网络的发达,很难相信老师们会有这么强的维权意识。看来,一个法治社会的建设,除了大量立法修宪活动外,大力普法,让民众知法是更重要的环节。

(五)提升自身的工作能力

杨女士一直在不懈地争取自己的权益。她的不放弃,除了与杨女士本身对法律的了解以及个性有关外,更重要的一个原因是对自己工作能力的自信。用人单位一退再退,不断地做出让步,也与此点有关。杨女士工作能力非常强,得到了家长的认可,这才有杨女士休产假期间单位一再催促上班、为了挽留杨女士增加工资的举措。这说明劳动者要充分享有自己的权益,除了国家法律的强制性保障外,提升自己的专业技能也是非常重要的。有一个电子通信技术公司的老板曾诉苦说:“别的行业都是员工求着老板签约,想要保障自己的利益。我们这个行业是老板求着员工签约,希望能留住人才。我们这种高新技术产业,培养一个熟练员工花费很大,刚培养成被别人挖走了,损失很大。我们一般要求首次签约四年,员工都不愿意,只签两年,有的压根不签,准备随时走人。”这个老板提到的问题是非常复杂的,要想解决不是单单依靠法律就可以的,但至少从另一个侧面说明,劳动者增强了自身的竞争力,也就增强了与用人单位的博弈筹码,可以更好地保障自己的权益。

四、案件链接:提起仲裁巧施压

赵女士 2003 年医学院本科毕业,因为父母是一所高校的员工,年底就被安排在学校医务所当了护士,工资 500 元。因为是熟人关系进去的,当时所有的一切都是口头协议,没有签合同,约定工资每年递增 30%~50%。过了才半年,录用赵女士的那个所长退休了,新上来的所长没有按当时的约定涨工资。大家私底下都有怨言,但没人敢去找所长谈,害怕失去工作或者被“穿小鞋”。赵女士一向性格直爽,就去找了所长,所长推脱说“找人事处谈去”,就给搪塞过去了。2005年12月，赵女士发现自己怀孕了，就去找所长谈希望不上夜班。所长又以此事归学校管为由搪塞了过去。直到生产前的一个月，赵女士还得照样去值夜班。2006年8月，孩子出生。满月后，赵女士去找医务所报销生育费用并领取产假的工资，被拒绝了。赵女士知道正式工是有这些待遇的。这次的被拒绝，让赵女士对学校完全失去了信心。学校把他们当二类公民看待，各方面待遇都比正式工差，但相当一部分正式工的工作能力却比赵女士差远了。赵女士思考再三，如果仍然去找学校协商，肯定没结果，只有提起仲裁，学校才会重视，才有谈判的基础。于是赵女士提起了仲裁，要求单位支付生育费用及产假工资。诉状发到学校，一下就给炸了锅了，校长责令人事处与赵女士调解。双方最终达成了调解协议，赵女士撤销了仲裁申请。赵女士现在做直销工作，自己买"三金"。在这个岗位上，每个人机会均等，按业绩拿工资，没有任何被歧视的感觉，赵女士感觉比以前要快乐，但是偶尔想想放弃了经过多年学习磨砺出来的专业经验，还是有一丝丝遗憾。[①]

2008年1月1日《劳动合同法》开始实施，这部法律加大了企业的用工成本，很多企业在2007年底开始大量裁员，逃避法律责任。小叶供职于一所民办高校，学校从未给他们办理过任何社会保险。小叶教英语，一直很受学生欢迎，但也出现在裁员名单上，与此同时，她发现自己怀孕了。她很清楚法律的规定，怀孕期间是不能解除劳动合同的。她将怀孕的事实告知了单位，单位答应研究一下再说，但后来的答复仍然是不打算再录用了。她开始寻求法律帮助，先后到过妇联、工会、劳动监察部门，但都没有能从根本上解决问题。劳动监察部门接到投诉后去单位了解过情况，然后就杳无音讯了。她只好提起了仲裁，考虑仲裁申请时，小叶听取了律师的建议，虽然小叶生育后一段时间也没办法上班了，但还是按照法律的规定提出仲裁请求，这样好有一个谈判的余地。仲裁请求是，要求安排工作，补办社会保险。接到申请书副本后，学校的办公室主任专门找到律师，述说学校的困难：学校规模不大，生源不好，效益也不好。这次裁员不是专门针对某人的，就是为了减少冗员，降低开支。做出决定的时候也不知道她已经怀孕。现在的人员安排是"一个萝卜一个坑"。她现在的状况，随时都有可能来不了，到时再让人顶，到哪去找人？如果她的岗位安排两个人，经济上又承担不起。单位说既然已经提起诉讼，与单位关系也已经很僵了，最好不要再坚持要求上班，给一些补偿离开算了。而且从现有法律规定看，社会保障的问题比较麻烦。强判单位补交吧，社会保障部门执行不

① 由孙利蓉律师提供案例。

了，又不能判让单位给补偿，这是法律明令禁止的。小叶考虑到这些具体问题，同意协商，最后单位一次性支付了18 000元，把这个案件调解了。这18 000元里包括解除劳动合同补偿金，没有办社保的补偿等内容。小叶事后讲，全当一年在家带小孩的生活费。单位这次一共裁撤了20来个员工，最后走到诉讼的只有四五个，都是调解结案。

五、启示

(一)施压的方法

赵女士多次提到"不通过法律手段给单位施压的话，就没有坐下来谈的可能性"，这说明她也意识到在与单位的较量中，自己明显处于弱势。如果不借助一定的力量，是无法提升自己的谈判筹码，将对方逼到谈判桌前来的。赵女士的权利意识非常强，对于自己工作中的不合法现象，一直在主张权利，从最初的涨工资到怀孕期的特殊照顾，直至最后的生育待遇问题。但之前的权利主张全部"流产"了，换来的只是所长的刁难。最后，赵女士选择了借助于法律的力量，来增强自身的谈判筹码，最终获得与单位平等谈判的资格。可见，即使是调解也必须建立在双方力量的相对平衡上。

(二)接受法律不完善的现实，最大可能维护自身的利益

小叶提出的仲裁主张是正当合法的，用人单位录用小叶多年而没有办理养老、医疗等社会保险，是严重违背法律法规的行为。但因为法律法规和行政部门的内部办事规程之间的不衔接，虽然小叶没有社会保险账号是用人单位的违法行为导致的，但因为社会保障部门规定非特殊情况不予补办社会保险手续，用人单位违法行为的后果却要小叶来承担，这是不公平的。在这种现实下，调解可以让小叶在经济上减少损失，最大限度维护自己的利益。如果小叶坚持以裁决结案，她的利益就无法得到像调解结果那样好的保护。因为仲裁委员会不会判决让用人单位补办养老、医疗保险手续，即使判决了，也得不到执行。但"小叶们"并非只能无奈地、被动地接受现实，她们还有一项权利：发现法律的问题，推进立法。《中华人民共和国立法法》规定了公民参与立法的程序和权利。遵守法律和推进立法是相辅相成的，是建设法治社会不可或缺的两个方面。一方面，公民必须建立起法律崇信的理念，相信法律是解决社会纠纷的最后一道防线，对于法院在公开、公平、公正的基础上依法做出的判决，要维护并遵守。另一方面，对于因为立法的盲点或者是法律滞后等原因导致的不公现象，通过立法建议的途径改进，而非一味缠诉。缠诉行为既浪费社会

资源，也从根本上动摇了法律的至高无上的尊严，会导致法律虚无化。

案例 21　清洁工的维权案——解除劳动合同赔偿金

一、案情简介

谭某今年 56 岁，1997 年 10 月经人介绍开始在某大学后勤公司工作，主要负责学生公寓的清洁及安全。整个后勤公司的员工基本都是女职工。她们一天三班倒，没有节假日，没有加班费，也没有签合同，人员变动很大。2007 年 12 月 21 日，学校后勤管理员找谭某单独谈话，说是后勤有政策，年龄大的都要清退回家，补偿费是工作一年 350 元，谭某可以得到 3 500 元。谈话之后，谭某第二天就没有再去上班。但随后谭某发现不但补偿标准不一致，就连清退的标准也不相同，这引起了谭某的疑心。她突然意识到这么多年来都是单位说什么自己做什么，单位的行为有没有可能是违反法律的呢？谭某通过走访劳动部门、询问专业人员以及媒体的宣传，了解了法律的规定，明白单位突击裁员，是为了逃避《劳动合同法》的实施。谭某开始与单位交涉，希望能够再回去上班，单位根本不搭理。意识到以自己的力量去谈判根本是不可能的后，谭某经朋友介绍申请西北工业大学妇女发展与权益研究中心的法律援助，终于争回了 12 000 元的补偿。①

二、当事人陈述

宿舍管理员大多是 40 岁以上的女性在干，都是通过熟人介绍来的，没有签订任何合同。我们自己也一直认为我们是临时工，干到 60 岁人家就不要了。也有中途离开的，有的是因为家里有事，有的是找到了更好的工作。反正你只要想走，给管理员一说，就可以离开了。管理员再通过熟人关系另找一个。刚开始时工资是 200 元，现在涨到 500 元。具体怎么涨，什么时候涨工资由领导决定。现在的这个头儿来了以后一年就涨了两次工资。反正给我们，我们就拿上。我们从来不知道还有加班费一说，我们也从来没有休假，就是大年三十，轮到值班也得上。倒是每年逢年过节单位会发数十元钱，叫过节费，不知道算不算加班费。这个数目也是由领导决定的，发给了我们就拿着。有

① 西北工业大学妇女发展与权益研究中心代理案件。

时看见社会上其他人的工资都比我们高,就发发牢骚,领导就会说,想干就干,不想干就走,要干的人多了。

我知道后勤原来的政策是到60岁就不要了。我当时还没满60呢,但人家不要了就算了呗。通知我的那天我正好上下午班,第二天是个早班。我想人家都不要我了,还来就没有意思了,当天就把钥匙交给管理员,第二天我就没再去了。开始我只想把以前买工作服的300元押金和工资给我就行了,还有就是我在单位也工作了十多年了,也应该给我们开个欢送会,送个伞之类的东西做个纪念。但回家后就没人理我了。我家离学校挺近的,有一天就到学校去看一看。这一看我生气了,当时说年龄大的都不要了,可我看见一个比我还大的还在那里上班。我就去找管理员,管理员说这事不归他管,让找领导。领导却说是学校研究决定的,是学校的政策,他也没办法。我一听,也没办法,虽然生气,也只好认了。过了几天,原来的一个同事,也是这次被清退的,给我打电话,问我领钱了没有。我一听就惊了,怎么没人通知我。我去学校问,书记说让我下午去。下午1:30分,我就去学校财务室等着,一上班我是第一个进去的,他们却说已经领完了,让过几天再去。我又去学校领钱的时候,又说没钱了,被冻结了,还要再过几天才能领。第三次去财务领钱的时候,书记把我叫到他的房子,让我照着一个字条抄写一份保证书。我就说眼睛看不见,他就出去找眼镜。我看见其他人领钱的账本在桌上,就偷偷看了一下,发现领钱的数额不一样,和我一块儿干的有的人比我多领了一个月。单位在他们领完钱后,都交代他们不准往外说。领导进来后,我就坚决不签了。我提出要5 000元,他没同意,我就走了。

那段时间,报上和电视里都是讲《劳动合同法》的。我以前不关心这些问题,现在有事了,我就天天看,也了解了很多。我想这事应该归劳动部门管,就在一个大雪天我去了一趟劳动局,正好劳动局门口就是劳动争议委员会,我就问了一下像我们这种情况国家有什么政策,但那个人让我与单位再协商一下。问不出什么,我就只好回家了。我家的院子里住了好多高级知识分子,还有律师和法官,我就去问他们。问了好几个人,我知道了法律的规定,也知道单位之所以在这个时候不要我们,是因为新的《劳动合同法》明年1月1日就有效了,到那时候单位必须给我们签订劳动合同,还要给我们买“三险”,单位觉得划不来,所以不要我们了。但我已干了11年,他们应该给我一年一个月的工资,我的养老保险他们也应该负责,还有常年加班,加班费也应该给我。不过有个法院的人给我说,“你就那么一点钱,打官司不划来。你自己不懂法,打官司还得请律师,交诉讼费,还是尽量协商吧。”我知道这是实话,大家关系不错人家才给我说。我又去找领导，可领导还是说是学校的政策，牵扯到好多人，他没有办法，也不可能为我一个人改规矩。我也说不过他们，只得又去请教行家。我老头的一个同事的女儿就给我介绍了你们，听了我的介绍后，他们指派律师给我提供了免费的帮助。

我是我们单位最后一个签协议拿钱的，据我猜我也是拿钱最多的，一共12 000元。我很感谢刘律师的帮助，不是他，单位肯定不会和我协商的。我也知道我没有拿到法律所规定的全部，但那太难了。又是仲裁，还有诉讼，时间我就耗不起，何况还要交诉讼费。本来还有律师费的，人家免费帮我，这就省了。到最后快谈崩时候我也做好了打算，如果单位给得太少，我就诉讼。现在单位给的，我觉得还可以，就算了。这次以后，我就知道了法律的规定，什么事情都得依法。不过我在单位也留下了一个难缠的名声。去领钱的时候，我们书记还说，就你厉害，折腾了我们半天，一会变一会变，还请来了律师。我就说，还不是你们不按法办。①

三、律师手记

我接了这个案子之后，她就一再强调，不要走诉讼途径，要协商。她说是听了别人的建议，觉得诉讼起来太麻烦，花费也大，搞不好判决还执行不了。这也的确是现在劳动争议案件的当事人面临的最大困惑，很多劳动者放弃维权也是因为这个原因。作为律师，我们要在法律许可的范围内尊重当事人的自由选择，于是我就尽力采用协商的方法处理该案。

先去和她学校的物业公司办公室的人接触了一下，在我谈了法律的规定及当事人的主张后，他们表示会及时汇报上去。过了几天，打电话说可以安排谭某继续工作，工资还给涨到600元。这是单位的第一次让步。谭某认真考虑过后没有接受，因为害怕单位事后报复。我把谭某的意见转达给了单位，再次强调当事人要求补偿金的意愿。

过了几天，单位通知谭某说可以在原有补偿金的基础上再增加几千元，谭某表示要和律师商量。按照原计划，我首先提出单位原以350元作为基数计算解除劳动合同补偿金是错误的，应以离开工作当年的平均工资作为基数计算。但谭某离开时工资才500元，没有达到西安市最低工资540元的标准，我方要求以540元作为基数。过了不久，物业公司就说同意给11个月的工资，

① 根据当事人谈话录音整理。

每个月按西安市的最低工资标准540元计算,这样下来就有5 940元,这一问题就得到了解决。

下来就是协商社会保险这一块。谭某提出按照单位应承担份额计算,10年来单位大约应交8 000多元。我告诉她,她有权利要求单位每月支付养老金。她讲她在网上看见过相关案例,那个人光打官司就打了好几年,最后单位也不给她好好付,不如一次性了断好,省心。经几轮谈判,最后物业公司同意支付4 000元,这样加在一起物业公司愿意给她10 000元。

最后剩下的就是多年的加班费还没算,谭某提出4 000元的一个数额,加上前面的工资和保险算下来总共14 000元。这个要求提出后,单位的态度突然强硬起来,说,我们已经给出很大让步了,这10 000元还是物业公司开会集团商议的,再增加物业公司还要再报上去,由集团商议,你们不能这样协商呀。如果你们坚持不让步,那你们就诉讼吧,我们奉陪到底。看看诉讼的结果会不会比现在更好。单位放出这个话后,我感觉单位的底线差不多到了。与谭某协商后,她仍然表示不想诉讼,同意在14 000元以下调解。

有了当事人的明确意见,我改变了谈话策略,没有再坚持论述法律的强制性规定,转而给单位算起了经济账,我也感觉到这次只能是负责人才能拍板,因此直接与负责人交谈:14 000元和10 000元也就差了4 000元,一旦谭某提起诉讼,你们应诉的成本也可能会超出4 000元。还不如把这部分成本给了劳动者,单位可以赢得好的声誉。诉讼后事件势必被曝光,单位的声誉会受损的。希望能再增加一些,我们也做一个让步。过了不到10天,单位通知同意给12 000元。当天就签了协议,谭某到财务部门取了钱。

四、本案分析与问题发现

(一)谭某权利意识觉醒的过程

可以从谭某的谈话中,清晰地画出她的权利意识觉醒的轨迹。刚开始,谭某没有任何权利的理念,“反正给我们,我们就拿上”,是非常被动地接受单位的安排,虽然偶有不满,单位轻轻一言,也就放弃了。后来,单位解除了与她的劳动合同,虽然委屈,但第二天就照办了,仍然是逆来顺受,最大的愿望是希望有一个欢送会,有一个纪念品,能对多年的工作有一个认可,这点愿望也没能实现,也就算了。后来发现比自己年龄还大的人还在上班,感觉被愚弄,也要求上班,但不知该找谁投诉,又做罢了。不过这时她心里的权利意识开始萌芽,开始找人倾诉。及至后来,发现补偿标准不一致,才开始寻求维权途径。如果不是不公正的待遇在短时间内不断地累积,超出了谭某的承受范围,这次维权谈判可能就根本不会有。《劳动合同法》实施在即，媒体的大量宣传，也起了一个推动的作用。看来，权利意识的培养是非常重要的维权环节。

(二)"谭某们"权利被侵犯的原因

1. 心理弱势

从谭某的叙述可以看出，她们的弱势心理首先来源于她们在内心深处一直认为自己是临时工，从未想过要求应有的社会保障。正如谭某所言："你只要想走，给管理员一说，就可以离开了""(工资)具体怎么涨，什么时候涨工资是由领导决定""(过节费)这个数目也是由领导决定的，发给了我们就拿着"。国家早在20世纪90年代初就提出了在企业实行全员劳动合同的政策，但因为长期的计划经济条件下劳动用工制度的行政审批制，在人们心中刻下的临时工和正式工的烙印一时很难消除，对于这部分劳动者来讲这种烙印更是根深蒂固的。谭某1997年参加工作，按照当时的政策法规，她与单位应是劳动合同关系，与单位其他的职工享有同等的权利和义务。但招聘的宿舍管理员和其他行政人员的待遇截然不同，就连她们自己也认为这是应该的：与单位没有合同、没有社会保障、随意的辞退和辞职、明显偏低的工资、没有节假日、长期的加班等。这种被内化的弱势心理，导致她们逆来顺受，单位说什么就是什么，丧失了对权利的主动追求。她们弱势心理的第二个源头是单位实力比个人强。劳动争议案件所体现的争议双方的人身依附关系是比其他类型案件更紧密的。劳动者在用人单位工作，利用的是用人单位提供的劳动条件，需要服从用人单位的指令，由用人单位视其工作业绩支付工资，工资是劳动者借以生活的主要来源。如此紧密的联系，如此强有力的制约关系，使得劳动者不会轻易打破与用人单位之间的和谐关系。我们在援助中碰到的大量诉讼案件，一般都发生在解除劳动合同关系之后，就是这个原因。劳动者的这种畏难心理，往往助长了用人单位肆无忌惮地侵犯劳动者权益。

2. 不懂法

"谭某们"对法律的了解非常少，以致习惯于在单位的安排下工作。这可能与多年的计划经济体制下，一切由政府包办，尤其在劳动领域，一切由政府的政策指导有关。所有的劳动者按照不同的工作性质划分为不同的类别，每一个类别又划分为若干的等级，每一个不同的等级有相应的工资待遇和劳动保障。"谭某们"的成长过程中，更多的见到和听到的是政府安排一切，因此她们相信"反正给我们，我们就拿上"，言外之意，不给的就是不应该拿的。

3. 维权成本高

谭某一直强调不走诉讼的道路，是因为诉讼成本太高。正如一个法官对谭某所言:"你就那么一点钱,打官司不划来。你自己不懂法,打官司还得请律师,交诉讼费,还是尽量协商吧。"我国在劳动争议领域,一直实行一裁两审制,仲裁是前置程序,如果对仲裁不服,可在拿到仲裁判决15日内向用人单位所在地的基层人民法院提起诉讼。法院的审理,是与仲裁无关的另一个程序。这样的设置,增加了当事人的诉讼负担。据2002年东莞一个民间援助机构的统计,一个劳动争议案件从立案到执行完毕,平均需要1 172天,这还不包括部分无法执行的案件。不过一个有利于劳动者的消息是《中华人民共和国劳动争议调解仲裁法》将部分案件设置为一裁终局并规定以后的劳动争议仲裁不收费,大大减少了当事人的维权成本。

4. 劳动力市场供大于求

当"谭某们"对比社会上其他行业的收入和待遇,偶尔流露出不满时,单位很豪气地说:"想干就干,不想干就走。要干的人多了。"这句话充分地说明了单位对现在的劳动就业状况的了解。每年的新增就业人员包括3类人群:新毕业的大学生、离开农村的进城务工人员、企业下岗人员,人数不断增加,但社会能提供的岗位却有限。在这种情况下,不需要什么技术含量,不经培训很快就能上岗工作的初级行业受到的冲击最大。"谭某们"遇到的歧视问题,只有在劳动力市场供求基本平衡的情况下才能有望解决。

(三)调解技巧

本案的律师在调解该案的过程中,显示出了高超的谈判技巧,在整个谈判过程中,不断地揣测对方的细微心理变化,并适时调整谈判策略,最后逼出对方底线,达成当事人意愿。

1. 揣测对方,适时调整

谈判的过程,实际上是双方博弈的一个过程,这个过程中,鹿死谁手,要看双方手握的筹码。律师第一次去与单位接触时,心里并没有底:除了比当事人更多的法律知识外,律师毕竟没有法律强制力,如何能将单位逼到谈判的这条路上来?单位已经拒绝了当事人的和解,会搭理律师的调解吗?单位做了第一次让步后,律师意识到单位对法律的规定还是非常清楚的,单位避开律师直接与劳动者会话这一细节,只能说明单位心虚,不希望懂法的律师过多介入。单位对法律心存畏惧,这就是律师的最大筹码。以法为据,谈判的成功率是非常高的。而在单位放出狠话宁可诉讼后,律师意识到单位的底线已经到了,这时如策略得当,当事人将在不起诉的前提下得到最大利益,如举措失当,当事人要么被推向诉讼的泥潭,要么忍气吞声,丧失权利。因此,律师审时度势,不断分析双方筹码,做出正确判断,是一个必需的谈判技巧。

2. 有针对性地选择谈判对象

在第一次的接触中，选择办公室负责人作为谈判对象。一则考虑到直接见单位负责人可能性不大，二则也希望能留下一个回旋的空间。而最后又选择直接与负责人对话，这都需要依据谈判形势，选择最佳的谈判对象。

3. 把握大势，讲究策略

有了单位心虚的基本认识，第二轮谈判时，律师直接将所有的诉求抛出，但没有涉及具体金额。只要对诉求事项不存异议，金额也就有法可依了。这时律师的策略是稳扎稳打，步步为营。单位坐不住了，直接提出了补偿金额，希望速战速决，以免波及面太大。单位的心理防线已崩溃。经过周密策划，律师很策略地没有再提法律的规定，适当运用情理说服单位多出一些补偿费。

4. 算细账

法律的规定负责人一清二楚，他更多地考虑的是经济利益。律师在协商中必须一项一项地算细账，有理有节。谈话切中要害，直接从成本收益分析问题，最终使谈判大功告成。

第八章　来自海外的启示

本章选择了来自海外的 7 个案例，并且在分析时同我国的情况做了一些对比。案例 22 哈里斯诉福克利夫特系统公司性骚扰案，是一个敌意环境性骚扰的案例。敌意环境性骚扰在我国还没有进入法律。案例 23 吉尔伯特诉通用电气公司"产假无薪"案是一个关于产假待遇的性别歧视案，我们可以看到不同制度和法律下的产假福利待遇和女性的特殊权益保障。案例 24 平等就业机会委员会诉西尔斯百货公司岗位性别隔离案是一个职业性别隔离的著名案例，目前我国这种类型的歧视还没有进入法律。案例 25 卡罗尔诉克利夫兰教育委员会强制怀孕教师离职案和案例 26 美国汽车工人联合会诉约翰逊控制有限公司以保护胎儿为名的怀孕歧视案均是怀孕歧视案，我们可以看到怀孕歧视的不同类型，怀孕辞退和以保护胎儿为名的怀孕歧视。案例 27 英国尼高诉费尔顿性别歧视案是针对女性的职业性别歧视，而案例 28 皮克诉汽车产品有限公司反向性别歧视案，却是对男性的性别歧视案。因为性别歧视虽然主要是对女性的歧视，但也有可能对男性造成歧视。这些案例，过程曲折艰难，说明无论在海外还是在我国大陆，性别歧视诉讼都是一件不容易的事，我们还有很长的路要走。

案例 22　哈里斯诉福克利夫特系统公司性骚扰案
Harris v. Forklift Sys. Inc. 510 U. S. 17 (1993)①

一、案情简介

特丽萨·哈里斯(Teresa Harris)女士从 1985 年 4 月至 1987 年 10 月在福克利夫特系统公司(Forklift Sys. Inc.)设备租赁公司担任一个部门经理。

① 根据美国康奈尔大学法学院网 http://www.law.cornell.edu/supct/html/92－1168.ZO.html，http://altlaw.org/v1/cases/案例整理，并参阅哈里斯诉福克利夫特系统公司案。[美]博格西诺，等.法律之门.邓子滨，译，华夏出版社，2002.

在任职的两年内，公司总裁哈迪经常使用侮辱性的字眼对哈里斯冷嘲热讽，声称公司需要的是男经理，不是女人，工作稍有差错，就骂她是“不会说话的母驴”，当哈里斯因工作提出晋升加薪时，他就做出猥亵的姿态邀请她到旅馆去商量这种事情。他甚至当众戏弄哈里斯，要求她从自己裤子的贴身前口袋取铜板，或故意将物品丢到地上，要哈里斯捡起来，故意让她露丑，用以嘲笑其身材等。这些无赖似的言辞举止大都故意当众进行，尤其是当着其他女职员的面进行，哈迪很得意这种杀鸡儆猴的行径，但却让哈里斯感到非常难堪。哈里斯曾在 1987 年 8 月要求和哈迪当面恳谈，但哈迪却对哈里斯的反应感到非常惊讶，认为自己只是在开玩笑而已，并向她道歉而且答应以后不会再犯。然而在 9 月上旬，哈迪又当着其他雇员的面，询问哈里斯是否因为和顾客发生不正当性关系后才能够做成交易。最终，哈里斯愤怒之下于 10 月 1 日辞职，并向美国平等就业机会委员会(EEOC)提出性骚扰正式控诉。哈里斯随之向法院起诉福克利夫特系统公司，理由是哈迪的行为制造了一种有辱她人格的工作环境。该案由联邦地方法院正式受理，并作为一起“涉及隐私的不公开案”审理。

此案从 1987 年地方法院(Harris v. Forklift Sys, Inc., 1991 WL 487444 (M. D. Tenn.))开始，但地方法院的判决结果是，法院认为不存在性骚扰环境，因为这并没有严重影响到哈里斯的“心理健康”或导致她“承受伤害”。哈里斯败诉。

原告不服，上诉到巡回法院(Harris v. Forklift Sys., Inc., 976 F. 2d 733, 1992 WL 229300 (6th Cir. 1992))，巡回法院认为，解决纠纷的准则，即某一行为造成“有辱人格的工作环境”，若要构成可诉的性骚扰，必须“严重影响(某一雇员)的心理健康”或者导致原告“遭受伤害”，而本案中对哈里斯的伤害不足以构成性骚扰的伤害后果，因此驳回上诉。

哈里斯不气馁，在 1993 年又上诉到联邦最高法院(Harris v. Forklift Sys. Inc. 510 U. S. 17 (1993))，最高法院推翻原审判决发回重审，纠正了一、二审的敌意环境性骚扰的诉讼标准，哈里斯最终胜诉。

二、原、被告关系及争论焦点

原告哈里斯在被告福克利夫特系统公司担任部门经理工作，被告是福克利夫特系统公司和公司总裁查尔斯·哈迪。被告是原告的老板，也是工作环境的提供者。按照美国的法律，雇主须为雇员提供安全的，包括职业安全与性安全的工作环境。本案的侵权行为的发出者是哈迪，但公司有连带雇主责任。

本案中,性骚扰施害人与工作环境的提供者竞合。

本案争论焦点:双方争议主要聚焦在被告哈迪的言行举止是否造成了有辱原告哈里斯人格的就业环境,是否构成敌意环境性骚扰。

三、本案法律依据

美国有关性骚扰的法律主要是制定法和判例法两部分。有关性骚扰的制定法依据主要是美国联邦立法机关 1964 年《民权法案》第七章关于性别歧视的规定:“因受雇者的种族、肤色、宗教、性别或出生国籍而在其就业报酬、期限、条件或优惠方面加以歧视,是非法的雇佣行为……” 性骚扰语言并不限于“有形”的歧视条款、条件或就业特权,其中还包括要求人们在充满歧视、骚扰或虐待的环境中工作。工作场所洋溢着“歧视性的恐吓、嘲笑和侮辱”严重地或普遍改变了受害者的就业机会,以及创造一种骚扰的工作环境,是违反《民权法案》第七章规定的,且符合歧视性的“有辱人格的工作环境”的(又可称为“充满敌意的工作环境”)定义。

本案判例依据有二:

(1)1985 年的梅瑞特诉储蓄银行案(Meritor Saving Bank v. Vinson477 U. S,57(1985). 60)。原告梅瑞特在她任银行出纳员的试用期里,银行的副总裁泰勒待她如女儿,没有任何性非礼行为。不久后有一天,他请她出去吃晚餐,在就餐过程中,他建议他们去汽车旅馆开房间共度良宵。开始她拒绝了,但考虑到拒绝老板可能导致的失业后果,她害怕了,最终无奈地答应了他。泰勒一发不可收拾,从此不断重复自己的性要求,地点通常是在分行里,上班过程中和下班以后都有过。她估计在此后的几年里,他们性交有四五十次。不仅如此,泰勒还当着其他雇员的面调戏她,当她独自去洗手间时尾随而入,向她裸露自己,有几次甚至暴力强奸她。在她开始有了固定的男友之后,这些行为还难以收敛。最终梅瑞特提起诉讼。

为判断何谓骚扰行为,法院提出了两条标准:她自己(绝大多数案件女性为受害人)将该行为视为有辱人格或具有骚扰性;一个理智正常的人也会认为该行为有辱人格或具有骚扰性。前一个标准有赖于原告的诉求,是主观的;而另一个标准则将她超脱于事件角色之外,采用第三者客观标准,这是一个合理、客观且标准的法律人假设。但被告反驳说,是原告自愿的,并提出原告道德上的瑕疵及衣着上的不得体,不但是自愿,甚至是对男性的诱惑。

在这个案例中,最高法院认为性骚扰认定的关键,并非在于该行为是否出于被害人之自愿 ,而在于它是否受其欢迎。最高法院认为,原告被害人本身的穿着及言行等，也可作为是否受欢迎之佐证。问题的关键在于行为是否受到被害人的欢迎，该案最终使得该原则具有了法律拘束力。在性骚扰案件中，常常是以就业条件、薪酬、职位等各方面的好处加以引诱，被害人因利益好处可能对性骚扰行为容忍和同意；或者被害人为了不失去原有就业条件，对性骚扰行为不得不认可。虽然被害人没有明确抗拒，但内心却不欢迎这种性骚扰行为，这同样给被害人造成不利影响。因此，这种情况下的被害人享有获得救济的权利也是必要的。此案成为确认敌意环境性骚扰的开始。

(2)1993 年的拉比诉奥西奥拉炼油(Rabidue v. Osceola Refining507 U.S. 959 (1993))案。原告认为被告在工作场所张贴色情图片，造成敌意性骚扰环境。但法院判决认为“具有性骚扰工作环境”，即性骚扰认定必须是对雇员有“严重的心理影响”或是“产生严重的心理伤害”的后果。

四、审理与判决

1987 年原告起诉到地方法院，但地方法院一审判决只是认定哈迪的某些言辞的确冒犯了哈里斯，而且也会冒犯任何正常的女性。虽如此，不认为哈迪的行为造成侮辱人格的工作环境，因为这些言辞并没有恶劣到能够影响原告的工作表现的程度，并且哈迪的行为没有达到使工作环境有害到令哈里斯心理恐惧或人格侮辱的程度，也就是说哈迪的行为没有达到职场性骚扰程度。因此哈里斯败诉。

尽管美国案例记载中很少看到女性当事人的感受，我们仍然可以想象到哈里斯败诉后的沮丧。她也一直没有放弃诉讼。但二审法院驳回了她的上诉，维持原判决。到 1993 年，她又上诉到最高法院，案子有了转机。最高法院认为地方法院的错误在于依据行为是否严重影响原告的心理健康的行为或使她遭受伤害，过分关注了行为伤害的心理后果。案件没必要把注意力放在原告的心理健康上，因为《民权法案》第七章没有提到这一要素。工作环境是否充满“敌意”或“侮辱”要进行全面的环境考察，虽然仅仅是侮辱性语言，但如此频繁地发生，虽然不一定造成严重的心理或生理后果，而构成歧视行为，但会影响到被骚扰员工的工作业绩等。当然，员工心理健康是性骚扰的考虑因素，但衡量心理伤害时，就像其他任何因素一样不能只从单方面分析。

当事人同时也给最高法院对工作场所性骚扰事件的争议加以二次审理机会。本案性骚扰适用的标准，与梅瑞特(Meritor Saving Bank v. Vinson477 U.S,57(1985).60))案相同，具体适用标准如下：第一，性骚扰是职场性别歧视的行为；第二，性骚扰的严重性和普遍性足以构成敌意、侮辱的歧视性工作环境；第三，这一性骚扰行为违反《民权法案》第七章性别歧视的规定。美国法律审判的严谨性还在于，这一适用标准要求主客观的高度统一：客观上必须具有敌意性或侮辱性，而且这种敌意性和侮辱性的气氛是可测量和可感受的，且在此工作环境中，任何一个有理性的人也会发现和感受到这种敌意或侮辱；同时这种敌意和侮辱也是受害人的主观感受，而不是神经过敏，这种环境的后果通过影响当事人的情绪而最终产生了影响当事人工作表现的后果。这几个条件缺一则不能构成职场性别歧视。被告作为原告的上司，利用职权，对女性进行人身和言辞的侮辱，污染了工作环境，且造成不利于工作的有辱女性人格的就业环境，并导致原告无法工作而辞职的后果。

五、分析和启示

本案是关于敌意环境性骚扰的诉讼，敌意环境性骚扰的诉讼比交换式性骚扰诉讼困难，且证据更复杂。

（一）定义性骚扰类型化

美国立法并没有定义性骚扰，性骚扰的诉讼必须经过逻辑推理成为 1964 年《民权法案》规定的性别歧视才能进行。但 1980 年由美国平等就业机会委员会公布的《工作场所性骚扰指导》（The EEOC Guidelines on Sex Discrimination）、1990 年《有关性骚扰之政策指导原则》、1990 年《有关性骚扰近期争议之政策指导原则》等在性骚扰行为的规制方面起到了重要的规范作用，成为诉讼的一个主要依据，同时也是法官判决的重要参考。

《工作场所性骚扰指导》定义性骚扰为："任何不法或不受欢迎且会不合理地影响个人工作表现或造成一个充满敌意或令人惧怕、不愉快的工作环境的行为。"该指导原则第 1 604 条 11 款更具体："性骚扰行为违反《民权法案》第七章第 703 条的规定……不受欢迎的性接近，要求性方面的好处以及具有性意味的言语或肢体行为在下列情况下构成性骚扰：①行为人做出行为时，以明示或暗示方式要求被害人满足其有关性的要求为雇佣的要件；②行为人以被害人对自己性方面要求的态度作为影响被害人就业机会的基础；③上述行为的目的或效果不合理地影响被害人的工作表现，或产生一种胁迫性、充满敌意性或具冒犯性的工作环境。"

性骚扰分为两类：交换式性骚扰和敌意环境性骚扰。

交换式性骚扰指"一个把持雇佣机会的人以维持或给予某人职业机会为手段向其下属做性方面的要求"。典型的交换式性骚扰为一个具有管理监督权力的男性对其下属的女性受雇人提出与性有关的要求，该女性受雇人若接受这一要求，即可交换工作上的利益。交换式的性骚扰是一种利益和性的交换，是有权者提出以工作利益来交换性服务。

交换式性骚扰的特征：交换式性骚扰的行为人多为管理监督阶层受雇人，想要另一个人付出性方面的额外利益；另一个人处于工作中的较低职位，但拥有性资源，多为受雇佣者；如果达不到目的，就会出现报复行为；交换式性骚扰必须证明有骚扰行为；造成了实质经济上损害的后果。原告必须证明她（他）因为拒绝行为人在性方面的要求而在工作上蒙受实质的损失。

敌意环境性骚扰是指性骚扰行为本身的严重性足以改变受雇人的工作情形，且能满足性别歧视的构成要件，在敌意环境性骚扰情况下，尽管受雇人未受到任何实质的工作损失，雇主仍须负责。

敌意环境性骚扰的特征：敌意环境性骚扰的行为人可能是管理监督阶层受雇人、一般受雇人或非受雇人；性骚扰的案件中，雇主原则上负无过错责任；雇主在敌意环境性骚扰案件中的具体责任则依个案决定。敌意环境性骚扰不以"性接近"为构成要件，行为人的行为不一定必须与性有关，只要是具有敌意，而且是针对被害人的性别即可；敌意环境性骚扰的行为本身并不需要针对某特定个人，即使行为人的行为并非针对被害人，只要该行为影响到被害人的工作即可；敌意环境性骚扰的被害人不必证明因性骚扰行为而受到实质性经济损失的结果，而只需证明该行为的严重性与普遍性，且影响到被害人的工作状况。在敌意环境性骚扰的案件中最常被争议的问题是，一个骚扰行为是否达到"严重性与普遍性"，受雇人在工作场所究竟必须忍受何种程度的骚扰行为，以及雇主在这种情况下所应负的责任是什么，这些问题在交换性骚扰的案件中很少被讨论。①

这两类性骚扰，前者屈从于骚扰是受雇佣或受教育的一个条件，后者则由性骚扰造成一种威吓的工作环境决定。

（二）关注性骚扰中双方的权力关系

权力关系是指主体基于特别的原因，为实现特定的目标，在一定范围内对相对人具有有形和无形的强制性权力，而相对人不自由地负有服从义务的关系。美国定义性骚扰的发生地为工作场所，而不是一般公共和私人场所，这大概有两个意图：一是强调性骚扰最容易发生的群体是具有权力关系控制的群体，二是容易追究雇主的连带责任。由于性骚扰在美国是就业平等机会委员会定义的，所以只关注工作场所，后来发展到医生和患者之间，以及教师与学

① 郑津津．美国工作场所性骚扰相关法法制之研究．法学集刊，1998(1)．

生之间等有权力关系的范围。后两种性骚扰不是本案关注和启示的问题。我国2005年新修订的《妇女权益保障法》把性骚扰放在了人身权部分，主要关注的是人身安全，而2012年的《女职工劳动保护特别规定》才将之归入劳动环境权利，是一个进步。正是因为权力关系的存在，被骚扰者因为工作受制于对方，才可能会屈从。

(三)注重对同一个性骚扰行为感受的性别差异

本案原、被告对同一个言辞动作有不一样的理解：在原告看来是具有侮辱性且给自己造成工作和身心严重后果的事；而在被告看来，这只是一个玩笑而已。对被告而言，是借故开脱，还是文化使然，也许都是。如此过分的行为也是美国文化对男性容忍的后果。为什么文化会容忍男性对女性的贬抑、嘲笑和侮辱，谁有权定义男女交往行为的尺度，成为本案的一个关注点。平等就业机会委员会决定一个行为是否构成工作场所性骚扰时，会考量整体情况，如该行为的本质以及整个事件的前因后果，再根据事实，以个案审查的方式来决定该行为的合法性。但是法庭的审判往往有自己的规则。

注意和分析与性相关的言行的男女感受的差别。要完全理解被害人的想法，需要分析男性与女性不同的观点。许多男性认为无可反对的言行，却可能冒犯许多女性。例如，一位男性上司可能相信，他说一位女性下属"身段苗条"或者"双腿迷人"没什么不对，"男性和女性受伤害的方式不同，被不同的言行所冒犯"。男性一般将某些形式的性骚扰视为一种"只有神经过敏的女性才会反对的无害的社会交往"，有个性的男人视这种所谓的性骚扰为相对无害的玩笑。我们认识到，女性作为一个群体，其观点也极为多样，但我们相信，许多女性有着相同的、男性所没有的关切。例如，因为强奸和性侵犯的受害者绝大多数为女性，所以女性对于与性有关的行为有着更强烈的关注。可以理解的是，受到温和形式性骚扰的女性被害人，可能担心骚扰者的行为仅仅是使用暴力的性侵犯的前奏……

一般合理女性标准。为了防止个别女性对性骚扰诉权的滥用，保护雇主不被少数过分敏感或有怪癖的女性所错怪，法院认为，只有当女性原告所指称的行为是任何理智正常的女性都会视为恶劣或乖张，足以改变就业环境并造成有辱人格的工作环境的时候，她所陈述的所谓充满敌意的性骚扰环境才能构成表面上证据充分的案件。①

---

① [美]博格西诺，等．法律之门．邓子滨，译．北京：华夏出版社，2002.

(四)注重司法判例中建立的细则

在美国,先例的作用不仅仅在于对法官的审判进行监督,也有利于将法官的集体智慧凝结为一个传统链。更为重要的是,普通人从具有权威性的先例中知道哪些是可以为的,哪些是不可为的,从而调整自己的预期。先例因此具有对法律的权威性保护作用。工作场所性骚扰的判例依据联邦上诉法院和最高法院的司法判例,包括对性骚扰行为的界定、雇主民事责任的性质、归责原则的适用、举证责任的分配、专家证人制度的确定,以及对惩罚性赔偿制度的适用等。除上述制定法外,判例是重要的法律渊源。判例的作用在于继续过去的实践,为没有经验的新法官提供前人积累的经验。知道法院将继续前人所为,也会提供一个基点,使人们能够由此预见法院的行为,事先调整自己的预期。美国联邦最高法院的判例认为,性骚扰必须满足性别歧视的标准,也就是说在就业的条件和要求上,某一性别的成员与其他成员相比处于不利的地位。性骚扰除了与性有关外,更主要的是与就业或其他环境有关,因此美国一般把性骚扰界定于发生在工作环境中的行为。性骚扰可以是直接的行为或言辞,但是性骚扰通常以暗含的行为或言辞进行。判例中体现了很多细则。

这一点对我国这样一个受大陆法传统影响较多的国家尤其如此。我国有关妇女权利法律缺少可操作性,没有审判中的细则可以遵循是一个很大的问题。而美国法律从最高法院对本案的判决中可推导出下述细则。

(1)判断一个环境是否“敌意”或“侮辱”需要由事件发生的情景来决定,因此判案的情景非常重要。任何事件都是当时当地当事人特定情景逻辑的产物。法院审理案件的事实通常是还原的情景事实,而律师往往精通于情景搭建或法律事实再造。

(2)歧视行为的频繁度及其行为的严重性。不管身体上的威胁或侮辱,还是进攻性或侮辱性的话语,可能有些看起来并不严重的行为和语言,如果反复进行,具有累积效应。我们在接待中国性骚扰当事人中也有体会,性骚扰的特点是单独看一个行为,好像并不是大事,但一再重复,就会造成当事人身心的反感,犹如吃苍蝇一般。对其严重性的测量一定是主客观标准的统一。这一歧视行为的严重性或普遍性,在于它营造了一个由于种族、性别、宗教、民族及血统歧视,或违反《民权法案》第七章规定的广义的法定平等的工作环境,而相反地制造出一个“虐待”雇员的工作环境。

(3)行为的结构不合理地干扰了员工的工作表现。员工心理健康的决定因素在于实际上原告是否发现侮辱性环境。但心理伤害就像其他可能考虑到的相关因素一样,没有一个衡量的标准。在该案中,最高法院特别明确指出,敌意之工作环境虽然不致于对被害人之心理健康(psychological well-being)产生不利影响,但却会造成一种歧视效果,而影响当事人工作心态和事业发展。

(4)心理伤害(psychological harm)的后果因人而异,较难测度,司法实践中美国的做法是不把心理伤害作为当事人提起敌意工作环境性骚扰诉讼的必要条件,原告不必证明因这类事件已达精神崩溃(nervous breakdown)的程度,就能根据1964年《民权法案》(及其修正案)第七章请求法律提供救济。而一个充满歧视、骚扰的工作环境,即使没有严重地影响员工的心理健康,也往往会使员工偏离正常工作轨道,影响工作业绩,不利于员工在当下环境中继续工作,甚至不利于他们发展自己的事业计划。

(5)评估性骚扰应以被害人为中心,从被害人的立场出发,不能受文化和习俗的左右。评价性骚扰的乖张程度时,我们应当将注意力集中在被害人的观点上,法庭"应当考虑被害人的观点,而不是所谓可接受行为的陈旧观念"。如果我们仅仅审视理智正常的人是否会卷入所宣称的骚扰行为,我们就不会冒使歧视大行其道的风险。骚扰者得以继续骚扰,往往因为某一类的歧视性行为是司空见惯的,如果真是这样,那么骚扰行为的被害人就失去了救济的途径。因此我们倾向于从被害人的观点来分析骚扰行为。同时,男女对同一行为的感受不同,性骚扰处理中应考虑女性的感受。

案例23　吉尔伯特诉通用电气公司"产假无薪"案
Gilbert v. General Electric Co. 429 U.S. 125 (1976)

一、案情简介

美国通用电气公司(General Electric Co.)为员工提供非职业性伤病损益及意外补助津贴(non-occupational sickness and accident benefits payment)也称因伤病导致的失能补贴计划(disability benefits plan),是一项员工福利计划。补贴员工非职业原因的疾病和因意外伤害导致某种工作失能而不能正常工作所产生的利益损失,相当于我国的病假工资,以体现公司对员工的人道主义关怀。公司给付员工补贴相当于正常工资的60%,最高达到每周150美元,若这种无法工作的失能状况持续,最高可补偿26周(半年)。然而该项病假工资保险计划却明确地排除怀孕、流产、生产等基于生育所产生的工作失能的情况。通用电气公司女工吉尔伯特(Gilbert)因怀孕不能得到通用电气公司的一项员工非职业性伤病损益及意外补助津贴而诉通用电气公司性别歧视。吉尔伯特分别于1971年和1972年两次怀孕,当向通用电气公司申请此津贴时,都因怀孕而被拒绝。于是她和几位同样遭遇的员工向平等就业机会委员会投诉,并与EEOC共同提出诉讼,之后,地方和全国工会也加入共同诉讼,作为共同原告向通用电气公司提起诉讼。因为该计划明确地排除怀孕、流产、生产等由于怀孕所产生的疾病或是失能情况,原告认为通用电气公司的做法是对怀孕女性的性别歧视。一审(Gilbert v. General Electric Company, 59 F. R. D. 267 (D. C. 1973)),地方法院判决吉尔伯特和EEOC胜诉。被告不服,到上诉法院上诉(General Elec. Co. v. Gilbert, 375 F. Supp. 367, 369－370(1974)),上诉法院维持原判。被告继续上诉至最高法院(Gilbert v. General Electric Co. 429 US 125 (1976)),最高法院重新审理案子的结果:最高法院认为,通用电气公司的失能利益计划将怀孕女性排除在外是歧视女性证据不足,基于生育不是基于性别。因此该计划不能认定是违反《民权法案》第七章中关于性别歧视的规定。吉尔伯特败诉。[①]

二、原、被告及争论焦点

被告美国通用电气公司是世界上最大的多元化服务性公司,同时也是高质量、高科技工业和消费产品的提供者。从飞机发动机、发电设备到金融服务,从医疗造影、电视节目到塑料,美国通用电气公司致力于通过多项技术和服务创造更美好的生活。美国通用电气公司在全世界100多个国家开展业务,在全球拥有员工近300 000人。通用电气公司的历史可追溯到托马斯·爱迪生,他于1878年创立了爱迪生电灯公司。1892年,爱迪生通用电气公司和汤姆森-休斯敦电气公司合并,成立了通用电气公司。通用电气公司是自道·琼斯工业指数1896年设立以来唯一至今仍在指数榜上的公司。财大自然气粗,也在职工福利方面引领潮流,以增加产品的竞争力。本案中,它能在初审不利的情况下翻案,除了美国法治的严谨或古板外,通用电气公司的力量不可小视。这样一个小小的女工在一些背后民运力量的支持下,与自己所在的大公司叫板,或者在中国不太好理解,会被误读为"吃谁饭,砸谁锅"。

本案的争议点是,通用电气公司为了职工福利所制订的与工作无关的工

① 本案例根据 http://caselaw. lp. findlaw. com/scripts/getcase. pl? court = US&vol = 429&invol=125 整理。

作失能损益补助计划,也就是带薪伤病假的范围把与怀孕相关的失能排除在外,区分了怀孕和非怀孕的其他失能种类,因只有女性能怀孕,通用电气公司的行为是否违反了《民权法案》第七章的规定而构成性别歧视。

三、法律依据

本案适用法律依据为制定法和判例法两个部分。制定法依据:

美国宪法第十四修正案(Equal Protection Clause of the Fourteenth Amendment)"不得因为某人的种族、肤色、宗教、性别或者国籍而对跟他相关的补偿、条款、条件或者雇佣特权等方面对其进行歧视"。1964年《民权法案》第七章:因为个人的种族、肤色、宗教、性别或者民族而不雇佣或者解雇,或者拒绝雇佣或者解雇某个个人,或者在有关于赔偿金、期限、条件或者雇佣权利方面歧视某个个人;因为个人的种族、肤色、宗教、性别或者民族,以某种剥夺或者倾向于剥夺个人的工作机会或者影响其作为雇员的地位的方式,限制、隔离或者将他的雇员或者应聘者分等为非法的雇佣实践。[1] 另外,判决中涉及其他的法律依据为《教育修正案》(Education Amendments of 1972)、《平等工资法》(Equal Pay Act)、《劳工关系法案》(National Labor Relations Act)等。

主要判例依据:格达尔丁诉加州政府案(Geduldig v. Aiello, 417 U. S. 484, 94 S. Ct. 2485, 41 L. Ed. 2d 256(1974))。

加州政府30余年来一直有一种残疾人保险项目。这一保险项目为那些在私营部门就业但因为受伤和生病而暂时无法工作的人提供福利。当为"残疾"下定义时,把因为怀孕而导致的某些残疾排除了。原告因加利福尼亚的临时伤残计划排除了与怀孕有关的伤残失能而提起诉讼,认为该计划将女性怀孕排除在福利之外是性别歧视,违反了《民权法案》第七章。但法院的判决却认为,按照宪法平等保护条款,我们不认为将这些人排除在保险计划之外就等于不公平的歧视。加州这一计划并没有歧视符合该保险计划要求的个人和团体。法院判决认为,某州"某时可以只采取一个步骤,解决那些在立法机关看来最为急切的问题……立法当局可以不管其他地方而只选择一个领域中的一个阶段的问题来提供救济"。这种做法与平等保护条款是一致的。区分"与怀孕相关的失能"和"其他失能",并不是"明显的性别歧视"。将员工区分为怀孕妇女和"非怀孕个人",后者包括了男性和女性两种性别,所以不是以性别为基

---

① 美国1964年《民权法案》第七章(节选).凭风,译.非法的雇佣实践. SEC. 2000e-2. [Section 703]. http://www. FanE. cn.

础。这种区分完全是基于身体状况(physical condition),而不是基于性别的分类,所以不能构成性别歧视。虽然有大法官Brennan发表的不同意见:我继续坚持我的看法,基于性别上的分类,如同基于种族基础上的分类一样,从来都是值得怀疑的,因此必须进行严格的司法审查。如同这个案件一样,使用立法上的分类来仅仅考虑与残疾相关的性别因素时,最高法院不能因为该项法律促进合法政府利益而随意支持该项法规。但正是这一判例原则在最高法院上诉中对本案起到了非常负面的作用,也是导致本案败诉的原因之一。

四、审理与判决

一个庞大的原告集团起诉在地方法院奏效,判决结果是通用电气公司将女性怀孕产生的失能情况排除在计划之外,违反了《民权法案》第七章,构成性别歧视。

判决对通用电气公司的抗辩理由进行分析。

(1)伤病失能计划的基础是不可抗力,但怀孕是自愿的。

通用电气公司的抗辩:公司的伤病失能计划针对因不可抗力导致的非工作原因的伤病,但怀孕具有自愿性,非不可抗力所致,通用电气公司提出大量证据证明是否怀孕绝大多数可以由女员工自行决定。地方法院在判决中认为,①虽然怀孕多数是自愿的,但还有很多情况因意外或疏忽产生的;②除去其他因素不考虑,怀孕本身不是一种疾病;③没有其他因素,通常情况下怀孕一般在六到八周内不能行动,此期间包括劳动、分娩、产前及几周的恢复休息。法院还认为,10%的怀孕因为流产而终止,这种情况将导致失能;5%的怀孕会并发一些即使没有怀孕的人也会患的疾病,而这些疾病并发疾病也可能导致失能。法院认为大量证据并不能证明公司的抗辩理由成立,而只能说明,怀孕并不是疾病。以一个在中国文化背景中成长的法学研究者看来,这个判决有意思的是,我们可以观察并思考美国法院缜密的思维:疾病是原因,而失能是结果。该计划是针对失能不能上班的结果而不是针对疾病。

(2)如果公司的伤病计划成本女性已高于男性,将怀孕纳入会进一步增加公司的运作成本。

联邦地方法院讨论该失能利益计划时发现,通用电气公司在这个计划下提供给男女员工保障产生了一系列的成本,即花费在女性员工身上的成本远远高于男性员工(即使排除怀孕失能)。但法院认为,怀孕是独一无二的只影响女性员工的失能情况,但却找不到另一种同样的唯一影响男性员工的失能情况。

第四巡回上诉法院法庭也肯定联邦地方法院的判决,认为,如果该计划包含了怀孕这个问题,虽然增加了公司成本,但根据《民权法案》的规定,为了维持男女的就业机会的平等,排除女性员工怀孕的情形,仍然被认为是违反《民权法案》第七章的。并且通用电气公司提出的计划中包含怀孕失能将会实质上增加公司负担的抗辩理由不成立。

判决认为,《民权法案》第七章的立法精神拒绝将自愿怀孕作为歧视正当化的理由,虽然通用电气公司提出大量证据证明是否怀孕绝大多数可以由女员工自行决定,但法院认为大量证据并不能证明公司的抗辩理由成立,而只能说明,怀孕并不是疾病。

被告不服,继续以原来理由上诉到联邦最高法院,要求法院重审此案,推翻一、二审判决。最高法院判决结果认为,缺乏证据认定通用电气公司的失能利益计划将怀孕女性排除在外是歧视女性,因此该计划不能认定是违反《民权法案》第七章中关于性别歧视的规定。

法院对这一判决的解释是,法院认为没有任何证据证明本案中的失能利益计划只对男性有利,也没有任何风险保障只针对男性,单纯的不全部包括的失能计划并不必然导致性别歧视。女性如果想在因怀孕失能不能工作时,转移没有收入的风险,就必须自己花钱买一个包含怀孕失能的保险。

法院认为,与怀孕相关的失能构成一项仅限于妇女的额外的风险,公司未能对这一风险进行补偿不能认为就是破坏了对于男人和女人利益的均等性。因此,怀孕所造成的失能状况,只是一种外加于该保险的风险,所以并不能因为怀孕妇女无法从该计划获得补偿,就因此认定该政策违反《民权法案》第七章的规定。此外,也不能随意增加雇主的义务,要求雇主针对其中一种性别提供更多的优惠,进而增加雇主的责任。

法庭中,原告又提出平等就业机会委员会在1972年的指导原则"怀孕、流产、堕胎、休养为暂时性失能,应与任何健康或短暂失能之保险及病假休养计划相同对待……因怀孕或生产所致之失能,应视同其他短暂失能……",作为抗辩的依据。但法院却认为国会制定《民权法案》第七章时,并没有授权平等就业机会委员会依据该章制定任何行政规则作为法律的补充,因此平等就业机会委员会的指导方针对于法律的解释,不是法定解释,仅为参考,而法院不必太强调指导原则而忽略国会制定的法律。

与怀孕有关的歧视案件,并非一开始就被认为是就业上的性别歧视。《民权法案》第七章虽然规定禁止歧视,但美国国会并没有规定禁止雇主对怀孕进行歧视的情况,EEOC有指导原则,认为雇主对怀孕受雇者进行差别待遇的雇佣措施，均属于表面歧视，构成性别歧视，违反《民权法案》第七章。

但美国最高法院却持不同看法，认为将员工分为怀孕和非怀孕不等同于划分为不同性别的男女，因为非怀孕者中也有女性，是基于不同的身体状况而不是基于性别，推翻平等条款作为保护的依据。

这些雇主的行为均被法院视为表面中立的行为，不仅对当事的女性不利，也影响所有受雇佣妇女之权益。为了推翻最高法院的这些判决，在妇女团体强力游说下，国会于1978年制定《禁止怀孕歧视法》，以防止各种因妇女怀孕而带来的歧视。

五、分析与启示

一般而言，产假是工作的女性以及男性配偶或伴侣在女性怀孕后期和分娩之后，享受的假期。其主要目的是便于孕产妇休息、恢复身体和照顾新生儿。在少数国家，收养孩子者也可享有类似的休假权利。[①] 根据《全球社会保障》提供的资料，对136个国家的产假期限进行了统计，结果是，目前全世界有111个国家的产假标准达到12周以上，占82%，其中有24个国家提供14周或14周以上的产假。超过14周的国家有捷克共和国，28周；匈牙利，24周；意大利，20周；加拿大，17周；西班牙和罗马尼亚，16周。美国1993年的《家庭和医疗休假法案》规定，在生育和照顾新生儿的12个月内，可以享受12个工作周的无薪休假，但适用于有50人以上的企业。[②]

美国没有法定正式的产假，由每个企业决定给予其女雇员的产假。美国是世界上不提供或不要求雇主提供带薪产假的5个国家之一。据加拿大麦克吉尔大学最新发表的一份调查报告显示，在接受调查的173个国家中，仅有5个国家不为妇女提供带薪产假，美国名列其中。

美国法律规定，在职女性在一年内可以享受最多12周的无薪产假。该政策只适用于50人以上的企业，符合这一条件的私人企业，在美国只有一半。在这样的情况下，美国妇女面临着巨大的压力，要想在生孩子后休个长假，不仅会收入减少，更重要的是，还会有丢掉工作的危险，这就使得很多美国妇女不敢轻易休产假。根据美国1993年制定的联邦有关"家庭假期"（family leave）的法律规定，任何雇员可以因产假、照顾产假、照顾家庭成员生病等原因，向雇主请长达3个月的假期，而雇主仍必须保留雇员的职位。美国许多雇

---

① 维基百科：http://zh.wikipedia.org/wiki/%E4%BA%A7%E5%81%87.2010年5月6日访问。

② http://www.51labour.com/zixun/zx—12786.html.2009年7月18日访问。

主实际上也为哺乳期女工提供喂奶方面的便利。[①] 这样是不是也是妇女不会因为生育而遭遇就业性别歧视的策略之一呢?不仅保障了女性权益,也考虑到了雇主利益,这是一个需要研究的问题。

根据《劳动法》和《女职工劳动保护特别规定》,女职工单胎顺产者,给予产假98天,其中产前休息15天,产后休息83天。难产者,增加产假15天;多胞胎生育者,每多生育一个婴儿,增加产假15天。女职工生育或者流产的,其工资或者生育津贴以及生育、流产的医疗费用,所在单位已经参加生育保险的,由生育保险基金支付;未参加生育保险的,由用人单位支付。同时规定,企业不得在女职工怀孕期、产期、哺乳期降低其基本工资。另一种是实行了生育保险统筹,企业参加了当地劳动保障部门建立的生育保险,并且按时足额交纳生育保险费的,在女职工产假期间,由社会保险经办机构发给生育津贴。

在产假待遇上,中国似乎比美国走得远,原因是我国有计划经济时代的国家福利在起作用,但改革开放之后,这些成本需要用人单位承担,对自负盈亏的用人单位而言,却是一项额外的成本。从美国的案例可以看出,法律每前进一步,都是多方充分博弈的结果,当女性争取自己的权利时,企业也在维护自己的权利,这里有一个权利冲突问题:在女性的特殊保护与用工企业的自主权之间,法律如何权重?如果只是一种法律的规定,但遭遇企业的软抵抗,法律的执行是必定会打折扣的。或许这正是我们需要的启示。

案例24　平等就业机会委员会诉西尔斯百货公司岗位性别隔离案

EEOC v. Sears, Roebuck & Co. 628 F. Supp1264(1986)[②]

一、案例简介

西尔斯百货公司零售部出于管理方便,将售货员分为有佣金销售(或委托销售)员和无佣金售货员。通常有佣金售货员销售的商品比无佣金售货员销售的商品更贵、更复杂,但收入更高,升任为部门经理的机会也更多。有佣金

① 郭怡红.美国人不敢休产假.生命时报,2007-11-20(4).

② 本案例来源:http://lilt.ilstu.edu/teeimer/Court%20Cases/EEOCvS.htm;[美]博西格诺,等.法律之门:法律过程导论.邓子滨,译.北京:华夏出版社,2002;《世界著名性别公益诉讼案例选》,妇女观察网,http://www.wrpil.org.cn/PageInfo/CN/ShowNews.aspx? ID=20090818000048.

售货通常涉及高价商品，例如大件电器、炉子、空调、轮胎、缝纫机等，其销售主要由男性承担。无佣金售货通常出售低价商品，例如衣服、亚麻布、玩具以及化妆品等，收入低，且升迁机会少，其销售主要由女性承担。这种状况一直持续，少有人对之提出异议。但在1986年，有人认为这种分隔式管理是一种性别隔离，侵害了女性的工作权和晋升权，造成对女性的性别歧视，她们从全国不同的地方向平等就业机会委员会投诉，指控西尔斯百货公司性别歧视。平等就业机会委员会在接到很多雇员的投诉后，进行调查和统计，并以统计资料为事实依据，对西尔斯百货公司提起诉讼。西尔斯百货公司组织了庞大的专家证人团沉着应诉。案子经过两审，从1980年打到1986年，初审法院（EEOC v. Sears, Roebuck & Co. 504 F. Supp. 241 (N. D. Ⅲ 1980)）和上诉法院（EEOC v. Sears, Roebuck & Co. 628 F. Supp 1264(1986)）判决结果相同，法院的结论是女性并没有被完全隔离于低收入、低升迁岗位。女性较多集中于没有销售佣金的岗位是因为女性对商品和经营方式的兴趣，是女性自然选择的结果，而不是公司实行男女隔离性别歧视政策的结果。

二、本案分析

本案原告平等就业机会委员会，该机构是根据1964年《民权法案》第七章设立的独立联邦机构，负责与就业歧视相关的申诉、调解、诉讼，目的在于消除招募、雇佣、晋升、解雇、薪资福利等方面的歧视。5名委员均由总统提名，参议院同意后任命，任期5年。1972年对1964年《民权法案》修正后增设法律总顾问室，负责诉讼，任期4年，分设50个地区性机构，与州级公平就业机构合作。此外EEOC颁布指导原则和有关歧视决定，虽无法律约束力，但法院一般很尊重这次原则的方针，他们也协助各联邦政府和民间组织提供指导和处理诉讼，有时亲自代表组织团体诉讼。[①] 本案即如此。本案被告西尔斯百货公司是美国最大的零售百货商之一，在全国很多地方开有连锁店。其创始人理查·西尔斯在150多年前，曾是铁路货运的代理商，后以邮购销售起家，第二次世界大战后得到发展，成为美国百货巨子。据统计，当时美国人的一般商品消费，由西尔斯百货公司所提供的占8.8%，约有1/7的家庭使用西尔斯百货公司的信用卡。西尔斯百货公司开创的邮购销售、百货店连锁，已成为消费者得到一切商品和服务的最佳手段之一。[②]

---

① 焦兴铠．美国两性工作平等救济制度之研究//劳工法论（二）．台湾元照出版公司，2001.

② 美国西尔斯百货的营销策略．新浪博客，2008－12－21.

本案原、被告对事实没有争议，双方均认可妇女较集中于公司无销售佣金且升迁机会不多的工作。但对这一事实形成的原因和问题的性质有意见分歧，被告认为这是女性在自己的兴趣指导下自觉选择的结果，原告认为公司这一安排本身构成性别歧视。争论的焦点：女性没有销售有销售佣金的工作是性别隔离歧视，还是女性根据自己兴趣的选择。

三、本案的法律依据

1994 年《民权法案》第七章关于性别歧视规定，非法的雇佣实践（SEC. 2000e—2. [Section 703]）：①因为个人的种族、肤色、宗教、性别或者民族而不雇佣或者解雇，或者拒绝雇佣或者解雇某个个人，或者在有关于赔偿金、期限、条件或者雇佣权利方面歧视某个个人。②因为个人的种族、肤色、宗教、性别或者民族，以某种剥夺或者倾向于剥夺个人的工作机会或者影响其作为雇员的地位的方式，限制、隔离或者将他的雇员或者应聘者分等。

本案涉及的是女性就业（指妇女在排除了家庭内部的无酬劳动之外而参与的可独立计量收入的经济活动）中的性别隔离。职业性别隔离是指劳动力市场中存在“女性”职业和“男性”职业或职位的隔离现象。职业性别隔离表现在 3 个方面：横向隔离，就是男女在某一职业中的构成比例与其在全部劳动力人口中的比例不一致；纵向隔离，在几乎所有职业包括女性职业中，在具有较高的技术、责任、地位和收入的职位上，存在着女性所占比例相对于男性不断下降的趋势；工资性别差异，除了纵、横向职业隔离外，劳动力市场的歧视和男女在人力资本投资方面的差异也是造成工资性别差异的原因。[①]

四、审理与判决

平等就业机会委员会作为本案原告，于 1986 年代理投诉雇员起诉西尔斯百货公司，认为被告在全国范围内将女性集于低收入和低升迁机会工作岗位是性别隔离，构成了性别歧视。其事实根据是，针对女雇员投诉所进行调查和统计，结果发现，西尔斯百货公司将售货员岗位分为有销售佣金的售货岗位和无佣金的售货岗位，在公司全国系统内，女性集中于低收入和低升迁的无销售佣金的售货员岗位，形成明显的职业性别隔离。妇女无法在平等基础上与男性申请人同等地竞争有售货佣金的工作，更无法与男性在相同的基础上从无销售佣金的售货员提升为有销售佣金的售货员，进而晋升为部门经理。于是

① 刘德中，牛变秀．中国的职业性别隔离与女性就业．妇女研究论丛，2000(4)．

EEOC决定代表这些雇员指控西尔斯百货公司在全国范围内实行就业性别歧视，统计数字说明被告将女性职员隔离于低收入和低晋升岗位。就业性别歧视行为分别是岗位性别隔离和晋升歧视。

针对起诉，西尔斯百货公司提出抗辩，其阵容强大的管理人员证词集中证明：

(1)男女的工作兴趣不同。男性售货员对销售硬商品兴趣浓厚，例如五金、汽车、体育用品以及技术产品。销售这些商品可获得销售佣金。而女性售货员一般喜欢销售软商品，例如衣服、家庭器皿及其附件商品。而这些商品销售正好没有销售佣金。妇女们并没有多少兴趣销售诸如栅栏、冰箱以及轮胎这类商品。公司曾做过的兴趣调查问卷和西尔斯百货公司有着丰富经验的证人证明，对委托销售工作感兴趣的男女之比为8比1或10比1。

(2)有销售佣金的岗位和升迁机会没有完全排斥女性。如窗帘定制工作是有销售佣金的工作，尽管这项工作有时需要外出销售，可能会给女性带来不便，但由于时尚以及工作的创造性会使很多女性喜欢这一工作，但少有男性从事，说明西尔斯百货公司并不是以有没有佣金对男女区别对待。另外经理们作证说，公司曾试图劝说女性们接受委托销售工作，当有职位空缺时，表示过对委托销售工作有兴趣的女性会被优先考虑，甚至会降低标准考虑，甚至向女性保证，她可尝试委托销售工作，尝试期可先保留她有原职位到直到她适应。但是面谈的每一位女性都明确表示不愿意从事委托销售工作。这迫使经理们不得不经常向不情愿的女性“推销”这项工作。但这些“不寻常的努力”收效甚微。

(3)女性的晋升机会少是因为女性不愿意进行竞争。不愿从事委托销售工作的女性表述了她们的一系列理由：一些人害怕或者厌恶那种“狗咬狗”式的竞争，对所委托销售的产品感到不舒服或者不熟悉；另外一些人是因为她们害怕竞逐，害怕失败，害怕丢掉工作。许多人表示，她们倾向于非委托销售的方式，因为它更令人感到舒适和友好。她们相信，委托销售工作所增加的收入潜力抵不过增加的压力、紧张和风险。

专家证词在此案中也起到了重要的作用。这一证词由两个专家做出：一个是朱丽叶·布鲁德内(Juliet Brudney)，另一个是罗莎琳德·罗森伯格(Rosalind Rosenberg)，前者曾为西尔斯百货公司做过一项研究，是由布鲁德内女士对西尔斯百货公司从事非传统工作的女性进行的多次精心设计的访谈，包括从事汽车和技术服务工作的女性以及她们的上司。她还采访了那些正在寻找和变更工作的女性，发现她们将委托销售视为殊死的竞争，妨碍了工作中的友好气氛。她们还不愿意销售自己不熟悉的产品,并且宁可保持稳定的收入,也不愿冒委托销售不力的风险。而第二位专家罗莎琳德·罗森伯格本是一位女权主义学者,因个人原因出庭做出了与自己学术研究结论相反的证词。她作证说,女性一般更愿意以非委托销售方式销售柔性产品,像服装、家庭用品或者提包、手套等,并且对销售围栏、冷藏设备和轮胎之类的东西少有兴趣。女性比男性更愿意在友好而合作的氛围中工作。女性更乐于把自己看作是不那么具有竞争性的人,她们通常认为非委托的销售方式更有吸引力,因为她们能够更容易地开始和结束工作,并非因为在非委托的销售过程中有更多的温馨接触和友情以及更少的压力。这一证词与西尔斯百货公司的证人们关于"女性相对缺乏委托销售热情"的证词相一致,也与布鲁德内的证词相协调。

另外西尔斯百货公司还提供了一系列的由调查得来的证据,包括过去的50年里美国社会中的男性和女性对工作的整体兴趣与态度的差异,公司对员工工作兴趣的系列调查和全国打卡员工特别调查等,不仅所有的结论具有一致性,而且还被学者专家证实其结论的正确性。因为欧文·克莱斯贝(Irving Crespi)博士的研究也发现:男性比女性更情愿在晚上和周末工作;女性比男性更喜欢有规律的日间工作;男性比女性更乐于从事涉及委托销售之类高度竞争的委托销售工作;男性更愿意从事有机会挣大钱的工作,尽管可能因其业绩不佳而有失掉该工作的风险;男性比女性更容易被工作的报酬所激励而不是被工作的性质所打动,无论他们是否喜欢该工作;西尔斯百货公司调查而得的证据进一步表明该公司的女性对于委托销售的兴趣远远小于男性。这一证据还显示,女性尤其不愿委托销售的产品门类,正是"平等就业机会委员会发现女性的实际从业人数与所期望的人数有着最大差距的那些门类"。

与被告提供的证据相比,平等就业机会委员会起诉的证据相对薄弱,只是全国调查得出的西尔斯百货公司的岗位分布的统计数据。这是一种统计证据,依靠统计数字证据来支持她们的诉讼,也是美国性别歧视诉讼常用的策略。统计数字证据表明,相对于她们在大量合格工人中的分布而言,妇女在非传统岗位上的受雇率十分低,这一点上没有具体的证人证言。唯一有关妇女对销售佣金商品有兴趣的证词是几个证人提供的一般性的有关妇女对其工厂场所的兴趣以及心理期望的证词。这些证人描述了妇女在工作场所的一般历史,他们认为在本质上,男人和女人在工作兴趣和职业期望上没有什么重大区别。EEOC的专家证人认为,女人只受她们所面对工作机遇的影响,工作偏好不决定工作取舍。

法院的判决认为，西尔斯百货公司的管理人员和雇员们在本案中的证词是可靠的和有说服力的。他们就本案所作的证词，得到了其他许多雇员的支持，这些雇员毫无矛盾的书面证言也是有说服力的。女性在不同的工作种类应聘的比例一般与她们对所涉产品的兴趣和背景相一致。这说明，应聘者对所卖产品的兴趣在很大程度上影响他接受某一特定委托销售工作的愿望。以上所论，清楚地显示，男女之间兴趣的区别通常与男女两性传统上的兴趣差异相关。

法院倾向接受西尔斯专家证人的意见。这种意见认为，尽管在过去20年里男女之别在不断减少，但这些差异仍然存在，而且这些差异可以用来解释在不同工种中的男女性别差异比例。法庭认为，女性的工作兴趣是因天性或教养形成的，女性因她们的天然兴趣而选择或不选择某一工作类型是她们的自由。在委托销售工作的雇佣和升职加薪过程中，如果歧视归咎于西尔斯百货公司的行为，那么该公司在法律义务上应加以说明；如果女性出于天性和教养的原因而选择回避委托销售工作，那么西尔斯百货公司将是无辜的——正像法庭所最终裁决的那样。①

案子经过两审，初审法院和上诉法院的结论相同：EEOC的统计数据资料不能说明西尔斯百货公司在雇佣和升职加薪方面的性别歧视，它仅仅说明女性对委托销售缺乏兴趣；西尔斯百货公司的行为与女性较少从事高薪委托销售工作这一结果没有任何关系。

五、分析与启示

社会学家吉登斯认为，普遍意义上的职业性别隔离是根据合适的“男性”和“女性”工作上的普遍理解，男性和女性会集中在不同的工作类型上。职业性别隔离是一种职业性别分布水平和垂直失衡并难以相互沟通的现象，其原因复杂，是一种历史的、文化的、经济的甚至是政治选择集合的结果。职业性别隔离是就业性别歧视的一种，似乎是不争的事实，职业性别隔离的结果会损害女性的生存权和发展权，最终影响其与男性的平等权，尤其是薪酬平等。但是如何区分是否是需要使用法律手段进行干预的职业性别隔离，却是一件难事。美国20世纪80年代妇女运动处于低潮，传统性别意识和观念有所反弹，本案正好反映了这一时期的历史特点。这一案件和判决使女权主义者非常愤怒。一位研究者批评道：里根政府整体上缺乏热情，怠于追究任何冲击雇主特

① ［美］博西格诺，等．法律之门，邓子滨，译．北京：华夏出版社，2002．

权的案件,包括那些依《民权法案》颇具争议的性别歧视案件;法院回避平等就业机会委员会整理的、西尔斯百货公司在雇佣和升职加薪方面歧视女性触目惊心的数字。法院对雇主辩词的接受:统计数字证据说明不了什么,因为性别隔离是事实,但主要在于妇女自己的选择。按照这些雇主的说法,妇女对由男人所做的能赚更多钱的工作“不感兴趣”。雇主们说,“那不是我们的错,我们并不排斥女人做男人的工作,问题在于,妇女不申请这些工作——她们就是不感兴趣。她们在成长过程中想的就是做女人的工作,我们不能强迫她们做不想做的工作”。按照这种说法,雇主们对性别隔离并没有责任,他们唯一的过错就是尊重了早就存在的妇女自身的就业偏爱。判决无视妇女工作兴趣的历史性和不确定性,无视妇女在非传统领域工作中取得的成就,法庭更看重的是西尔斯百货公司的经理们提供的传闻证据①,而不是平等就业机会委员会的数据资料,法庭通过这种手段来使自己免于直接做出裁决,尽管公司希望女性被吸引到委托销售岗位上来,但女性却没有爽快地接受这类工作。②

站在中国文化的立场上对本案进行解读,给我们有关职业性别隔离方面的诉讼启示如下。

(一)性别歧视诉讼准备必须充分,证据必须得力

平等就业机会委员会不仅作为本案的支持者,而且是本案的代理人,但在本案诉讼准备工作上有失误,尤其是证据支持方面准备不足。正如法官 Cudahy 在该案的不同意见中指出的那样:要是提供“更多的证人来证明西尔斯使她们孩提时代成为有佣金售货员的梦想落空”的话,那么平等就业机会委员会提供的证据便会强大得多。多数法官的意见也认为,平等就业机会委员会几乎仅仅是根据统计资料来支持其诉讼,没有一个证人出庭作证,证明她受到西尔斯百货公司的歧视,或者在西尔斯百货公司目睹了歧视情况的发生。本来平等就业机会委员会就是专门支持就业歧视诉讼的机构,有很好的诉讼经验和丰富的资源,而且本案原告是一个群体,所有向 EEOC 投诉的人在本案诉讼中都没有发出声音——至少我们看到的案件记载如此,她们受到的歧视及感受在案子里没有得到任何的彰显。EEOC 舍近求远,只用统计数字及一般性理论和专家结论讨论女性的工作兴趣,针对性较差。其证据不足以支持其诉讼请求。尤其在一审败诉后,EEOC 有机会重新组织证据,但是它没有那么

① 传闻证据:指证人在本案法庭审理之外做出的用来证明其本身所主张的事实的各种陈述。

② [美]维姬·舒尔茨.法律“之前”的妇女——有关妇女、工作与岗位性别隔离的司法叙述.朱荣杰,译//王逢振.性别政治.天津社会科学院出版社,2001.

做,更没有去争取自己阵容强大的女权主义专家集团的支持,以至于本来应该为女性说话的女权主义学者也被被告所拉拢,做出对女性不利的证词。

EEOC准备的不充分还表现在对西尔斯有破绽的证词缺少还击力。被告证明说,西尔斯百货公司的证据还表明,至20世纪70年代后期,女性对于委托销售工作已经比70年代的早期抱有更开明的态度,但在许多场合还是必须向她们“推销”这种工作。女性们接受委托销售工作的自愿性有待提高存在以下理由:委托销售工作已经由绝对的全日工作转变为主要占用部分时间,而更多的女性倾向于用部分时间进行工作;对于委托销售的报酬已由委托销售提成变为工资加提成,这就减少了一些女性所认为的委托销售工作的风险;一群成功的女性委托销售员在一段时间内为其他女性树立了榜样;日间家庭服务的增加使许多女性有更多的时间进行工作。因此,1973—1980年,女性对于委托销售工作的兴趣以及实际从事委托销售工作的女性都增加了。这里被告承认女性的工作兴趣并不是一成不变的,也不是绝对的,但是又说公司员工们对工作兴趣的一系列调查,揭示出男性比女性对委托销售更有兴趣。西尔斯百货公司自1939年起,大约每3年对其各个零售部门的员工进行定期的志趣调查,它还进行一系列特殊的调查,以确定员工对于特定问题的意见。志趣调查显示,绝大多数的非委托销售人员对于自己的工作心满意足。并且更多的女性非委托销售人员比男性同行更愿意留在现有的工作岗位上。在1974年至1976年这段时间里,女性非委托销售人员对于升职到部门经理或者更高职位的兴趣远远小于男性,她们比男性更加渴望留在现有的或者喜欢的岗位上。在1978年至1980年这段时间里,仅有14%的男性全日非委托销售人员和8.4%的女性非委托销售人员对于不同的工作岗位感兴趣。因此,尽管只有一小部分人对于另外的工作感兴趣,但对于新工作感兴趣的男性却是女性的两倍。不仅如此,全日非委托销售人员中,表示自己愿意留在现有岗位上的女性(占56.4%)几乎是男性(占30.3%)的两倍。非委托销售人员的工作热情比其他的打卡上班族要高得多,他们满足于自己的工作,其中的女性尤其如此。绝大多数的非委托销售人员,尤其是女性,喜欢自己的工作并以此为自豪。女性非委托销售人员较之男性同行更容易相信她们的报酬水平影响着她们对于工作的态度,并且一般不会觉得报酬过低,也很少抱怨入不敷出。她们对于在西尔斯百货公司的工作前景更加乐观。

以上被告的抗辩证据若仔细分析都是有破绽的,但是却没有受到平等就业机会委员会的质疑,该证据表明女性非委托销售人员一般对自己在西尔斯百货公司的现有工作更加满意,她们与男性同行相比更不愿意更换工作,比如委托销售。这些结论无非是想证明西尔斯百货公司证人们的证词,即女性比男性更不愿意从事委托销售工作。EEOC 应该指出的是,这是被告为自己性别隔离行为善意性的辩解,女性的工作兴趣具有历史性,也本身是历史建构的产物。性别隔离不是女性的兴趣使然,正相反,是对女性工作兴趣限制的结果。西尔斯百货公司并没有相应的培训计划以提升女性工作的热情,反以女性的兴趣为借口将女性安排在低收入岗位,还说女性们满足于这份低收入的工作。另外,企业工作的志趣调查,因为有企业与员工的权力关系在,员工有要保住饭碗的顾虑,不一定是真实意愿的表达。有些调查的年代太过久远,如提到 1939 年开始的调查和 1976 年“工作兴趣调查”。而且被告用自己的调查作为主要证据为自己的行为开脱,证据的证明力本身是有限的。而 EEOC 没有还击,或者还击不力。男女对于不同产品的兴趣差异,对于本案非常重要。平等就业机会委员会所提出的有关女性对于委托销售兴趣的仅有的证据是几个证人的证词,这些证词是关于女性劳动大军的整体兴趣和期望。这些证人描述了女性劳动简史,坚决主张男女的职业兴趣和志向没有明显的差异。他们断言,女性仅仅受就业机会的影响,而不是被个人好恶的左右。然而,这些专家几乎没有提供有说服力的权威以支持他们的理论。他们所提到的历史上特殊例证对于女性的数目及比例都语焉不详,并且这些例证主要集中于一小部分不寻常的女性及其在不同历史背景下所展示的能力方面,而不是集中在绝大多数女性或者本案发生时期她们的兴趣上。这些证人所试图做出包揽无余的宏断,没有被任何可信的证据所支持。这些证人都没有任何有关西尔斯百货公司的特殊知识,也没有提出任何特别的证据以对抗西尔斯百货公司,在西尔斯百货公司庞大的证人集团及密集性的调查证据面前败下阵来。法庭却确认,虽然被告的“调查”设计和运作有一些缺陷,但这些缺陷不足以损害其结论的基本有效性,印证了西尔斯百货公司销售部门证人毫无矛盾的证词,也与“志趣调查”的结论相一致。总之,这一证据清晰而一致地证明了男女两性对于委托销售的兴趣是大相径庭的。男性一直显示出比女性更有志于委托销售,而平等就业机会委员会有关男女两性对于委托销售有相同兴趣的基本假定却没有任何记录在案的可信事实的支持。另外,全国性的劳动统计数据也被调来与西尔斯百货公司强有力的证据相印证,反复证明女性对于委托销售和上述产品缺乏兴趣。它要达到的目的是推翻平等就业机会委员会关于男女对委托销售和所有产品都有相同兴趣的假设。这方面的教训是如此的深刻,一定要汲取。

(二)诉讼对象不仅是当事人,而且是背后一系列传统的机制与文化

性别歧视诉讼面对的对手过于强大,不仅是面对财大气粗的雇主,而且挑战的是传统文化,所以是一项非常艰苦的工作。一方面,雇员面对雇主,处于相对弱势的地位;另一方面,还有一个看不见的对手是传统文化和习惯,这些文化和习惯不仅是雇主的抗辩利器,也会影响法官的意识进而影响判决。本案中对女性工作兴趣的描述完全是传统刻板化的,但是却说得振振有词。对女性工作兴趣的描述完全是本质主义[①]的,把女人本质定义为"阴柔"的,所以兴趣也在软新产品,男性是"阳刚"的,兴趣在于硬商品。无论是雇主的抗辩平定还是法官的认定,都将"男子气概"与"女人气质"作为两个相对的范畴。"女人气质"是指一系列复杂的女性特征和志趣。它使人关注的是与家庭生活相关的品质和价值观,其定义使女性排除了对于男性工作的任何兴趣。工作本身也被赋予了基于工作者性别的人类特征。

但是文化具有多元性和断裂性,法官的认知也不可能一成不变,法官的个人经验和认知水平往往成为影响案件判决的关键因素。本案中,法官诺德伯格(Nordberg)关于女性对委托销售西尔斯百货公司产品的兴趣问题,认同的是传统意识。但当阐述与法院判决的不同意见时,法官 Cudahy 指出:"法院的判决在本质上与那种主张妇女不该去法院上诉和卖股票,而是在家里洗衣做饭以及为那些去垒球场打球的孩子暖身更幸福的观点不谋而合。这种令人很不舒服的观点被地方法院及大众不加批评地加以接受。也许他们忘记了妇女曾经在商品房地产、挨户销售以及其他外销商品领域取得骄人成就的事实。有大量的证据证明妇女既不缺乏奋发竞争的欲望,也不缺少这种参与竞争的能力。"

(三)性别隔离法律救济困境重重

性别的职业或职位的隔离是性别歧视的一种,无论是水平隔离,把女性和男性分离于不同的行业或职位,还是垂直分化,越到高职位,高社会声望,高收入高稳定性的职位女性越少。产生这种状况的原因过于复杂,很难说这一个结果是某一行为导致的,但在司法上,因果关系必须非常清楚。本案中平等就业机会委员会的调查数据显示,从事某些工种的女性总体上少于应有数目,这是一个结果,这个结果是不是性别隔离,并没有成为本案的争点。西尔斯百货

① 本质主义理论(Essentialism)兴起于 19 世纪中期,作为与社会建构主义相对应的理论,相信任何事物都存在着一个深藏着的唯一的本质,相信本质和现象的区分提供了人类观察万事万物的基本概念图式;把人类认识特别是现代以来所谓科学认识的任务规定为透过现象揭示事物的唯一本质;并将其作为一切知识分子职业身份的内在规定和学术使命。如强调性欲极其性别是先天的生理和心理条件造成的,一种不以社会条件和历史环境所改变的人性本质之一。

公司的律师反对这些数据，理由是这些数据不能说明佣金销售岗位工作的女性人数的不足，是因为西尔斯百货公司的性别歧视行为。言外之意，如果结果不是歧视行为所致，而是女性的兴趣和自然选择，那么职位的性别隔离是合法且合理的。继续推论的话，反对性别隔离是没有理由的，《民权法案》第七章关于性别隔离的规定应该取消。如果推而广之，这一抗辩在任何案件中都能够成立，会使性别隔离的诉讼困难重重，受歧视的女性当事人即使借助平等就业机会委员会这样的专门救济机构，也难以对抗财力雄厚的雇主们，他们汇集了有对抗力的数据或者事例。专家证人集团，不仅维护了性别歧视的合法性，也借机显示雇主的宽厚善行和女性的愚蠢无知以及不求上进。难怪此案使西方女权主义受到严重挫伤。如何破解，需要另觅他途。

（四）法律在对性别歧视矫治方面的有限性

假定女性在开始工作之前就已经形成了她们的偏好，性别隔离只是意味着女性对“女性化”工作的偏好，如何让雇主为性别隔离负责？美国《民权法案》第七章关于性别歧视的禁止，意在改变对于女性的陈规陋见，这一反陈规陋见的推理是性别中立的经典说辞“相同情况相同对待”的平等推论原则。从表面上看，反陈规陋见的推理似乎否认了以群体为基础的性别差异的存在，并且断言，与雇主们的主张相反，女性对于非传统工作的兴趣不亚于男性。但实际上，这一推理反映了有关性别差异程度的一种基本的悖论（和矛盾心理）。因为反陈规陋见的规则可能被诠释为，承认女性作为一个群体来说对于非传统工作的兴趣小于男性，但女性作为个人可能是例外，而这些个例可能没有绝大多数女性所具有的偏好。就个人的情况而言，雇主绝不应当简单地假定所有的女性与男性如此的“不同”，以至于她们不向往非传统的工作。如果法律不能规范女性的兴趣或偏好，就无法规范性别隔离。这里雇主成为一个旁观者，是妇女在和法律“打架”。

事实上，性别对于工作态度和行为的影响应主要归结为工作场所的组织结构和文化。像所有的劳动者那样，女性工作志趣与倾向的形成是理性的、有目的的，但也总是受到他人组织安排的限制，并且回应着这种限制。择业在某种意义上存在性别的路径依赖。女性所热衷的工作，常常是女性容易进入的工作，也是对人力资源成本需要较少投入的工作。

向女性提供正式的进入非传统工作的机会，对于使她们有能力认同这些工作来说，是一个必要但不充分条件。因为工作体制深层方面，强有力地阻碍着女性进入并留在非传统的工作岗位上。女性的工作志趣不仅是由参加工作前已起作用的、难以名状的“社会”力量所塑造的。法律在消除工作中性别隔离方面的作用正是要改变这样一些结构性条件，它们妨碍了女性发展和实现其对薪水更高、更具挑战性的非传统工作的心理向往。由于将女性的工作志趣归因于参加工作前的外在力量，这同流行的裁判框架所蕴涵的因果关系正相反。性别隔离的存续不是因为绝大多数的女性将其对于传统女性工作的固定偏好带入了工作领域，而是因为雇主们所建构的工作机会和刺激以及所维持的工作文化和劳动关系，使绝大多数女性无法向往传统上属于男性的工作，也没有能力在这样的工作中获得成功。

（五）关注诉讼中作为对抗统计性歧视的数字资料的运用策略

有观察者指出："西尔斯百货公司案"之后，声称遭受歧视的女性可能面临两难的境地：如果提供统计数据，则法庭可能要讨论数据与雇主行为的因果联系；如果仅控告个人所受的歧视，则该个案可能被视为"孤立的事件"，不具有整体代表性。[①] 收集统计资料的目的是为了证明问题的普遍性和一般性，也是对统计性歧视的消解策略。

统计性歧视是指因为某种观念定势、传统文化、约定俗成等因素而不知不觉地产生一种"偏好倾向"。在这种倾向的影响下，有时会出现可观察的个人特征或书面信息资料与本人的实际劳动生产率不对称。统计性歧视理论把就业性别歧视 1/3 的原因归于用人单位对雇佣女性可能产生的负面影响的夸大反应，以及对女性特别是知识女性在工作中诸多优势的忽视。运用统计歧视理论，在市场上追求利润最大化的雇主总是优先雇佣有较高预期生产率的求职者。在一批求职者中，一些女性求职者有可能比男性平均工作退出率低，而工作认同感强，但雇主因缺乏每个申请者在这方面的确切个人信息，只好利用女性人口的群体资料，如女性的平均职业生涯作为决定录用的参考依据，这样具有相同可测量生产指标特征的男女求职者由于归属不同的性别群体就不可避免地会受到不同的对待。

本案判决认为，平等就业机会委员会的统计分析是建立在一种武断的假定基础之上的，即男女两性对于西尔斯百货公司委托销售工作的兴趣是相同的。如上所述，平等就业机会委员会所提供的，只不过是一些支持该假定的、对西尔斯百货公司一无所知的专家证人毫无证据支撑的判断。西尔斯百货公司则提供了全面而可信的调查证据，以证明在某一期间，女性事实上对于在西尔斯百货公司从事委托销售工作的兴趣远远不及男性。西尔斯百货公司提供的所有证据都显示，男性对于委托销售的兴趣至少是女性的两倍。因此，平等

① ［美］博西格诺，等. 法律之门，邓子滨，译. 北京：华夏出版社，2002.

就业机会委员会有关相同兴趣的假定是没有事实根据的,也致命地损害了其整个统计分析的结论。

1964年以来,妇女一直在援引《民权法案》的第七章来提出诉讼,对她们沦为低报酬、不理想、传统的女性工作阶层发起挑战。和所有的雇佣歧视的原告一样,妇女们主要依靠统计数字证据来支持她们的诉讼。统计数字证据表明,相对于她们在大量合格工人中的分布而言,妇女在非传统岗位上的受雇率十分低,但是某些雇主辩解说,统计数字证据说明不了什么,因为性别隔离主要在于妇女自己的选择。按照这些雇主的说法,妇女对由男人所做的能赚更多钱的工作"不感兴趣"。

法庭是能够进行性别隔离辩论的少有的几个场所之一,司法系统已经成为这场论战的中心。本案是首例雇主敢于争辩说——或是法院屈尊确认——性别隔离是由妇女自己的选择造成的案例。在1972—1989年期间,雇主们至少在54例性别歧视诉讼中提出兴趣缺乏论。更有甚者,这些诉讼案的差不多四分之三(54∶39,约72.2%)[①],提出性别隔离的女性原告从事的是相对来说低层次的蓝领工作,主要是工厂里的工作。因此,在这些案件中,对工作偏好受到质询的妇女是工人阶级,她们工作主要是出于经济的需要。然而,在几乎一半的案件中(23例或者46%),法院接受了雇主的申辩,并将女性性别隔离解释成妇女自己对高报酬的非传统工作岗位缺乏兴趣的表现。

有关女性对某些工作兴趣缺乏的观点,让我们有机会重新探讨法律与身份之间的关系,这些案例说明了司法系统如何复制了性别歧视。在这些案件中,法院把"妇女"作为群体的工作意愿和身份加以特征化,正好消解了法律关于就业性别歧视的禁止性规定。从这个意义上说,美国如此,在我国消除性别歧视的路途更漫长而艰苦。

案例25 卡罗尔诉克利夫兰教育委员会强制怀孕教师离职案

Jo Carol LaFleur v. Cleveland Board of Education

一、案情简介

中学教师乔·卡罗尔·拉弗勒(Jo Carol LaFleur),任教于俄亥俄州克利

① 王逢振.性别政治.天津社会科学院出版社,2001.

夫兰市帕特里克·亨利初级中学。她在 1970 年 12 月怀孕后，被校长亨利·威尔金斯告知，按地方教育委员会的规定，女教师在怀孕 4 个月以后（1971 年 3 月），就不能再给学生上课了，必须停职，直到孩子出生 3 个月以后（1972 年 1 月）才能复职，但不一定能为其保留原学校的教职，她可能被派到市内 20 所初级中学中的任何一所学校去任职。出于对岗位的热爱，卡罗尔对这样的政策表示反对。她认为怀孕并不影响教课，要按自己的计划工作到这一个学年结束。对此威尔金斯校长大动肝火，在卡罗尔拒绝签字的情况下为其代填离职表格，通知卡罗尔停止执教。

卡罗尔被停职 5 个星期之后，向联邦法院状告克利夫兰管理学校的教育委员会，由其代理律师科拉尔·阿金和刘易斯·卡茨向法院提起诉讼，诉请康奈尔法官裁定校方强制卡罗尔离职的政策不符合法律，并责令校方让卡罗尔复职。克利夫兰市另一位在中央初级中学教语法的怀孕女教师安·伊丽莎白也参加了卡罗尔的起诉（U. S. Federal District Court. LaFleur v. Cleveland Board of Education，326 F. Supp. 1208，1211（1971））。地方教育委员会由查尔斯·克拉克代理辩护。经过开庭审理，康奈尔法官判决地方教育委员会的强制停薪留职政策是完全合理的，对怀孕教师并不存在歧视。一审败诉后，原告卡罗尔转而要求设在辛辛那提市的联邦上诉法院推翻康奈尔法官的判决（U. S. Court of Appeals for the Sixth Circuit：LaFleur v. Cleveland Board of Education，465 F. 2d 1184（1972））。上诉法院受理后，做出了推翻康奈尔法官的判决。克利夫兰市地方教育委员会成为第二轮官司的输家，但是它不服，向联邦最高法院上诉，要求重审这个案子（U. S. Supreme Court. Cleveland Board of Education v. LaFleur，414 U. S. 632（1974））。案件经过审理，最高法院做出了对怀孕教师有利的判决。经过三审，终于认定教育委员会的做法有违宪法“人人平等”的原则。怀孕女教师有权要求坚持工作直到临产。①

二、本案争议点

原告是乔·卡罗尔·拉弗勒（Jo Carol LaFleur），任教于俄亥俄州克利夫兰市帕特里克·亨利初级中学，被告克利夫兰教育委员会则是当地一个教育管理机构，因为该机构制定的政策规定，女老师怀孕 4 个月后不允许再进课

① http://en.wikipedia.org/wiki/Cleveland Board of Education_v._LaFleur；［美］彼得·伊龙斯. 为权益而战. 上海市政协编译组，译. 上海：上海译文出版社，1997.

堂，理由是有损教育者的形象。正因为有这样一个规定，才有帕特里克·亨利初级中学校长亨利·威尔金斯对原告示留职停薪的告知。本案中，原告服务的学校及校长虽然只是一个政策的执行者，以我们的立场去看，可以同地方教育委员会列为共同被告，但本案只有一个被告。本案的争议点是，地方教育委员会强制怀孕妇女停职的规定是否违反了宪法第五条修正案和第十四条修正案的"平等保护"的条款，这种规定是对怀孕教师的保护还是对女教师的歧视？

三、法律依据

本案发生在1970年，但是并没有引用1964年《民权法案》第七章，是一个有意思的现象。这次适用的法律依据是美国著名的宪法平等保护和作为"正当程序条款的起源"的宪法第五条修正案和第十四条修正案。另外还有两个司法判例。

本案是典型的宪法诉讼。宪法诉讼是公民宪法权利的最大司法化保护，即公民一旦认为自己的宪法权利——包括宪法明文规定和暗含的权利保护精神或原则——受到公权力的侵犯或损害，有权向普通司法机关或专门设立的司法机关提起宪法诉愿，进而得到有权的或主管司法机关的受理、裁判，在确认公民的有关宪法权利确实受到侵犯或损害之后，予以及时、适当的司法救济。①

平等保护的意思是每个公民受到宪法的平等保护。正当程序条款的法律精神是，除非依照"正当的法律程序"，否则，任何人都应得到保证，不被剥夺特定的权利。本案原告的工作权是一项特定的权利，不应与男子区别对待。本案地方教育委员会并没有经过法定的程序，却因为女性怀孕剥夺了原告的权利。法律有下述具体规定。

(一)美国宪法第五条修正案(1791年生效)

无论何人，除非根据大陪审团的报告或起诉书，不受死罪或其他重罪的审判，但发生在陆、海军中或发生在战时或出现公共危险时服役的民兵中的案件除外。任何人不得因同一犯罪行为而两次遭受生命或身体的危害；不得在任何刑事案件中被迫自证其罪；不经正当法律程序，不得被剥夺生命、自由或财产。不给予公平赔偿，私有财产不得充作公用。

(二)美国宪法第十四条修正案(1868年批准生效)

第一款 凡在合众国出生或归化合众国并受其管辖的人，均为合众国的和

① 陈云生.宪法诉讼：公民宪法权利的最大保护.检察日报，2004-11-9.

其居住州的公民。任何一州，都不得制定或实施限制合众国公民的特权或豁免权的任何法律；不经正当法律程序，不得剥夺任何人的生命、自由或财产；对于在其管辖下的任何人，亦不得拒绝给予平等法律保护。

(三)联邦最高法院的判例(1908年)

地区法院康奈尔法官审判意见书中援引案例：

(1)穆勒诉俄勒冈州关于禁止妇女在任何机械公司、工厂或洗衣房日工作时间超过10小时规定案(U. S. Supreme Court. Muller v. Oregon，208 U. S. 412(1908))。

1903年2月19日，俄勒冈州立法机关通过一项法律，其中包括禁止妇女在任何机械公司、工厂或洗衣房日工作时间超过10小时。原告穆勒控告俄勒冈州关于妇女工作时间必须在10小时以下的立法违反宪法，美国联邦最高法院判决认为，容许俄勒冈妇女在手工企业工厂或洗衣店每天工作10小时以上，对妇女尤其是生育妇女的健康、安全，以及公共道德或者福利事业都是有危害的。该法案的判决指出："……考虑她的身体结构以及恰当履行母亲职责，该项法律的制定不仅是为了她个人的身体健康，也是为了种族福祉，这些因素证明了该法律的正当性。该法律既可以用来使她免受本身贪婪之害，也可以用来消除男人激情之虞。该项法律对她的契约权的限制，对她将与雇主达成的工作时间的限制，并不是仅仅为了她个人得到好处，而是为了所有人的利益。……两性之间身体结构的差异、两性功能的差异……这些证明了立法对男女区别对待的正当性。"

(2)罗伊诉德州关于禁止堕胎规定案(U. S. Supreme Court：Roe v. Wade，410 U. S. 113(1973))。

1969年8月，美国德州的女服务生罗伊，声称遭到强暴，由于没有能力生育和抚养孩子，要求医生为她堕胎。但是德州刑法规定，除了为了"保护怀孕妇女的生命"，其他的堕胎行为是犯罪行为，没有医生愿意为她实施堕胎。罗伊指控德州禁止堕胎的法律，侵犯了她的"隐私权"。地方法院判决，该法侵犯了原告，受美国宪法第九条所保障的权利，但是没有提出禁止令，罗伊向美国联邦最高法院上诉。联邦最高法院于1973年以7比2的比数，认定德州刑法限制妇女堕胎权的规定，违反宪法增修条文第十四条"正当法律程序"条款。此案是美国联邦最高法院对于妇女堕胎权的重要判例。

四、审理与判决

原告诉称：被告通过校方强制卡罗尔离职的行为和政策不符合法律，教育委员会这一政策是对女教师的歧视,违反宪法第五条修正案和第十四条修正案的“平等保护和正当程序”规定。强制性离职的政策是过分僵硬化的政策,它禁止正常怀孕的教师上课是毫无道理的。正常的怀孕妇女可以工作到她进医院分娩之前,是有医学根据的。妇女体质的薄弱在历史上曾经作为保护女性的借口,而使用的方式使得效果适得其反。事实上如果怀孕是歧视妇女的理由,那么就能以这样的态度来保护所有妇女而使她们失业。为了保护妇女免受现实生活的伤害,教师的就业权利不容剥夺。

原告证据:作为支持原告诉讼的证据有两部分。一是医学专家的证词。资深妇产科专家萨拉·马库斯医生从1923年开始行医,1958年担任克利夫兰妇幼医院的产科主任,经手诊治的孕妇数以千计。以近50年的医学经验作证,她提出最基本的医学案例来反对强制怀孕教师离职的规定,并表示正常怀孕的孕妇可以工作到她进医院分娩之前。她认为怀孕期间妇女能做许多工作和锻炼。所以地区教育委员会禁止怀孕4个月以后女教师教课没有任何医学根据。另一个证据是卡罗尔被指派教“过渡班”,代替另一位怀孕教师,正是因为教育委员会的不合理规定使得当年换了3位教师。这说明禁止女教师怀孕上课并不是个别现象,这一规定造成了女性的普遍受害,是典型的不平等规定。

被告抗辩:强制离职的政策是明智合理的规定,是对孕妇的保护。教师怀孕4个月后腹部开始隆起,会受到学生的羞辱,成为笑柄。母亲应该在婴儿身边给婴儿以细致的照顾。根据医学证明,怀孕妇女会产生许多不适的生理状况。并且在克利夫兰有许多学生袭击威胁教师的记录,怀孕教师在这种环境下工作极为不利。

教育委员会提供给法庭的证据包括三方面。其中一位是教育委员会的退休督学马克·希恩纳尔先生,1952年制定强制孕妇离职的规定时,正在他的任期内。他作证说,认同这一规定是因为怀孕女教师待在教室时间太长会出现一些非常难堪的情况,她们会受到学生的羞辱,成为笑柄。而他主张女教师怀孕后应在家中待6个月以上,理由很简单:母亲应该在婴儿身边给婴儿以温柔和细致的照顾。在他看来,这比从事社会性工作,意义大得多。另一位证人是现任教育委员会督学朱利叶斯·坦佐斯,他作证说,让怀孕教师停职回家休息主要是从孕妇的安全着想,本地的校园暴力严重,根据记录,克利夫兰地区仅在1970年发生256名学生对教师进行袭击或威胁的事件,共没收学生46支手枪和16把刀。第三位证人是行医35年的产科医生威廉·韦尔。他作证指出怀孕最初期3个月会出现流产、头晕、呕吐及头痛等症状,其后3个月会出现包括毒血症在内的复杂症状，可能导致痉挛、胎儿存活问题并引起严重出血等情况，怀孕后期3个月的主要问题是早产。并且提出孕妇的重心会发生变化，双肩后倾，背部疼痛，由于体重的增加会感到非常不便，不能像怀孕前行动自如。韦尔还强调，孕妇如果处在害怕或可能遭到袭击的环境中可能引发早产，教育委员会的强制停职规定是非常合理的，目的是为了保护怀孕教师的身心安全。

当案件诉至最高院时，被告方转变了辩论策略，还提出教育委员会的政策是为了学校管理的方便，这样可以使行政部门能够较为方便地用代课教师来取代怀孕教师。

原告在一审中，其诉讼请求没有地区法院的支持，法官康奈尔是共和党人，对涉及女权的诉讼本身抱有成见，在法庭上比较刁难原告及其证人，他的判决意见是，在教育委员会于1952年采取强制停职规定之前，怀孕的教师遭受到许多"侮辱"，包括学生对怀孕教师指手画脚、嬉笑及讥讽。女教师怀孕期出现的复杂症状可能需要住院治疗甚至会导致死亡。克利夫兰有许多学生袭击威胁教师的记录，在可能出现暴力和事故的环境中，怀孕大大地增加了严重伤害的可能性。强制怀孕妇女停职的规定没有违犯宪法第十四条修正案的"平等保护"条款，不仅没有伤害教员，而且是对她们的保护。由1908年最高法院审理的穆勒诉俄勒冈州案的判例①可知两性在生理结构上具有差别，因此教育委员会的强制停职政策是"完全合理的"，对怀孕教师并不存在歧视。卡罗尔败诉。

卡罗尔不服，到上诉法院上诉，法官乔治·爱德华兹认为一审的判决有问题，专家证人韦尔的证词自相矛盾：韦尔医生承认在他的孕妇病人中，有许多人在怀孕初期的4个月中是一直工作的，并未出现任何麻烦，并且韦尔医生本人也同意"怀孕是个人的事"，是与教育委员会的僵硬政策背道而驰的。而康奈尔法官关于学生对怀孕的嬉闹行为的观点是不能认同的，因为不能让怀孕者感到窘迫，也不能因此而影响女性的工作权利。康奈尔法官关于教育委员会的政策未歧视女性的论点也不能予以赞同，该规定是建立在按性别分类的基础上的，虽然男教师不可能怀孕，但他们也可能生各种各样的疾病和受到伤害，却无须服从强制停职的规定，这项规定是专制和不合理的。二审教育委员会败诉。教育委员会又上诉到联邦最高法院。

最高法院法官波特·斯图尔特支持了上诉法院的判决，坚持认为，韦尔医

① U.S. Supreme Court：Muller v. Oregon，208 U.S. 412 (1908).

生也同意“怀孕是一种个人的事情”。在婚姻和家庭生活中的个人选择权是宪法第十四条修正案合法诉讼程序条款所保护的自由。因为教师决定生孩子而惩罚怀孕教师的政策是强加在宪法权利上的沉重负担。强制停职的规定包含一种无法辩驳的假设,即怀孕教师在体质上是无能的,法院不能赞成这种假设。这样,卡罗尔及其共同诉讼人,大获全胜。

四、当事人视角

在我们选择的几个案子里,很少能发现当事人的声音,这个案子是个例外。

我于1947年在弗吉尼亚州的里士满市出生,我的家庭属于职工阶层。我喜欢冒险,独立行事,是家里的小捣蛋。

大学时代,我所属的教会拒绝黑人儿童参加假期读经班。我同教会做了充分的交谈,表达了我对种族隔离的厌恶,认为这是不符合基督教义的。这是我对我认为重要的问题第一次公开表示立场。

毕业后我做过一些使我厌烦的文书工作,于是我想我应该去教书,由于没有教师证,我联系了我所知道的每一所私立的和天主教会办的学校,试着谋求教书的机会。那年12月,我受雇于圣伊格内修斯小学,因为这所学校有一位教师结婚了。这样我开始了我的教书生涯。我从未当过教师,我热爱这份职业。

1970年我获得在黑人区教孩子英文的硕士学位。1970年1月我在克利夫兰帕特里克·亨利初级中学实习一个学期。帕特里克·亨利的校舍只能容纳1 500名学生,我在那里度过了一段快乐的时光。秋天开学我回到学校,仍然教英文。但是圣诞节刚过,校方要我教一个所谓的过渡班,这个班里全是7年级女生,她们是在学习适应性、行为、动机等方面有些问题的学生,总之这是个难教的班级。这个班原来一位教师因为怀孕而离职,让我填补空缺。女生们的学习成绩很差,又走掉一位教师,现在对她们来说最迫切需要的是稳定,所以我想我会教完这一个学年。

1971年,我怀孕了,将在7月底左右分娩。教完这一学年对我来说是非常自然的事,所以我把这件事告诉了别人。我不知道克利夫兰市规定教师怀孕4个月之后就不能教书的事,我根本就没想到过。3月1日,校长威尔金斯把我叫到他的办公室,他说,“我知道你将在8月份分娩。你必须离职,填好这些表格。”我说,“我不需离职,我不离开学校,我要教到本学年结束。”他说,“你不能这么做,我们有规定。”我说,“我的孩子要到夏天才出生,我要教课。你让我教的班级已经因怀孕走掉一位教员了。”他只是说他不会把我解雇，说我是一位优秀教师，但我必须停职。因为我拒绝填写离职表格，威尔金斯先生就代替我把离职表格填好。他把我的停职日期写在一个月以后，也就是说我可以教到我怀孕的第五个月，那时他们就要停发我的薪金①了。

这件事发生以后，我异常地反感，因为我不能相信一个希望教书而又受过特别训练的教师可以被人逐出一所旧城区的学校。许多被分配到旧城区学校来的教师都想跳槽而去，我却希望留在那里。令人难以思议。

我原以为我可以同威尔金斯先生谈判，把事情解决，但是他无动于衷。我想去学校工会寻求帮助，工会领导是男的，他说“拉弗勒太太，还是回家养你的孩子吧”。我说：“不！我希望有孩子，但我不想在家编织衣物，我不要蹲在家里，我要教书。”但是事情很清楚，工会对我的问题没有兴趣，不予同情，使我愤慨和失望。

我的同事对此有意见分歧。总的来说，她们实际上都不支持我。有不少年轻妇女支持我，但男人和老年妇女都不支持我。

我觉得从这件事上自己开始有了一点激进的思想。我是一名微不足道的教员，我不顾一切地走访了美国公民自由联合会设在当地的一个分会。我心想他们可能会给我支持，因为这符合他们的宗旨，但是他们不想管我的事。他们说他们正着手许多获胜把握很大的案件……我同该组织分部的主任至少谈了两三次，还写了一两封信，都没有结果，束手无策。

最后，在走投无路的情况下，我给“克利夫兰有问必答”打了电话，接电话的是一位妇女，她问我有什么事需要帮助，我说我需要知道妇女自由团体的名称，她问我是否记得谁的名字，我说我什么都不知道，我也不是哪一个妇女团体的会员。宪法规定了个人的权利，而文明的人应该允许别人工作。我说我从未经历过这种激烈的情势，我只知道几个组织的名称，我想他们可能知道一些。那位接电话的妇女告诉我了三四个妇女组织的名称。

我打电话去的一个组织是“妇女平等行动同盟”，它们介绍给我了两位律师，结果我去找了简·皮克尔。她在克利夫兰-马歇尔大学法学院教授宪法。我们头一次见面时，简·皮克尔就说，等到我的孩子看见这件案子判决的时候，他可能已经长大了。不管结果如何，案子总算是到了最高法院。她说，我无须为这场官司花钱，只要我愿意同他们一起坚持到最后。

威尔金斯先生规定了我离职的最后期限——3 月底，所以我急着想得到

---

① 美国因怀孕可以休假但没有工资，称为留职停薪。

一些帮助以使他们不能实现最后期限的规定。我意识到一旦他们把我赶走,再想回去就非常困难。我把停职的事告诉我的学生,学生都无法理解,她们觉得很荒谬,她们中也有怀孕的。我说总有那么一天我不会在这里,如果那样,我将不和她们告别。

简·皮克尔想要求联邦法院发一道指令,禁止学校阻止我上课。70 多岁的地方法院法官康奈尔在庭审时说,拉弗尔夫人可以得到她应该等到的东西,但是不值得为她发一道指令。在我们知道他是审理这请求的法官后,简·皮克尔说,这预示事情凶多吉少。简考虑是否提出一项反对康奈尔法官偏见的书面陈述,但考虑再三还是作罢。

一时无法挫败学校方面的专横,简建议我在他们对我实施停职以后继续到学校去。我向校长办公室报告说,我准备到我的班级去上课。两个星期之后,我停止了这种努力,每天这么做也是没有意义的。事实很清楚,校长不准备让我上课。

这件事使我悲伤,……我爱好教学,他们不让我回克利夫兰学校之后,我就向我们居住的俄亥俄州莱克伍德镇提出谋职申请,……他们没有怀孕停职的规定,这是一个古老的小镇,在克利夫兰市西郊,居民多是中产阶级,民风纯朴。他们说,既然我喜欢教书,他们又正好需要代课老师,事情就这样谈妥,我在镇上的初级中学和高级中学代课,一待就是 3 年。

地方法院审理我的案件非常有趣,我刚 24 岁,缺乏生活经验,容易上当受骗。我从未上过法庭,被法官叫到证人席作证时觉得蛮有趣,是一种愉快的经历。

地方教育委员会请了一位男产科医生到法庭作证,证词令人生气,说的尽是怀孕的可怕的并发症,但要不同的数据证明其发生率,即使有这种情况,如果我独自在家还不如在学校有人会帮助我。要是在家里突然出血,在打电话之前就可能昏倒。他们口口声声说为我的健康,实际想让我处于孤立无援的状态。我当时就认为他们的逻辑没有太多道理。

从情绪上说,听证人陈述妊娠有关的所有并发症简直是一场闹剧。证人还说怀孕妇女要常常去卫生间而不能上完一节课,我就不存在这样的事,还有不能捡掉到地上的书本及身体重心改变不能行走等,我就没有碰到过,在我儿子出生前一周,我还去打高尔夫球和网球,唯一没有做的是网前跳跃。

法庭证词还说,20 世纪 50 年代怀孕停职规定实行时,学生取笑老师,老师会很难堪,康奈尔法官接受了这样的陈述,这也是荒唐可笑的。这样的事根本没有发生。像法官这样年龄的人也许碰到过,但是 1970 年这样的事不会发生。怀孕已是公开的事，我和我的学生就讨论过这种事。同她们在一起可以得到有益的经验，特别是在产前应该注意的事，因为我教的学生中有很多已经怀孕，有些已是未婚母亲，没有人觉得可笑，几乎是很难想象这只是15年前的事。

有一个小插曲，6月末我去参加一个暑期中学教师野餐会，是在我即将分娩之前，我的儿子是7月22日出世的。我同大家一起打排球，跳上跳下的，只有校长威尔金斯先生斯文地走来走去，他不敢相信眼前的事！我心想，瞧瞧我吧，我不是很好吗？你却不能打排球。

康奈尔法官判我败诉以后，我们向第六巡回上诉法院提出上诉，我前往辛辛那提市出庭候审时，情况非常有趣，简要我把我儿子带上，她说，如果大家看到这个孩子健康可爱，不会有妨碍。当我和丈夫到法院乘电梯时，遇到一个老绅士，他说“这是一个聪明的小家伙”。到开庭时，天哪，原来这位老绅士就是最高法院法官汤姆·克拉克！幸亏我没有责骂他们。在法庭听辩论使人激动，我们的上诉官司打赢了，汤姆·克拉克和爱德华兹两位法官投票赞成我们的上诉。

最高法院的事很难预料，我个人对打赢这场官司一点儿也没把握，因为当时的最高法院比首席法官厄尔·沃在位的时代更加保守了，但在最高法院听审确实是激动人心的，我从来也没有进过最高法院，我母亲和姐妹都来旁听，法庭上挤得满满的，游行者也排队进去法院旁听，我环顾四周，好家伙！我的案子如此轰动，简直难以置信！

事实上我的案子审理的时候我感到快活，我记得最高法院法官布莱克门向简·皮克尔提问说，一个男子因拒绝剃胡须而失掉职责，一个妇女因怀孕而失去职业，这两者之间的区别是什么？简·皮克尔站起来双手搭在髋部说，阁下，这样的类比是荒唐的，简直荒唐！对男人的补救办法是把胡须剃掉，对女人就只有打胎了。这两者是有区别的。……但是布来克门法官投了我们的票。

当我们等待判决时，有情况表明这件案子是一个有影响的大案，将对妇女发生重要影响。我的案子是由福特基金会作为妇女法律基金的启动而资助的。有些律师纷纷打电话给简·皮克尔，要求和她共同研究和听取她的情况汇报。最高法院审理期间，我确实意识到，我这次行动将协助做出一个代表妇女的重要声明，要不就是促使妇女运动向后倒退一大步。

法官的表决结果是7票对2票，我胜诉了，但这差距之大也使我感到惊奇。

因为我的胜诉，教育委员会必须向我提供一个职位，如果他们让我回到原来的学校复职,我就必须去,其实我不想复职,我愿意作代课老师,因为儿子太小,代课老师一周只上两三天课,我现在的情况就是这样。我必须回到原校,这是一个原则问题。但他们让我到克利夫兰市的另一所初级中学任教,我不想去,因为克利夫兰有两所初级中学,校风极坏,失去控制,师生之间的暴力行为使人难以置信,他们让我去的就是其中之一。很难相信,帕特里克·亨利中学拥有庞大的教师阵容,却就是没有一个英文教师的立锥之地。因此我气愤地拒绝了教育委员会提供的职位。

我常常这样想,受地方教育委员会规定影响的妇女一定很多,为什么在我之前没有人说这条规定是错误的呢!我不知道原因。但我认为这样的做法从根本上是不公平的。男人没有怀孕的体验,所以由他们做出的决定毫无根据,这种不公平使我愤怒。

打这场官司使我高兴。唯一使我伤心的是,诉讼期间我接触到一些当地人,他们都认为怀孕了还继续留在教室教书是错误的。我接到一些信和电话,问我怎么有这个胆子挺着大肚皮教课,在他们看来大肚子就该闭门不出!

我在盐湖城的一个健美班遇到一位妇女,她说她就是一边怀孕一边教书的。她说当学校领导把怀孕教师逐出教室时,有人就奋起斗争。她说谢天谢地,她因此而保住了职业。我没有告诉她我就是那个奋起斗争的原告,但是在内心我抑制不住激动,心里在说,多好啊![①]

五、分析与启示

本案是美国著名的推动1978年怀孕歧视法出台的早期最著名的案例之一。本案的过程对我们有重要启示。

(一)选择一个敢于挑战传统的有较强权利意识的女当事人

妇女权利的进步从来就有两条主要的进路,一是运动推动,二是制度的改进,而法律制度的进步没有案例的积累基础是不可能的。妇女法律议题的建构与社会问题的建构的不同之处在于,社会问题只需要社会学家有能力将社会问题化就行了,而法律议题的建构,必须有司法判例实践,一个有影响的案例,需要有问题意识的当事人的配合。这一点美国与中国有非常多的不同。美国人民曾经历了摆脱宗主国殖民统治的独立运动,民主、自由和人权是这个国家建国的主要意识形态,严格的三权分立和法治精神的长期熏陶使公民意识比较成熟。两波妇女运动又将妇女的权利是人权提到一个较高的程度。但

① [美]彼得·伊龙斯.为权益而战.上海市政协编译组,译.上海:译文出版社,1997.

是目前在中国，重要案例的当事人多有一个动员过程，中国文化的厌讼情结对鼓励当事人挺身反抗还是有一些负面影响。如北京大学法学院妇女法律研究与服务中心早期的为打工妹讨薪案，当事人的态度是“你打回来我就要，要不回来就算了”，援助律师常觉得无奈。西北工业大学妇女发展与权益研究中心也有这个问题。仅与当事人沟通配合就是一个问题，当然这样的状况也是目前当事人的不利处境决定的，我们常遇到帮当事人打赢了官司，又让当事人丢了工作的遗憾，这是我们需要学习的。

本案当事人卡罗尔本身的性格就是不墨守成规，敢于冒险，自称小时候就是家里的“小捣蛋”，由于热爱教书工作，不怕到黑人社区教书，“许多被分配到旧城区学校来的教师都想跳槽而去，我却希望留在那里。令人难以思议。”她热爱学生，即使是“在学习适应性、行为、动机等方面有些问题的学生”，了解学生“最迫切需要的是稳定”，频繁地换老师对学生当然不利。她对“因怀孕停职异常地反感”，“不能相信一个希望教书而又受过特别训练的教师可以被人逐出一所旧城区的学校”。她的行动力特强：找校长“威尔金斯先生谈判”、找“学校工会寻求帮助”、向同事诉说、“不顾一切地走访了美国公民自由联合会设在当地的一个分会”、在遭遇了一系列没人支持的挫折之后，寻求“妇女平等行动同盟”的帮助，这次终于找对了门路。她得到宪法学教授作为律师的代理，并得到福特基金会的法律援助基金支持。她一直坚持到了最后胜利。这个女当事人以自己的执着和勇敢抗争精神不但为自己讨回了公道，也为妇女争取怀孕权利树立了一个榜样，使很多妇女成为受益人。不仅如此，官司还改变了卡罗尔的命运，她从此在律师教授指导下进行法律学习，在法学院学习中，她的案例作为最高法院最著名的案例写进了教科书。作为当事人，她和法学院的同学以案说法。她后来成为一名出色的刑事辩护律师，犹他州律师联合会顾问。但是想成为一名法官的理想难以实现——因为她太成功地为重罪谋杀犯辩护。

（二）倡导性诉讼背后妇女支持力量

案件发生时正值美国妇女运动的高涨之时，在 20 世纪 50 年代黑人民权运动胜利的鼓励下，美国第二波女权运动在 60 年代获得进展并在 70 年代初期取得胜利。19 世纪的废除奴隶制运动孕育了第一次妇女运动，20 世纪美国黑人的争取公民权利运动则成为当代妇女运动的催化剂。一个受到社会歧视的种族奋起反抗，发出了“平等、自由、民主、正义”的呼喊，不可避免地影响了受到性别歧视的妇女，使她们也萌生了争取“平等、自由、民主、正义”的热望。在声势浩大的公民权利运动的压力之下，美国国会于 1964 年通过了《民权法案》第七章[①]。1972年国会通过了《平等权利修正案》，全国半数以上的州议会在其后的几个月也通过了有关措施，最高法院于1973年支持堕胎权利满足了女权主义者的期望。正是在这种背景下，本案幕后支持者是妇女组织和妇女运动，其中主要的支持组织是妇女平等行动同盟。耶鲁大学法学院毕业生、克利夫兰-马歇尔法学院教授简·皮克尔代表妇女同盟聘请阿金和卡茨两位律师代理卡罗尔起诉。一审败诉的情况下，上诉中除了妇女平等同盟和一些女权主义团体之外，美国公民自由联合会、联合汽车工人工会、全国教育协会，以及联邦机构平等就业机会委员会都作为法庭之友加入支持克利夫兰市教师的行列，形成一种运动压力。而官司打到最高法院时，德尔塔航空公司怀孕解雇的空姐，同弗吉尼亚州怀孕解雇的教师苏珊·科恩也加入到诉讼之中，此时恰好是女权主义运动高涨的时期。从某种意义上说，最后的诉讼胜利是多种因素推动的结果。

（三）值得不断争辩的问题：保护还是歧视

本案在一审中，康奈尔法官援引作为1980年的一个判例穆勒诉俄勒冈州案（U. S. Supreme Court: Muller v. Oregon, 208 U. S. 412(1908)），认为男女在生理上是有差别的，减少女性的工时有利于母亲及儿童的健康。但宪法问题专家简·皮克尔在法庭上陈词："妇女体质的薄弱在历史上曾经作为保护妇女的借口，而使用的方法使得效果适得其反。事实上如果怀孕是歧视妇女的理由，那么我们就能以这样的态度来保护所有妇女而使她失业。"本案被告强制怀孕女老师离职的规定，被描述为几个保护性理由。一是为了妇女健康，二是为了她们不被坏学生袭击，三是为了更好地照顾婴儿。听起来都不错。但在骨子里，怀孕被他们病态化和失能化，是一种典型的厌女情节在作祟。另外，卡罗尔的求助过程，我们看到到处是传统文化的壁垒。尽管是在20世纪70年代的美国，但人们的思维和传统意识还停留在50年代，认为怀孕是丑陋的，见不得人的，不适合在公众场合招摇的。多数人，尤其是老年人看不惯女人挺着大肚工作。正因为有这样的文化传统，才有了这样的政策基础。在中国对孕妇的保护，大多是冲着她腹中的孩子而不一定是为了这个妇女，这也是我们应该注意的问题。这样的歧视最具有蒙蔽性。在实践中保护与歧视的冲突很多，一个理论的关注点是差别论和平等论，美国人1923年提出《平等权利修正案》，80多年以来，几代人过去，还没有争论出来一个眉目。如此漫长的革命，需要代代相继。

---

① 王政.女性的崛起——当代美国的女权运动.北京：当代中国出版社，1995.

案例 26　美国汽车工人联合会诉约翰逊控制有限公司以保护胎儿为名的怀孕歧视案

UAW v. Johnson Controls, Inc. (1991) 886 F. 2d 871

一、案情简介

美国汽车工人联合会(UAW)代表美国汽车工人联合会及一些地方分会和个人雇员,起诉约翰逊控制有限公司(Johnson Controls, Inc. 又译约翰逊康桥有限公司,约翰逊自控有限公司)①。该公司在生产电池的过程中由于使用铅原料而造成有害工作环境,考虑到围绕着铅环境工作,怀孕或将要怀孕的准妈妈和未来妈妈类女工未出生之胎儿的健康风险,公司多次变更制度,限制女工从事铅环境工种。1984 年,起诉人发起一场集团诉讼,向美国联邦地区法院威斯康星东院提起共同起诉,控告约翰逊控制有限公司的胎儿保护政策属性别歧视,违反了《民权法案》第七章的规定。原告之中有这样一些人:玛丽·克雷格(Mary Craig),她为了不失去工作而选择了绝育;埃莉斯·内森(Elsie Nason),一位 50 岁的离婚者,当她被调离接触铅的工作后失去了经济来源;唐纳德·彭尼(Donald Penney),他因想成为父亲而请求脱离目前的工作岗位以减少铅的危害,但遭到拒绝。官司打得很艰苦,从 1984 到 1991 年,历时 7 年,共经历了三审。初审地方法院、二审上诉法院均做出有利于被告的判决,认为公司限制女工从事铅环境作业的政策是为了保护胎儿,是出于工作和商业的企业避险的考虑,不存在性别歧视。但原告们不气馁,再次上诉到联邦最高法院,终于出现转机,法院判决以保护胎儿为名限制妇女从业,违反了《民权法案》第七章,构成性别歧视。②

二、本案争议点

本案原告为美国汽车工人联合会,汽车工人联合会于 1935 年在美国底特

① 参阅 MBA 智库百科 http://wiki. mbalib. com/wiki/Johnsoncontrols. 2012 年 10 月 22 日访问。

② 案例来源:1. http://www. oyez. org/cases/1990－1999/1990/1990_89_1215/;2. 约翰逊康桥公司歧视妇女案. 载:大法官的智慧——美国高等法院经典判决选集. 邓冰,苏益群,编译. 北京:法律出版社,2003;3. 国际工联和美国汽车、飞机、农业机械工人联合会诉约翰逊控股公司案. 邓子滨,译//法律之门. 北京:华夏出版社,2002.

律成立，为北美规模最大的工会之一。成立之时美国仍然存在种族歧视情结，但工会接纳非洲裔美国人为工会会员，一时传为佳话。其中最著名的领袖为Walter Reuther，服务长达25年，为工人谋取很多福利。1960年代起，UAW开始以与各大汽车公司签订协约的方式，为工人争取福利。本案是它代理遭遇性别歧视的女工讨回公道的著名案例。

被告约翰逊控制有限公司是世界上第一个恒温器制造厂家，是世界最大的汽车部件和座椅的独立供应商，1885年美国 Warren Johnson 约翰逊教授创立了本公司，以便生产他研发的配电房恒温器。公司总部设于美国威斯康星州的密尔沃基市。从此以后，公司从一项发明起家，至今已经发展成产值数亿美元的公司，在汽车配件和建筑设施方面居世界领先地位。为了扩大公司的市场基础，公司又在1978年兼并了美国最大的汽车电池制造商——全球统一公司，从而使公司年销售额成倍增加，达到10亿美元以上。也正是这个电池制造商，引出了本案的巨大麻烦。

本案原、被告双方均相当有实力，各执一词，其争议点：以保护胎儿为名限制女工在有毒环境下工作，是不是性别歧视；基于性别的所谓保护性政策，是不是性别隔离的合法理由。双方争论的问题：一是女性在工作环境中接触铅是否会对后代的健康带来危险，二是约翰逊控制有限公司的以保护胎儿为名限制女工工作权的行动是否违反法律。

三、法律依据

1964年《民权法案》第七章第七条“平等就业机会”中规定“禁止私营雇主和任何雇佣单位、团体因种族、肤色、宗教信仰、民族和性别的缘故歧视申请就业者”，其中“性别”两字是在众议院对民权法激烈辩论两周之后，在民主党议员霍华德·史密斯提出一项修正案时加进去的。史密斯是《民权法案》的反对者，他企图以添加“性别”内容来增加此法案通过的困难，从而阻止《民权法案》。但表决时，《民权法案》还是以168∶133通过了，美国妇女就此获得平等就业的法律权利。[①] 也正因为如此，对性别缺少实质性的立法审议讨论，造成了无法获得相关资料推敲立法原意何在之困扰，发生有关就业性别歧视的纷争时，依赖于主管行政机关颁布指导原则，以及联邦各级法院的详细解释，逐步建立了几项原则。其中最重要的是区分性别歧视两种重要类型：差别待遇歧视（disparate treatment discrimination）和差别影响歧视（disparate impact

① 王政.女性的崛起——当代美国的女权运动.北京：当代中国出版社，1995.

discrimination)。

差别待遇歧视又可区分为两种类型：一是表面(facial)或公然(overt)歧视(或称直接歧视)，即雇主明显对某群体成员(此指女性应征求职者或受雇者)给予差别待遇。针对这种故意歧视(intentional discrimination)，该法特别制定一项例外规定——真实职业资格(bona fide occupational qualification, BFOQ)，也就是雇主给予差别待遇完全是基于职业本身正常运作的原因。一般而言，无论是负责执行该法案的平等就业机会委员会所颁布的相关指导原则，还是联邦各级法院的判决，都对构成真实职业资格的情况，做严格认定。至于顾客或行业偏好(preferences)等，各级法院均认为不足以构成真实职业资格的抗辩。然而，如果涉及当事人个人隐私(personal privacy)，法院也会做出有利雇主坚持雇佣某一特定性别受雇者的决定。二是差别待遇歧视或所谓托词式待遇歧视(pretextual treatment discrimination)，是雇主对某一受保障群体的成员给予差别待遇，但宣称这种待遇，并非基于该受雇者(或应征求职者)是属某一受保障群体的成员，而是另有其缘故。然而，原告受害人却认为，雇主所提出的理由，充其量只是故意歧视的借口(pretext)而已。一般而言，这类案件涉及举证责任分配的争议，而联邦最高法院自麦当娜诉格林一案后，在一系列案件已对原被告举证责任的次序等级，做出明确规定，因此，这种争议不再具重要性，同时，这种性别歧视也不常见。

差别影响歧视是指雇主之雇佣措施虽在表面上中立公平(facially neutral and fair)，但却会对某一受 1964 年《民权法案》第七章保障的群体(protected groups)，产生不成比例的不利影响。由于此种歧视案件是针对雇主所采雇佣措施的后果(effect)，而非其意图(intent)，因此，在认定上要较前述差别待遇歧视之情形更为困难。一般而言，联邦最高法院自著名的格雷戈诉杜克电力公司(Griggs v. Duke Power Co.)一案后，已在为数甚多的相关判决中，为这类形态的就业歧视设定一套“业务上必要”(business necessity)的例外规定，也就是雇主所采行的雇佣措施，必须与其事业业务的运作有极为密切的关系(manifest relationship)方可，否则不成比例将某一受保障群体的成员排除在外的举动，足以构成就业歧视，而原告被害人即无须再证明雇主有无歧视的意图。[①]

1978 年《怀孕歧视法》：立法之前，法院曾判决了一批以保护怀孕为名的歧视案子，均做出有利于雇主的判决，引起了妇女界的不满。在妇女团体的强

① 焦兴铠. 论雇主采用“胎儿保护措施”所引之就业歧视争议//焦兴铠. 劳工法劳工权利之保障.

力游说下,美国国会在1978不受限制年特别制定《怀孕歧视法》,该法对1964年《民权法案》第七章有关性别歧视加以修正,特别规定该法案中有关"因性别因素"(because of sex)及"基于性别因素"(on of base of sex)的用语,均应包括(但不限于)因为或基于怀孕、分娩或其他相关的医疗情况在内,也就是说可以从事工作的怀孕妇女,应与其他可以从事工作的受雇者一视同仁;同时,该法还特别规定女受雇者因怀孕、分娩或其他相关的医疗情况而受影响时,其所应享有的福利津贴及医疗保险等权益,均应与其他未受前述情况影响的受雇者完全相同,也就是说妇女因为怀孕等因素影响暂时无法从事工作时,雇主也应像对待其他暂时无法从事工作的受雇者一样,给予相同的待遇。之后,联邦最高法院诠释1978年《怀孕歧视法》时,通常也都做出有利于怀孕受雇者的判决。一般而言,联邦最高法院这些判决都能回应1978年《怀孕歧视法》的规定,使得怀孕女性受雇者的就业权,获得更充分完备的保障。[①]

四、审理与判决

原告诉称:被告在生产电池的过程中,铅是一种十分重要的原料,含铅的工作环境会对人体造成危害,尤其可能对女职员怀孕、生育带来不利影响,而且这种不利影响可能会涉及雇主责任。因此在1964年《民权法案》出台前,约翰逊控制有限公司的传统是不雇佣女性从事电池生产工作。1977年6月,公司公布了一项政策,为了合法性的原因,不再排斥有生育能力的女性从事暴露于铅环境的工作,但同时又强调,期望要孩子的女性不应当选择这一工作。另外公司还要求那些既想要孩子又想要工作的女工签署一份知晓声明,声明她们已被告知,含铅工作环境,对怀孕是危险的。暴露于含铅的工作环境的女性有更高的流产率,从医学方面讲,如果想要孩子,并且不想让未出生的孩子受损害,明智的做法是不冒风险,无论这种风险多么微小。5年之后,即1982年,约翰逊控制有限公司的政策由警告回归到排除。因为其间有8名雇员怀孕时,其血液里铅的含量水平维持在每分升超30mg,这似乎达到了准备怀孕的女工所指示的警戒水平,公司的反应是宣布在更大的范围内将女性排除出暴露于铅的工作。

保护未出生孩子的健康是准父母们的责任。医疗专家和公司支持准父母们承担责任,但承担责任或可影响他们作为人选择权利。公司宣布,不得命令、调动、提升怀孕或者有怀孕能力的妇女从事与铅接触的工作。该规定把有

① 焦兴铠.论雇主采用"胎儿保护措施"所引之就业歧视争议//焦兴铠.劳工法劳工权利之保障.

怀孕能力定义为所有妇女，除非医院证明她没有怀孕能力。并且严格定义了有害的工作环境指标：在“过去一年中”，有一个雇员的血液里铅的含量每分升超过 30mg，或对工作场所的空气抽样调查，铅的含量每立方米超过 30mg。

约翰逊控制有限公司的这项“保护性”规定引起女工不满，她们通过美国联合汽车工人联合会这一强大的工会组织提起集团诉讼。作为约翰逊控制有限公司所谓胎儿保护性规定的受害人，至少有一位女职员曾为保住饭碗而做绝育手术。另有一位 50 岁的离异女性，一直从事与铅打交道的工作。后来虽然调换到无害工作岗位，但并没得到合理的补偿。UAW 认为，所谓对胎儿的保护性政策实质上是一种性别歧视，这一政策违反了《民权法案》第七章。1984 年 4 月，他们向美国联邦地区法院威斯康星东院提起共同起诉，指控约翰逊控制有限公司的胎儿保护政策违反了 1964 年的《民权法案》第七章，是性别歧视。为了不丢掉工作的玛丽·克拉克不得不做了绝育手术；离婚妇女爱尔莎·娜西，因为从接触铅的岗位上被调离而损失了一大笔补偿金；而道南尔德·佩里，这个想当父亲的小伙子，请求离开接触铅的岗位却被拒绝，他认为有害工作环境只保护女性不保护男性是对他的性别歧视。

案件受理后，经各方协商，地区法院批准了一个由“所有过去、现在和以后从事生产和维修的雇员”构成的联合起诉。这些雇员组成了汽车工人联合协商团，作为约翰逊控制有限公司的工人，“自 1982 年以来，一直受公司的胎儿保护政策的影响。”这样，原告的力量不断扩大。

初审地方法院(UAW v. Johnson Controis, Inc. , 680 F. Supp. 309(E. D. Wiɛ,1988))运用必要职责辩护理论，认为保护胎儿是公司必要职责。另一说是地方法院适用“商业必要性”(business necessity)辩护理论[①]，对本案适用了简易程序[②]审理，因为多数意见支持在该辩护理论下，约翰逊控制有限公司有权利接受简易程序审理，即使该理论与真实职业资格有关，约翰逊控制有限公司仍然有权利适用简易程序判决。

---

① 该辩护理论来源于第四巡回法院、第十一巡回上诉法院和平等就业机会委员会的关于胎儿保护案例先例，指抗辩规定的标准比制定法规定的真实职业资格(BFOQ)抗辩事由更加宽泛，见《法律之门》第 216 页。

② 根据《美国联邦民事诉讼规则》第 56 条规定，简易程序判决具有中间判决性质，其适用的基本前提是纠纷的基础事实没有争议(undisputed)。如果当事人双方对纠纷的主要事实没有争议，则法院可以应一方或双方当事人的请求做出对该案的实质性判决；如果双方对部分事实没有实质性争议，则法院可应当事人请求就没有争议的部分请求做出简易程序判决，有争议的部分则继续进行审理，比如对于损害赔偿的数额存在争议不影响法院就责任分担问题做出简易程序判决。但对于仍有真实争议的问题，法院不得适用简易程序进行实质性裁判。

地方法院考量女性在工作环境中接触铅是否会对后代的健康带来危险时,专家们意见不统一,但多数专家认为铅对胎儿的影响是很危险的。因此法院指出如果原告提不出更好的替代性政策保护胎儿,那么约翰逊控制有限公司的胎儿保护政策就是必要的。并且法院认为,由于适用"商业必要性"进行辩护,即公司的胎儿保护政策是出于商业保护的必要性,因此该政策可以不受真实职业资格的限制。

原告不服,到上诉法院上诉(UAW v. Johnson Controls, Inc., 886 F. 2d 871(7th Cir. 1989)),上诉法院第七巡回法庭认为地区法院的适用简易程序判决得当,衡量胎儿保护规定是否合理,其标准是"商业必要性理论",在该辩护理论之下,约翰逊控制有限公司有权利接受简易程序判决,即使这个标准应该与真实职业资格有关,约翰逊控制有限公司也有权利接受简易程序判决。多数意见认为,评价胎儿保护政策的适当标准也可以是企业避险(也就是企业有权利规避因为妇女在铅环境下工作,带来胎儿损伤招致的诉讼和赔偿成本风险)的抗辩。上诉法院为有关企业避险或商业必要性的查询确立了3个步骤:第一,是否对胎儿有实质的健康危险;第二,有害物质传输给胎儿的途径是否仅限于女性;第三,是否具有其他替代措施,也就是既没有歧视,也没有对胎儿的危害的措施,如果暂时没有,企业的做法就是恰当的。UAW代表女工的性别歧视起诉不能成立,至于那个起诉的男工,与母亲暴露于铅而有害于胎儿的证据不同,有关父亲暴露于含铅工作环境的风险的证据"至多只是一种推测,并不令人信服"。同时,上诉法院认为,即使以真实职业资格抗辩,对约翰逊控制有限公司也可适用,因为公司认真对待工业安全,公司的胎儿保护规定深化了这种关怀,成为合理必要的措施。上诉法院认为胎儿保护规定不涉及明显的歧视,因为公司保护性规定的出发点是善意的。上诉法院驳回上诉,维持原判。

原告不服再次上诉,官司打到联邦最高法院(UAW v. Johnson Controls, Inc. 499 U. S. 187(1991))。UAW和约翰逊控制有限公司上诉时都承认,铅对胎儿造成了实质性健康危险。鉴于双方当事人在对未出生儿童造成伤害的实质性风险的问题上达成一致,最高法院不再审理该问题。而UAW指控约翰逊控制有限公司的胎儿保护规定是基于性别歧视的保护,因此本案争论集中在女员工在影响胎儿健康的环境中工作,约翰逊控制有限公司是否就可以以保护胎儿为名限制女员工工作。

上诉法院认为约翰逊控制有限公司商业必要性抗辩理由成立,因此公司政策是中性的,没有明显歧视。最高法院认为,上诉法院认定约翰逊控制有限公司的以胎儿保护为理由排除女性在铅环境下工作的政策是善意的，不涉及性别歧视的意见不正确。约翰逊控制有限公司有明显的偏见，因为它排除了女性的权利，让有生育能力的男性而不是女性去选择是否愿意承担风险从事一项特殊的工作，这是以性别为基础的区分。《民权法案》禁止在雇佣条件、雇佣或解雇决定以及其他对雇员可能产生负面影响的决策中有性别歧视。因此，被告的胎儿保护政策实际上是对妇女的性别歧视。判决基于这样的逻辑推理：未出生的胎儿的权利和妇女就业的权利是相互联系的，孩子是否出生由父母决定，而不是由父母的雇主决定，当然也不由法庭判决。生育权和工作权哪个更重要，由女性自决。

最高法院认为：

(1)约翰逊控制有限公司的区别政策以性别和怀孕能力为基础，而不单单以生殖能力为基础，而只有女性能怀孕，公司并不对所有雇员的未出生孩子进行保护。例如，尽管有证据表明与铅接触对男性生殖系统也有微弱的影响，但约翰逊控制有限公司却只考虑了对女雇员的影响。该公司的政策有明显的歧视，因为它只要求女雇员出示证据说明她没有生殖能力，才能从事公司限制的工作。本院的观点可以从 1978 年《怀孕歧视法案》中找到根据，它清楚地规定，根据《民权法案》第七章，“性别歧视”包括“因为怀孕、生育及有关疾病而产生”的歧视。约翰逊控制有限公司在 1982 年的保护胎儿政策中明确使用“有怀孕能力”这样的词语作为拒绝雇佣女性的理由的时候，就是明显的对怀孕的歧视。根据《怀孕歧视法》，这种歧视应该被视为性别歧视。而且，被告还把所有的女雇员当作潜在的怀孕者，这充分表明了这是基于性别基础上的歧视。因此，本院认为约翰逊控制有限公司的政策不是中立的，因为该政策只针对女性雇员而并没有针对同样有生殖能力的男性雇员。而且，“没有恶意动机”的辩解也不能把一个明显有性别歧视的政策变成一个非歧视的中立政策。雇主的善意目的也不能推翻性别歧视的结论。约翰逊控制有限公司的胎儿保护政策是性别歧视，被《民权法案》第七章所禁止。

(2)关于被告证明性别属于真正的“职业资格”的豁免。《民权法案》第七章明确指出，只有当宗教、性别和种族在从事某项特殊职业时成为必须具备的“职业资格”的时候，才允许雇主对不同的宗教、性别和种族的人进行区别对待。现在的问题是，约翰逊控制有限公司的工人所从事的工作是否属于“特殊职业”，以至于可以不接受有关部门对“职业资格”的审查。约翰逊控制有限公司争辩说胎儿保护政策涉及人身安全，应该不接受“职业资格”审查，是一个例外。诚然，人们不应该无视对未来孩子的伤害，然而，“职业资格”也不能宽泛到把一种社会关怀转变成电池生产的根本要素。因此，人身安全的例外必须限制在这样的范围：性别或怀孕在实际上已经严重妨碍了雇员去完成她们的工作。无论是“职业资格”条款还是《怀孕歧视法案》以及立法史和案例法，都禁止雇主因为妇女怀孕而歧视妇女，除非她的生殖已经阻碍了她完成自己的职责。

(3)关于企业避险和商业必要性，公司面临各种侵权指控的风险，同时工厂雇佣女工也增加了花销。反对本判决的人提出，因为对胎儿的伤害，社会必须付出代价，公司不能无视这个代价。确实，《民权法案》第七章也并不是要公司失去良心，然而，这两方面并不矛盾。约翰逊控制有限公司的两个论据都并不令人信服。第一，公司试图通过排除女性的办法解决(接触铅)危害生育健康的问题，但《民权法案》第七章明确禁止非法性别歧视，禁止把雇主应尽的责任转嫁到工作场所上去。第二，公司害怕雇佣女性是因为女性怀孕会使公司花费更多的钱，但这种额外花销并不是歧视的理由。本院从来没有遇到过、也没有判决过哪怕一个这样的案例，即对女工的额外花费高昂到如此地步，以至于威胁到公司的生存。在这里，我们不得不反复强调这种观点：不断增多的雇佣女工的花费并不能证明对她们的歧视是正确的。

基于此，本院推翻上诉法院判决，驳回重审。上诉人获胜。

五、分析与启示

本案讨论的问题和三审法院的判决耐人寻味，性别歧视并不是一个可以做简单判断的事，其间的复杂性足以让一个不熟悉美国法律尤其是不熟悉判例法的外国人发晕。笔者学生在翻译和整理资料的过程中就差点被绕进去，不明白本案的争论何以围绕保护胎儿的健康，与性别歧视有什么关系。但是这的确是问题的症结，女性在劳动关系中的独立性经常会受到另一个主体，如未出生的胎儿和已出生的孩子拉扯，女人挣扎在社会工作职责和母职之间。笔者不想和二元对立式案例解读，简单地判断出一个谁是谁非，而是试图去理解当事的原、被告，找出个中的启示，建构中国解决职业与母职冲突的法律策略。

(一)注意处理女性雇员利益与企业利益的均衡

被告的抗辩在一、二审法院中得到了很大的支持，以至于法院工作的一部分，是在为被告开脱原告关于性别歧视的指控。首先在程序上，初审法院适用了简易程序判决，节省了时间和诉讼成本。其次免去了被告的“性别是真正的职业资格”的证明责任，而在一般性别歧视案件的指控中，这是必不可少的。再次在对胎儿的保护上做足文章，甚至于喧宾夺主，女工被置于一边。乍一看，的确令人气愤，但仔细推敲，却又不那么简单。作为著名的大企业，一般愿意遵纪守法，处处为人先，以便在市场竞争中占主导地位。从本案中我们知道公司含铅工作环境的岗位对女性原来是封闭的，中间对女性开放了一段，因为有怀孕女工中毒，又开始将女工从有铅的工作环境中清除了。除了这一背景之外，有关的法律背景也是影响该项企业政策的因素之一。自 1970 年《职业安全卫生法》(Occupational Safety and Health Act of 1970)公布实施后，负责该法执行的职业卫生署(occupational safety and health administration, OSHA)，就开始设定一系列安全卫生标准和颁布相关执行规则，希望能达到该法创造一个绝对安全的工作场所的目标。随着科技的发展，有毒化学制剂和放射性物质对工作场所的影响日益普遍，逐渐引起重视，这些物质会不会对女性雇员生育能力造成不得利影响，进而危及到她们的胎儿，引起社会重视，为了回应这一新问题，雇主纷纷制定胎儿保护措施，禁止有可能怀孕和已怀孕妇女在有毒环境下工作。本案被告的胎儿保护政策正是在这一背景下产生的。

但这一政策的结果是，给 2 000 万妇女就业带来影响。可能企业主原本是不想引发胎儿赔偿的诉讼，按照侵权法的规定，受损的胎儿可以为其出生前的伤害进行索赔，而且数额巨大。但胎儿保护政策又引发了就业性别歧视诉讼，也真有点两难。美国是一个发达市场经济国家，也是反歧视消极禁止的国家，并没有看到国家拿出资源来为女性的劳动保护买单，所有的就业妇女的生育成本由女性自己通过商业保险分担。安全要求一高，企业就把负效应转嫁到妇女头上了。如约翰逊控制有限公司曾经在铅环境工作中不用女性，但是在 1964 年《民权法案》和妇女运动的压力下，“停止了不招收有怀孕能力的妇女的政策”，但同时告诫，想生孩子的妇女不要选择这样的工作。公司还要求前来应聘的妇女签署一份声明，表明已经得到警告。安全法的压力，加之出现了 8 个怀孕女工血液化验中铅含量每分升超过了 30mg，“职业健康和安全”机构说这个含量是非常危险的事件，因此约翰逊控制有限公司又禁止妇女从事接触铅的工作。公司在“开”与“禁”左右摇摆。无论是其责任必要性理论还是商业必要性理论，甚至是企业避险行为，背后有许多原因也不好放到桌面，是政策高压使然，还是企业没有能力优化有害作业环境，非出此因噎废食的下策。美国不同中国，企业的主体性和自主性有很大的空间，生育福利又非常有限，这引起的成本企业还是要考虑的，希望美国企业不断进步，给怀孕妇女一个安全工作的环境！另外也希望美国政府为怀孕妇女买一部分权益的单！

(二)怀孕歧视认定的艰难过程

怀孕女性是受雇者中的特殊群体，根据美国商务部人口普查局(Bureau of the Census)所发布的相关资料显示，1988 年前后美国妇女就业占整个劳动力市场 45%，18～44 岁之间的就业妇女中，50.9%的人曾在过去一年有过生育记录。除她们本身在怀孕期间由于生理机能变化，在工作场所较容易发生意外或感染职业病，需要某些特别照顾外，她们未出生的胎儿也可能会因为工作中某些危险化学或放射性物质的影响，而造成出生及成长损害。再加上产假、育儿假及托儿等问题，在世界各地现代劳资关系中围绕职业妇女的生育问题有很多讨论。

在美国，怀孕与职业权利冲突的相关司法判决非常不一致，早期联邦地方法院及上诉法院的相关判决，以及平等就业机会委员会就业性别歧视所颁布的指导原则等，都认为雇主对怀孕受雇者给予差别待遇的雇佣措施，均属性别歧视，违反《民权法案》第七章。

但联邦最高法院却持不同看法。1974 年格达尔迪格诉艾洛[①]一案，雇主将怀孕受雇者排除在州政府提供的伤病福利金之外，将受雇者强行区分为怀孕妇女及非怀孕个人两种类别。两年后，联邦最高法院著名的 1976 年的电力公司诉吉尔伯特[②]一案中，企业雇主也将怀孕排除在企业带薪伤病假之外。两案中政府雇主和企业雇主异曲同工，以怀孕为标准，将员工划分为怀孕和非怀孕群体，以非怀孕群体中也有女性为借口规避以性别为基础的区别，从而规避性别歧视及行为的违法性。但法院也认为这种区别是基于身体状况，而不是基于性别因素的考虑，并不是一种基于性别因素的歧视。之后，法院在 1977 年那什维尔石油公司诉萨蒂[③]一案，再度重申在吉尔伯特一案的立场，认为雇主规定怀孕受雇者在生产期间必须按病假停薪，并且在产后返回工作岗位时，也将会丧失年资资格的措施都是表面中立的政策，因为它是对所有受雇者均一体适用，而不顾只有妇女才会怀孕的事实。联邦最高法院这些判决，这里歧视怀孕妇女的行为被描述为表面中立的雇佣措施，不但对怀孕妇女极为不利，而且也会影响所有女性受雇者的权益，根据这些判决逻辑，似乎只有当男女两性间相比较时，才会有基于性别的歧视。这些判决引起妇女强烈不满，在妇女团体的强力游说下，美国国会在 1978 年特别制定《怀孕歧视法》，试

① Geduldig v. Aiello, 417 U.S. 484 (1974).

② General Electric Co. v. Gilbert, 429 US 125 (1976).

③ Nashville Gas Co. v. Satty, 434 US 136 (1977).

图纠正联邦最高法院在艾洛、吉尔伯特及萨蒂等案的判决影响。[①] 美国联邦最高法院 1991 年依此法审理的美国汽车工人联合会诉约翰逊控制有限公司一案正是由于胎儿保护措施引发的性别歧视诉讼，此案成为美国诉胎儿保护性措施为性别歧视胜诉的第一案。[②] 本案最大的意义就是，完成了法理上的逻辑推论，好不容易在理论上说清楚只有妇女才会怀孕的常识，但也反映了美国人的严谨。

(三)歧视还是保护

有关胎儿保护与就业性别歧视的争论在美国非常激烈。在有关类型的案例中，实施“胎儿保护措施”的雇主可能是基于保护怀孕者与胎儿健康的好意，或是为了减少未来职业伤害赔偿或补偿的避险动机，主动采取某些措施，禁止怀孕者或有怀孕可能的女性员工担任某些工作，或强制留职停薪，甚至予以资遣，以致造成对于怀孕或一般女性的差别待遇。

支持采用胎儿保护措施的雇主共提出两点主张，来证明这些措施的合法性。首先，他们强调动机的良好与道德上的义务，这出于社会的健康福利考虑，也当然包括母亲和未出生胎儿在内。雇主对受雇者下一代的健康与他们对受雇者本身、顾客，或在事业单位附近居民的安全卫生关注一样，是一种企业对社会的善意回馈，值得加以鼓励。其次，他们认为基于保护企业的正常运作，也有采用这些措施的必要，根据传统侵权法及契约法的理论，雇主可能因女性受雇者子女在工作场所遭到出生前伤害，而负担损害赔偿责任。为避免受雇者流产、早产或其婴儿诞生后出现残缺，雇主采用这些胎儿保护措施，来预防未来可能产生的损害赔偿责任也是可以理解的。

但是持反对立场者认为，雇主采用这些措施，是对女性受雇者一种变相的性别歧视，因为只有妇女才可能怀孕，这些措施不利的影响也只涉及妇女。他们认为这些措施的作用与 20 世纪初所颁布的某些以性别为因素的保护性立法有异曲同工之妙。这些制定法都是以保护女性及下一代健康为名，而实际上却产生使妇女丧失工作机会的结果。这些所谓保护性措施存在重大缺失：第一，它们并未考虑到工作妇女一旦因为这种措施而失业，可能并没有其他替代办法来另觅新职，而且也会对本人及家庭经济情况，造成无可弥补的损失。第二，这些措施通常都会过分扩张适用，而对所有可能怀孕的女性一体适用，

---

① 焦兴铠.论雇主采用“胎儿保护措施”所引之就业歧视争议：约翰逊控制有限公司一案之分析//焦兴铠.劳工法劳工权利之保障：美国劳工法论文集(一).月旦出版社有限公司出版，1995.

② 同①.

它们往往不会顾及女性受雇者的婚姻情况、是否使用避孕器材、是否有养儿育女的意愿,或其有无实际生育能力等因素。第三,这些措施往往只针对女性受雇者加诸限制,而不涉及在同样工作场所就业情况下男性受雇者,然而,根据科学证据发现,在同样的暴露程度下,男性生殖能力也可能会同样受不利影响。第四,这些措施通常反映一种刻板印象,即女性受雇者只是边缘性劳工,而雇主随时可以将她们加以排除。第五,雇主采取这些措施时,往往隐含一种父权思想,认为可以片面为女性受雇者越俎代庖,而不将她们视为在面临职业生涯与生育儿女抉择时,是有充分能力的做出决定者。①

以上的争论和在法律中对权利的取舍定夺,对我国的影响巨大,目前我国就业中对怀孕歧视问题还没有充分的认识,很多时候大家还纠缠在产假待遇方面,如能报销多少生育费。就是某部第一例因怀孕辞退试用期公务员案,也不了了之。我们还有很长的路要走,他山之石,或可攻玉。

案例27 英国尼高诉费尔顿性别歧视案
Nagle v. Feilden [1996] 2 QB 633

一、案情简介

原告尼高状告英国赛马会拒绝发给她驯马师执照是性别歧视。本案原告尼高女士酷爱驯马工作,传统上这项工作被男性垄断,她申请执照的行为成为一种挑战,虽然她自己已积累多年驯马的经验,但是因为没有执照,只能借有执照的男性助手的名义驯马,她曾多次尝试向赛马管理机构——英国赛马会——申请执照,但都被拒绝。被拒绝的唯一原因是,她是女性。于是她向王座法庭控告赛马会,要求宣告该会该规矩无效,并给自己办理执照。法庭认为赛马会与她没有任何契约关系,因此根本没有欠她什么,裁定该会无须答辩,并立即强行撤销她的诉状。尼高不服,向英国上诉法院提起上诉,诉称驯马师是一种职业,赛马会以性别为由拒绝女性入行,不给自己颁发执照,侵犯了自己的工作权利。上诉法院认为,工作权高于财产权,一个行业管理机构以性别为由拒绝一个有相当驯马技术培训的人入行,违反了性别歧视法。上诉法院

① 焦兴铠.论雇主采用"胎儿保护措施"所引之就业歧视争议:约翰逊控制有限公司一案之分析//焦兴铠.劳工法劳工权利之保障:美国劳工法论文集(一).月旦出版社有限公司出版,1995.

将案子发还初审法院重审，尼高胜诉。[①]

二、原、被告争论焦点

赛马是英国非常重要的传统活动，集体育、娱乐、交际、博彩、庆典于一身。在英国，赛马活动极其隆重，赛事不断，尤其是皇家赛马会极尽豪华和荣耀。成为一个驯马师，看到自己的马在比赛中取胜，是非常具有吸引力的事，很多人把它当作非常体面的工作。但是这个工作一直被男性垄断，即使发展到20世纪八九十年代，也是如此。但是本案原告就是不服气，想进入这项被男性独霸一方的职业，成为女驯马师。本案被告赛马会是英国从事赛马活动的经营管理机构，虽然是一个民间机构，但由于赛马在英国人生活中的重要程度，它的经营与管理的权力极大，控制和管理着全英国的赛马活动，每一个赛马师须成为它的会员，并经过严格的考核，它为每一位有驯马师资格的人颁发参赛执照，只有经过有执照的驯马师训练的马匹才能出赛。

本案的争论点：原、被告的权利之争，是入会权还是工作权；原告被被告拒绝颁发执照，是侵犯了她的入会权还是工作权；赛马会的管理权只是一般的会员管理，还是一种工作权管理。本案初审，就是简单地把本案当作一个入会纠纷，按着契约自由原则处理，无契约则无损害。于是连一个救济的机会都不给原告，直接令其撤诉。而原告作为上诉人到上诉法院上诉时，改变了诉讼策略，本案变成了工作权之诉，赛马会作为一种职业管理机构，仅仅因为尼高是女性按照行业惯例而不发给尼高驯马师执照的行为是对职业的行业限制性别歧视，而不是一般会员资格问题。那么本案的争论点变成被上诉人拒绝为上诉人颁发执照的行为是不是职业的性别歧视，是否违反英国性别歧视条例。

三、法律依据

《英国1975年性别歧视法(修订)》。该法规定某些种类的性别歧视和基于婚姻基础上的歧视非法，并规定建立具有工作功能的委员会，该委员会一般性地致力于消除男女歧视和促进机会平等；此外，制定该法还有其他目的的考虑。

针对妇女的直接和间接歧视：

在下述任何情形下，除了需要适用某些特定例外情形，根据本法规定的目的，如果具有下列行为，便认为某人歧视妇女：

---

① 本案例根据尼高对费尔顿案(Nagle v Feilden [1996] 2 QB 633)，根据黄金鸿．英国人权60案．北京：商务印书馆1990年版，内容整理。

(a)相对于对待他或可能对待的男子，由于她的性别原因，而以不太喜欢她的方式对待她。

(b)他针对她使用某种他对男子要使用或可能使用的要求或条件，但是：

(i)能够满足这种要求或条件的那部分妇女比能够满足这种要求和条件的男子要少；

(ii)他不能表明提出这种要求和条件是正当的，这种要求和条件与它要适用的对象的性别无关；

(iii)这种要求和条件对她有害，她无法遵守这种要求和条件。

四、审理与判决

原告尼高女士因不能够得到英国赛马会颁发的驯马师执照而上英国王座法庭控告赛马会，认为自己完全符合赛马会公布的驯马师资格告示要求的一个驯马师的身体条件和技术条件，但就是因为她生为女性，就把她拒之门外。原告尼高诉请法院宣告赛马会不给自己颁发驯马师执照的行为违法，该限制女性的规定无效，并给自己办理驯马师执照。但是法庭认为赛马会与她没有任何契约关系，两不相干，因此赛马会根本没有欠她什么，于是法院裁定被告赛马会无须对其诉状进行答辩，并依法立即将她的诉状强行撤销。她不服，于是向英国上诉法院上诉。

上诉法院接受了尼高的上诉，并作为重要案件审理。英国民事上诉法院院长丹宁勋爵[①]亲任主审法官，法院认为，初审法院认为原、被告没有契约关系，不经被告答辩就强行撤销原告诉状的行为是错误的。主审法官首先为上诉争论的问题进行法律定位："如果我们现在要考虑的是一家交谊性质的会所，原告必须拿出一份契约，一个人申请加入会所，自然没有官司可打，会所可以准她加入，也可以将之拒之门外。可是我们现在考虑的不是会所，而是一家

① 阿尔弗雷德·汤普森·丹宁(Alfred Thompson Denning)是第二次世界大战以后英国最著名的法官和享有世界声誉的法学家之一。他1923年当律师，1982年在任英国民事上诉法院院长(Master of Rolls)的任内退休。在近60年的法律生涯中，他积累了极为丰富的法律实践经验，积极、大胆地参与英国战后的法律改革，并做出了重大贡献，成为英国战后法律改革史上划时代的人物。丹宁勋爵不仅是一位老资格的法官，而且还是一位享有世界声誉的学者。他是国内外数十所著名大学的荣誉法学博士，还是伦敦3所著名律师学院的荣誉院士。从1949年起，他就开始出版自己的法学著作。他的主要著作有《法律下的自由》(Freedom under the Law，1949)，《变化中的法律》(The Changing Law，1953)，《通向公正之路》(The Road to Justice，1955)，《法律的训诫》(The Discipline of Law，1979)，《法律的正当程序》(The Due Prooess of Law，1980)，《法律的未来》(What Next in the Law，1982)等，其中很多被译为中文。引自刘庸安.丹宁勋爵和他的法学思想. http://www.yadian.cc/review/306/. 2012年10月26日访问。

在一项重要的活动中独占了所有权力的组织，只要它拒发或吊销一张执照，就可以使一个人失业，这真是一项很庞大的权力，如果滥用，法庭能否纠正？这就是我当前的问题。”

丹宁勋爵认为：“几个世纪以来，英国普通法承认一个人在自己的行业中有工作的权利，不受不公平的排斥，在他的行业中操有管理权的人不可以凭一时的兴致阻挡他入行。如果他们不合理地拒绝他入行的申请，这就违反了公共政策，法庭不会承认它的效力”，而赛马会作为一家在一项重要的活动中差不多独占所有权力的组织，只要它拒发或吊销一张执照，就可以使一个人失业，因此，丹宁勋爵在查询此前的判例后，裁定本案必须经法庭审理，不待被告答辩而取消原告的诉状是不当的，并着重指出：“一个人在她的行业中工作的权利，对她而言，实较她的财产权更为重要；当驯马师并无严格的性别要求，是男女皆宜的职业，没有排斥女性的理由。”本案所确立的工作权高于财产权的规则，成为之后法院的判例规则。

另一位主审法官也指出，不让女性当驯马师的行业惯例是专断的，而且又是与英国目前社会现实的发展是脱节的，认为赛马会董事会墨守成规拒绝女性入行的做法不合潮流，决不容于今天的社会。萨尔门法官说，法庭不应随便撤销任何案件中原告的诉状，除非他根本连一个争辩的理由都提不出。如果原告能证明被告承认她有良好的品格与丰富的驯马经验，而被告不把执照发给她完全是因为她是女性，那么就可能胜诉。

司法的任务之一在于限制行业管理权滥用，尤其是以性别歧视方式的滥用。最终本案被发回原审法庭重审。尼高胜诉，她终于可以实现自己的理想。

五、分析与启示

这是一个比较简单的案例，但是对我国妇女法律援助和妇女公益性诉讼而言，并不乏深刻启示。

（一）选择一个更容易诉讼的案由

案由的选择主要是其涉法性。对我国而言，案由具有法定性，不符合法定案由规定的案子很难进入诉讼，这是女性权益案子的难点之一，《妇女权益保障法》规定的多数法定权利不可诉性是一个学界乃至妇女界还没有足够重视的问题。本案中，原告尼高向初审法院起诉时，就犯了一个策略性的错误。她只是说被告拒绝她进入赛马会的规定是违法的，请求法庭撤销这一不合理的规定，准其入会，颁发给她驯马师执照。但在原审法庭中，原、被告先就双方有没有契约关系发生争执，被告以没有契约关系为由，说明自己拒绝原告的正当性，因为会员与赛马会的关系是以会员契约为前提的，没有契约就没有关系。而原告辩称他们之间存在事实上的契约关系，经原告训练的马，虽然是以男性助手的名义，但实际上已参赛，并取得好成绩。但原告不可能拿出一个与赛马会的会员契约来，法庭因不同意原告的论点而强行撤销了原告的诉状，在很大程度上，原告初审的败诉与诉讼策略的选择有关。

而在尼高向上诉法院上诉时，她改变了诉讼策略，第一次向法院提到工作权利受到侵犯的问题，全案因此得到改观。萨尔门法官认为法庭应一如既往地保护每一个人的工作权利，不让它受不合理的限制，他不相信竟然工作权利受无理限制的人请求法庭保护时连获得争辩的机会都没有，司法公正如何体现？当工作权的争论成为本案的争点时，问题就好解决了，被告的行为违反性别歧视条例的认定也就容易多了。所以在有关性别歧视的诉讼代理中，援助律师很重要的任务是帮助当事人选择一个可以进入法律的渠道。否则，当事人甚至是律师也就只能徘徊于法律的大门之外了。

(二)注意权利的排序效果

本案涉及两个权利排序问题。一是关于工作权与财产权的排序，丹宁大法官在本案中一个著名的论断是“工作权优于财产权”。二是赛马会不能滥用权力而侵害当事人的工作权。关于前一个排序，本案没有说明理由，但细想想，非常有道理，对于一个以职业和工薪维持生活的人来说，在很大程度上，工作是财产的来源。没有工作权，财产权可能在很大程度上是一句空话，当然对有产阶级来说是另一回事，可以没有工作，但照样有财产。这个排序成为一个判例原则，体现了英国现代社会的权利发展，曾几何时，私有财产神圣不可侵犯是英国法律的重要原则。工作权优于财产权规则的建立，体现了权利发展的历史性。不同社会发展的阶段，权利的排序是不同的，但问题是谁有权进行权利的排序。在英国，由于是法官造法，一个大法官可以创造这样一个判例原则，在中国呢？当权利发生冲突时，谁有权来决定权利的排序？

本案中的第二个排序是，赛马会对驯马师的管理与控制权与一个试图入会的女性的工作权，哪个更重要，本案并没有明确地对之进行排序，但法院判决表明了“限制行业管理权滥用”而侵害其他人的法定权利，如本案中限制给女性颁发驯马师执照的权力，显然把工作权排在了行业管理权之前，也就是市场主体在行使管理权时不能侵犯公民的平等工作权。英国是一个重视传统的国家，对古老的习惯代代相袭，就是资产阶级革命也没有对传统法国和美国有那么大冲击。对驯马师行业而言，传统上是男性职业，可能是由于其竞争性，人与马的对抗性，对体力和体能及技术都有特殊要求。在早期女性没有广泛进入社会职业之前，也许那时候的行业性规定有一定的合理性，但是性别问题的提出就是要挑战传统。女性向社会职业的进军，是现代女权斗争的产物，法律在这个过程中不仅不断地促进了职业向女性的广泛开放，也规定了对禁止女性就业的惩罚性措施。如果在有了性别歧视立法之后，再限制女性，以为行业惯例赋予赛马会的权力具有至高无上性，可以置法律保护的女性权利于不顾，就注定会失败。但是本案一审的权利排序的推论却是相反，也反映了性别歧视案子在司法上的复杂性。

（三）重视判例对文化的改造的作用

联合国在《消除一切对妇女的歧视公约》等一系列推动男女平等的公约中要求，达到的男女平等是一种实质的平等，不同于一般形式平等，达到实质平等，也是结果的平等和另一个重要方面，就是对传统文化的改造。本案中传统文化中女性不适合做驯马师，事实上这个行业一直也为男性所独霸，女性向传统男性行业进军的过程，也是男性不断地被迫让出世袭领地给女性的过程，个中冲突十分激烈，这一点与中国特别不同，中国的性别斗争一直没有表现为对抗，是因为中国的工业化，尤其是社会主义工业化与妇女通过劳动解放的政治化比较一致，以革命的名义，以推翻反动派的名义，以挑战帝、修、反的名义淡化了性别之间的职位争夺。这一点在西方工业化国家表现得比较充分。一个一个的案例，一个一个的行业，某个职业大门国家号召性地一挥手，就向女性打开。女性向传统男性行业的进军，是一个一个争取，一个一个突破的，个体的艰辛努力全在其中，很多权利的具体实现是经过了司法化过程的结果，而司法化的过程又是觉悟了的女当事人与明智的法官以及背后的社会运动力量，共同推动的结果，如此当事人争取的男女职业权利平等才得以实现。这一逻辑过程是，妇女运动推动了立法，有斗争意识和能力的当事人进入了司法，背后集体力量的推动，改变了司法，司法又改造了文化，文化再改造立法。今天去重读判例，这样的感觉越发强烈。

对一个以判例法为主要法律渊源和传统的国家，从判例中抽象出法律原则和规则是法官立法的一个途径，也是性别歧视司法化的一个途径。我国虽是受法典法传统影响的国家，走的是立法造法的途径，已不太注重案例，但一个案例的指引作用有可能会改造文化。这样的例子在中国历史上也有，如当出根据地时期,马锡伍在贯彻婚姻自由原则时处理过一个叫封捧的著名案例[①],之后此类的案子竞相出现,事实上起一种判例指导作用,同时也在引导男女争取婚姻自由、个人解放的新文化倡导中起到了非常重要作用。这样的例子说明中国事实上也有判例的作用,不仅是古代,就是现代司法中很多案件的判决也有一定的指导作用。

(四)法典法与判例法的交互作用

英国是最早在法律上关注就业性别平等的国家。英国平等权已成为劳动法的核心理念,作为欧盟成员国,欧盟的反性别歧视法及指令对英国具有约束力,英国国内的反歧视法律主要体现在成文法中,早在1919年就有《排除妇女无资格法》(Women's Disqualification(Removal)),禁止特定行业基于性别因素和婚姻状况而认为某人无资格、无能力胜任该工作而拒绝其加入该职业。1970年之后,英国对于就业性别歧视制定了大量的法律,主要有《平等工资法》(EqPA,也称《同酬法》,1970年5月29日制定通过,1975年12月29日正式实施)。1975年通过颁布的《性别歧视法》(SDA)是针对《平等工资法》所未规范的非契约要项加以补充的措施,此法的宗旨在于保障男女两性权利、待遇等各方面的平等,以及禁止对已婚者的歧视。此外,英国还通过条例的形式不断修改法律或者增加反歧视的保护范围。2003年《雇佣平等(性取向)条例》规定:禁止对同性恋、双性恋和变性人职业歧视,将性别取向也列入其中。反性别歧视的内容涉及就业准入、职业培训、晋升、工作条件等等,几乎涉及了就业的整个过程。

---

① 马锡伍审判故事中,最著名的要数"刘巧儿"的原型——封捧婚姻上诉案。封捧是陕甘宁边区陇东分区华池县封彦贵的女儿,在3岁时由封彦贵包办,与张金才的次子张柏定了"娃娃亲"。到了封捧长大成人时,封彦贵为了多得聘礼,以"婚姻自主"为借口,要求与张家解除婚约,却以2 400元法币、48块银元暗中把女儿许给南源张某为妻。张金才闻讯后向县政府告发,县司法处撤销了后一婚约。后来,封捧在吃喜酒时经人介绍认识了张柏,两人彼此印象不错,封捧表示愿意与张柏结婚。不料其父却以8 000元法币、20块银元把她许给庆阳财主朱寿昌为妻。封捧暗中将此情告诉张家。张金才得知后,当即纠集其弟等20多人,携带棍棒,连夜闯入封家将封捧抢回成亲。封彦贵立即控告到县司法处,裁判员没有认真调查核实,即以抢亲罪判处张金才有期徒刑6个月,并宣布张柏与封捧的婚姻无效。宣判之后,双方都表示不服。适逢马锡伍到华池县巡视工作,封捧便向他口头上诉。马锡伍受理此案后,首先向附近群众了解案件情况,又询问了封捧的真实想法,了解到她和张柏的婚姻完全是自愿的。掌握了案件的事实后,马锡伍还对封彦贵和张金才进行了思想教育。他批评封彦贵把女儿当作财物,教育他要为女儿的幸福着想,尊重女儿自己的意愿。他对张金才讲法理和人情,说明其抢亲的动机虽不坏,但方法不当。马锡伍深入浅出的讲理讲法让两位老人很信服,马锡伍随后进行了公开审判,除讯问当事人外,还广泛征询群众的意见。马锡伍当庭判决:封捧和张柏自愿结婚,婚姻有效;张金才黑夜抢亲,妨碍了社会治安,判处短期徒刑,对其参加抢亲人员给予严厉批评;封彦贵以女儿为财物,多次高价出卖,违反婚姻法,处以劳役,以示警戒。引自刘玲.从"刘巧儿"说马锡伍审判方式.http://bjgy.chinacourt.org/public/detail.php? id=63735.2012年5月10日访问。

《性别歧视法》禁止基于性别的理由实行歧视，本案适用法律是性别歧视法直接歧视。直接歧视是指雇主直接针对雇员的性别采取的差别对待歧视，从表面上即可初步看出雇主的行为构成歧视。原告相比另一性别的雇员受到不利的待遇，而这种不利待遇的原因在于原告的性别，在直接歧视案件中，除了年龄歧视，雇主没有抗辩权。至于歧视背后的动机，不是法院考虑的因素。本案中被告赛马会除了遵守传统行业惯例外，也许限制女性的动机没有太大的错，认为驯马师是一项具有危险性的工作，不适合女性从事。但是在事实上，因为其限制，而且是基于性别的限制，尼高不能进入她喜爱的职业，影响了女性平等地成为驯马师的工作权利。

除了在本案中适用成文法外，判例也起到重要作用，虽然本案没有像美国案例那样，明确反映出哪个判例是本案的适用案例，但其影响却是显而易见的。如在詹姆斯诉伊斯特利区议会一案中，法院确立了判断歧视是否存在的方法——“要不是”的方法①。以此标准理解此案，反推理的结果是，要不是尼高是女性，以她娴熟的技能，她将成为一个快乐的驯马师。因为她是女人，所以她不能。

但是法院处理案子时，也有不同的侧重。在1977年施密特诉滴答书屋有限责任公司案和1995年史密斯诉西夫韦公共有限公司案中，因为服装和发型的限制却没有被法院认定为性别歧视。在施密特诉滴答书屋有限责任公司一案中，女性被告知不能穿长裤，男性也必须遵守有关着装的规则，法院认为这不构成歧视。而史密斯诉西夫韦公共有限公司一案，一名熟食店的男助理留马尾辫的长发，雇主的着装规则要求男性必须留短发，女性则可以留长发，只要头发系在脑后。该男雇员起诉主张雇主的行为构成歧视。上诉法院认为这不构成性别歧视。有关工作场所着装的规则考虑到性别差异，对不同性别有差别待遇，但往往不构成性别歧视。而且这种限制也并没有影响到雇员的工作权利②。

本案是直接歧视的性别歧视案。直接歧视是表面或形式上最明显的一种就业歧视，亦即雇主以法律明文禁止事由（如性别、怀孕、婚姻状况等）作为其雇佣措施的一部分，使当事人受到不合理对待。直接歧视的认定标准是在R某诉伯明翰案中确定的，并在詹姆斯诉伊斯特利区议会案中得到进一步巩固。

确认直接歧视行为一般按照如下步骤：第一，被诉的歧视行为是否真实存在。在一些案件中案件的事实可能和当事人的陈述情况不一致，因此法院必

---

① 谢增毅．英国反就业歧视法与我国立法的完善．法学杂志，2008(5)．

② 饶志静．英国反就业性别歧视法律制度研究．环球法律评论，2008(4)．

须通过调查确定案件事实的真实性。第二，如果行为真实存在，是否有区别对待或不合理对待；对于所谓不合理对待，在R某诉伯明翰案中，法院认为必须给当事人造成损害才构成不合理对待，该项的证明责任由受害者承担。第三，是否是基于法律禁止的事由在同等情况下给予不同对待。被禁止的歧视理由，不必是受到较差待遇的唯一理由，但必须是导致受到较差待遇的主要原因，或至少是重要或重大的原因。第四，如果雇员不是由于性别原因，是否会得到不同的待遇？——也称为"要不是因为"检测规则。第五，是否存在歧视的动机不问。法院认为在判断歧视与否时应从客观的事实来认定，与其动机或意图无关，法院不可能假设被告不存在故意，故如果是因原告的性别而被不利地对待，就是歧视[①]。

案例28 皮克诉汽车产品有限公司反向性别歧视案
Peake v. Automotive Products Ltd [1977] QB 78[②]

一、案情简介

皮克先生是汽车产品有限公司的男工，诉公司一项职工安全计划，特别优待女性而造成对男性的歧视。该公司为了女工的安全，允许女工每天比男工早5分钟下班，以免大家同时在下班高峰时抢着离开工厂而造成不必要的意外。这一优待被工厂认为是一个积极反歧视行为，是对女性的一项特殊保护，目的是维护女工与男工的平等就业权。皮克针对这一规定提出性别歧视的诉讼。皮克认为厂方这一个安排是对女工的过度优待，结果等于是歧视了男工。根据1975年《性别歧视法》第一条第一节(a)项及第六条第二节的规定，请求工业法庭宣告厂方的规定违反法律，对自己造成歧视。一审工业法庭驳回了他的诉讼请求，理由是这一项制度安排不过是为了女工的安全着想，工厂有权制定自己的安全规定，并且这一规定经过工会讨论并得到工会的支持，不能构成1975年《性别歧视法》所禁止的歧视。皮克不服，向劳动上诉法庭提出上诉。上诉法庭支持了皮克的请求，认为性别歧视不仅仅适用于女性，它同时适用于女性和男性，本案被上诉人汽车产品有限公司关于女性早下班5分钟的

① 饶志静.英国反就业性别歧视法律制度研究.环球法律评论，2008(4).

② 黄金鸿.英国人权60案.北京：商务印书馆，1990.

规定的确已构成性别歧视。于是皮克胜诉。

二、原、被告及争议点

原告是服务于汽车产品有限公司的男性工人，被告是一家大企业，因英国1975年出台《性别歧视法》，各大企业把防止性别歧视的积极行动作为企业产品竞争的措施之一。本企业的女工提前下班计划就是这种措施之一，但没想到的是，这一措施也会导致在素以“女士优先”，讲究“绅士”风度的英国会引起男性的不满，招致新的性别歧视诉讼。本案的争议点是，一项对女工的特别保护措施，能不能构成性别歧视。对于这一点，根据同一法律，一、二审法院做出了完全相反的判决。

三、法律依据

本案的法律依据是1975年的《性别歧视法》，该法规定：“(一)如果一个人在任何与本法规定的目的有关的情况中做了下述的事，他就歧视了一位女性：(a)由于她的性别，他对待她不如对待或会对待一位男性，或(b)虽然他对她提出的要求或条件同样地也向或会向一位男性提出，但(ⅰ)能够符合这个要求或条件的女性在比例上较能够符合的男性少得多；(ⅱ)他不能提出这个要求或条件可以向任何性别的人提出的正当理由；(ⅲ)她因为不符合这个条件或要求而受了损害。”根据同法第二条，前条有关歧视女性的规定也适用于对男性的待遇，因为《性别歧视法》保护的对象虽然以女性为主，但不限于女性。《性别歧视法》禁止基于性别和婚姻状况的理由实施歧视。这一原则同样适用于男性和女性。

四、审理与判决

一审法院驳回皮克的起诉理由，认为汽车产品有限公司的女工提前下班措施，仅仅是一项照顾女性安全的特殊保护措施，与男性相比，女性的身体更柔弱，不堪在下班高峰时加入洪流中被人前拥后挤，一方面，这可能给女工带来不必要的伤害，以前就发生过类似的案例，另一方面，让女性早下班，也显示了男性的一种宽宏大量的精神，这一措施的目的，正好在于保护女性的就业平等，不足以构成反向的对男性的歧视。但上诉法院法官指出，初看起来，皮克先生的请求似不合理，指控一项照顾妇女舒适与方便的反性别歧视的明智措施为性别歧视更属荒谬。不过，在仔细研究过《性别歧视法》的条文之后，认为本案并不那么简单，而上诉人的态度也是合理而诚恳的，不是在开一个法律玩笑。菲利普斯法官说，只要把事实颠倒过来，就可以看出本案的处理并不容易。假如让女工们在男工下班后5分钟再下班，马上就会有人高喊性别歧视，而大家会一致地支持，为什么让女工早下班，男工就没有喊的权利？这种感觉产自于一些人际关系中根深蒂固的观念和态度，因此我们应该把先入为主的观念搁置一旁，专以1975年的《性别歧视法》为依据。据此法律，菲利普斯法官认为，措施本身（即让女工早下班）不应与采取的动机（即只为女工安全着想）混为一谈。他指出，该法第一节（a）项只要求大家考虑这措施是否等于较次待遇，受这种待遇的人之所以受这种待遇是否基于他的性别，如果答案是肯定的，他就受了歧视，与给他这种待遇的人的动机是毫不相干的。故本案中的皮克先生所受的待遇，也应做这样的考虑。

而该法第六条第二节规定："一个人如果在一个设于大不列颠的机构中雇佣一位女性时用下述的手段歧视她，即属违法：（a）在提供升迁或训练或其他利益、方便或服务等机会方面歧视她，或拒绝或故意不向她提供这些机会，或（b）开除她或给她其他损害。"

据此规定，法官认为，问题在于早5分钟下班算不算该节（a）项所称的"利益"或"方便"，迟5分钟下班又算不算（b）项所称的损害。他指出，应诉方亦不应把一项措施与它的目的混为一谈。如果换为女工较迟下班会如何？尽管厂方完全是为了她们的安全着想，但并不一定全体女工都有此需要，也还有需要此项待遇的其他男工，只让她们得到男工得不到的利益和方便。而对于男工们来说，雇主一方面不让他得到与女工们同时下班的利益与方便，一方面更让他"受到损害"，即不能与处于相同有关情况的女工们同时下班的损害，这就等于基于"皮克先生的性别"，给他不如女性的待遇。"提前下班"是一项优先权，没有法律依据的优先排序，必然会导致对没有优先权者的歧视。优先的动机不能是法院的判决的依据。

上诉庭审中，法官认为厂方基于性别分别给予男女工不同的下班时间待遇，根据1975年《性别歧视法》，确属性别歧视，保护女工们安全的这一目的不能成为性别歧视的抗辩理由，因为这样做不是唯一女工下班安全保护的选择。

本案最终判决：①宣告女工早下班的措施违反《性别歧视法》第六条的规定，构成性别歧视；②令厂方于判决后6个月内取消该措施；③厂方应与有关的工会和就业平等机构商议，找出一个不违反《性别歧视法》的其他可行办法。

五、分析与启示

英国是最早出台性别歧视专门立法的国家之一，也是普通法传统的发源地。本案的过程对我国的立法、司法有相当的借鉴意义。

(一)性别歧视禁止是一个不断矫正使不同的性别主体法律地位平等的过程

英国《性别歧视法》的制定,主要是女权运动的成果,禁止性别歧视,主要目的也是为了保护和矫正妇女在法律上的不平等地位。但法律的受益人不能仅限于妇女,其他的性别主体也有不断地分享这一成果的权利。首先是在英国的判例中,性别的概念被不断扩大。从女性到男性,再到变性人,再到性倾向少数群体。其次判例法中创造的一些规则也在制定法中得到确认。1999年,英国通过《性别歧视(变性)条例》修改了《性别歧视法》的规定,增加了对由于变性而遭受歧视的保护。1999年修改后的《性别歧视法》增加了对因变性而受到歧视的保护,但没有规定对性取向实施歧视的保护。欧盟2000年有关"建立就业和职业平等待遇一般框架"的《2000/78指令》将性取向纳入反歧视的保护范围。为了实施该指令,英国于2003年制定了《雇佣平等(性取向)条例》,将反性别歧视的范围扩大到对性取向的歧视。根据英国的法律,禁止对异性恋者、同性恋者和双性恋者实施歧视[①]。从英国的立法趋势来看,"性别"的范围呈扩大趋势,各权利主体之间也存在一定的较量,以保持法律和权利本身的平衡性。

(二)对妇女的保护过度会造成新的性别歧视

这一点我国的立法尤其需要借鉴。目前多数人还认为,性别问题是妇女问题,性别歧视也是针对妇女的歧视,将妇女性别问题化,将妇女法定受害人化,将妇女权益福利化。法律只针对妇女的歧视做文章,这从性别立法发展的历程上说,是必然的阶段。但应该注意的是,这一方面会实际弱化妇女的地位,是保护与平等倡导还没有进入实质的反歧视阶段。本案中可以看到影响法律背后的文化观念。传统文化对妇女的歧视自不用说,但女权主义运动后,人们视保护妇女为必然,而不一定注意其时间性和适度性,特别措施一定是临时的,也必须是适度的,否则将出现反面的问题,一个必须保护的群体很难在法律上得到真正平等。无论是过去的歧视女性,还是现在的保护女性都被人视为当然。具体到本案,让女性得到这一小小的早下班5分钟的利益和方便,一年加起来会不少,一个人工作数十年会更多,单位付出的额外成本如果引起更多的人不满,也增加了女工的用工成本,说不定还会在其他方面损害了女工真正的更大的利益,比如经济危机时的裁员。

---

① 谢增毅.英国反就业歧视法与我国立法的完善.法学杂志,2008(5).

(三)让我们关注反向歧视

这是一起典型的反向性别歧视案，发生在英国《性别歧视法》出台后不久，因为案中没有谈到本案遵循的先例，应该是一个开先例之风的案子。性别歧视一般指基于人的自然性别差异而非他人优缺点所造成的厌恶或是不利的差别对待，一般是指以下几种信念或态度：相信某一种性别比其他种性别更优越的信念，相信一个人必定属于男性或女性的信念。也指憎恨男性（男性贬抑）或憎恨女性（女性贬抑）的态度。性别歧视常被视为本质主义的产物。本质主义认为某些群体的属性是天生的，然后根据这个天生的群体属性的特征，去理解或判断某个体，性别歧视者正是依照个体所属的性别群体（男性或女性）来理解或判断该个体。这样的观点假定了所有的人都可以清楚地被划分成"男性"或"女性"，而忽略了某些同时拥有两性特质的跨性别者的存在。此外，这种观点也因群体中的同构性，而忽略了群体中的个别差异。在很多国家中，某些特定的性别歧视是违法的，不过几乎所有国家都有立法保障某几种性别群体的权利。性别歧视一般可分对女性的性别歧视、对男性的性别歧视、对跨性别者的性别歧视，最近把性倾向也作为性别歧视的内容。性别歧视作用于女性的极端形式就是女性贬抑。性别歧视作用于男性的极端形式就是男性贬抑（指的是对男性的厌恶甚至是憎恨），对男性的性别歧视也被称作"反向性别歧视"。

也有人将为矫治性别歧视进行的积极行为称为反向歧视或积极的歧视，是指运用与劳动者工作能力和个人表现同样无关的标准以使原来的歧视模式发生逆转，通常被用来帮助早先受歧视的受害者个人或群体，但它所宣称的合理性可能还需诉诸功利，或社会和谐的更均等机会的建立，或对过去的不公正进行补偿①。

---

① [英]戴维·米勒，韦农，博格丹诺.布莱克维尔政治学百科全书：修订版.邓正来，主译.北京：政法大学出版社，2002.

参考文献

[1] 蔡定剑.中国就业歧视现状及反歧视对策.北京:社会科学出版社,2007.

[2] 李小江,朱虹,董秀玉.性别与中国.上海:三联书店,1994.

[3] 白桂梅.国际人权与发展,中国和加拿大的视角.北京:法律出版社,1998.

[4] 博格西诺,等.法律之门.邓子滨,译.北京:华夏出版社,2002.

[5] 库克.妇女的人权——国家和国际的视角.黄列,译.北京:中国社会科学出版社,2001.

[6] 麦金农.性骚扰与性别歧视——职业女性困境剖析.赖慈芸,雷文玫,李金梅,译.台北:时报文化出版,1993.

[7] 王逢振.性别政治.天津:天津社会科学院出版社,2001.

[8] 伊龙斯.为权益而战.上海市政协编译组,译.上海:上海译文出版社,1997.

[9] 王政.女性的崛起——当代美国的女权运动.北京:当代中国出版社,1995.

[10] 黄金鸿.英国人权60案.北京:商务印书馆,1990.

[11] 米勒,韦农,博格丹诺.布莱克维尔政治学百科全书:修订版.邓正来,译.北京:中国政法大学出版社,2002.

[12] 邓冰,苏益群.大法官的智慧——美国高等法院经典判决选集.北京:法律出版社,2003.

[13] 何春蕤.性别研究的新视野.泉州:元尊文化企业股份有限公司,1997.

[14] 彼得斯坦.西方社会法律的价值.王献平,译.北京:中国人民公安大学出版社,1990.

[15] 李银河.妇女,最漫长的革命.上海:三联书店,1997.

[16] 黄越钦.劳动法新论.北京:中国政法大学出版社,2003.

[17] 彭梵德.罗马法教科书.黄风,译.北京:中国政法大学出版社,1992.

[18] 王政,杜芳琴.社会性别研究选译.上海:三联书店,1998.

[19] 周伟. 反歧视法研究：立法理论与案例. 北京：法律出版社，2008.
[20] Mackinnon C A. Feminism Unmodified—Discourses on Life and Law. Boston: Harvard University Press ,1994.
[21] 郭慧敏. 社会性别与妇女人权. 环球法律评论，2005(1).
[22] 刘继华. 浅议男女平等就业权的法律保障. 中华女子学院学报，2002(4).
[23] 王俊英，宋新潮. 论用人单位的劳动规章的法律效力. 河北法学，2003(5).
[24] 雷虹. 试论妇女平等劳动权的法律保护. 中华女子学院学报，2002(5).
[25] 肖方. 博士后夫人的"就业歧视"官司. 法律与生活，2005(6).
[26] 谢佑平，万毅. 一事不再理原则重述. 中国刑事司法杂志，2001(3).
[27] 贺卫方. 无效率乃司法公正之大敌. 人民法院报，2001-03-07.
[28] 刘金森. 从维护既判力角度适用"一事不再理". 检察日报，2003-05-14.
[29] 戴敦峰. 案例：女人凭啥无权与男人同龄退休. 南方周末，2005-10-13.
[30] 苏建军. 原告：让女职工早退休是否违宪. 中国妇女报，2005-12-12.
[31] 蔡双喜. 两会代表委员：男女公务员同龄退休的条件已具备. 中国妇女报，2006-03-09.
[32] 帕里罗，史丁森. 当代社会问题. 4版. 周兵，单弘，蔡翔，译. 北京：华夏出版社，2002.
[33] 朱丽荣，周从乐，刘玉洁，等. 新生儿缺氧性脑损伤与产科相关因素分析. 中华妇产科杂志，1995(8).
[34] 韩磊，仲立新，张恒东. 江苏省某镍镉电池生产企业镉作业工人尿镉水平调查. 中国职业医学，2012(4).
[35] 蒋梅. 性骚扰立法的比较研究——兼论中国反性骚扰法之设计. 环球法律评论，2006(4).
[36] 王恒涛. 性骚扰立法研究. 环球法律评论，2006(4).
[37] 高燕竹，张宝新. 性骚扰法律规制的主要问题. 法学家，2006(4).
[38] 郑津津. 美国工作场所性骚扰相关法法制之研究. 法学集刊，1998(1).
[39] 翁仪龄. 职场怀孕歧视禁止之理论与实务. 台北：国立台北大学，1996.
[40] 郭怡红. 美国人不敢休产假. 生命时报，2007-11-20(4).
[41] 陈云生. 宪法诉讼：公民宪法权利的最大保护. 检察日报，2004-11-09.
[42] 焦兴铠. 论雇主采用"胎儿保护措施"所引之就业歧视争议//焦兴铠. 劳工法劳工权利之保障. 台北：月旦出版社有限公司，1995.

[43] 谢增毅.英国反就业歧视法与我国立法的完善.法学杂志,2008(5).
[44] 饶志静.英国反就业性别歧视法律制度研究.环球法律评论,2008(4).
[45] 焦兴铠.美国两性工作平等救济制度之研究//劳工法论(二).台北:台湾元照出版公司,2001.
[46] 刘德中,牛变秀.中国的职业性别隔离与女性就业.妇女研究论丛,2000(4).

后　　记

这本书的编写过程并不顺利，几经波折，终于完成。其中凝聚了西北工业大学妇女发展与权益研究中心全体研究者和实践者的努力。特别要感谢李亚莉和王小梅两位老师认真的资料整理工作。感谢进行法律援助工作的律师们和参与法律援助案例讨论的法官们。

同时我也要感谢我的研究生们，其中王明生同学参加了法律援助的案件代理，并参与撰稿。刘小芳、韩冬等同学也参与了部分国外案例的翻译和整理工作。

感谢很多当事人的配合，我们敬佩她们的维权勇气，没有她们的努力争取，案子很难完成。本书中除当事人愿意公开她们的案例和名字外，多用化名，对某些报刊的公开案例则用原报道中的名字。

感谢所有致力于推动女性平等就业权的朋友们，尤其是原北京大学妇女法律研究与服务中心，她们的法律援助案例给我们提供了参考。在此一并致谢！

郭慧敏

2014 年 3 月于西安